菊池達也 著

律令国家の隼人支配

同成社 古代史選書 27

目　次

律令国家の隼人支配

序章　本書の課題と構成

日本列島の大部分を支配するようになった最初の中央集権国家は、激動した七世紀の東アジア情勢のなかで形成されていった律令国家であった。律令国家は、七世紀代における列島内外の混乱のなか、それまでの社会を支えていた様々な関係性や規範を修正・解体しながら、中国大陸の王朝が蓄積していた律令を軸に形成されていき、大宝元（七〇一）年、大宝律令の完成によって成立した。しかしながら、直線距離にして二五〇〇キロにも及ぶ日本列島を、律令国家が早急、かつ画一的に支配するのは容易ではなかった。とくに畿内から地理的に遠く離れた、列島の南北端領域（本書では、東北・九州南部・南西諸島を指す。また九州南部は、大隅・薩摩両国に編成された範囲を示すことにする）は、比較的支配の浸透が遅かった。そのため政府は、こうした地域を「辺境」とみなし、またそこに住む集団をそれぞれ「蝦夷」「隼人」「南島人」などと呼び、「異民族」的身分にあたる「夷狄」として位置づけた。そして、彼らに「朝貢」を行わせたり、奉仕させたりすることで、彼らを服属させ支配するという帝国型国家を目指したとされる。ただし、他方で懐柔、軍事的制圧、移配などを行い、国・郡を新たに設けて官人を任命し、戸口を調査していた。このように、律令国家は列島南北端の住民に対し、「辺境」民、すなわち「夷狄」として「異民族」的役割を求める一方、内国化を進めるという、一見相反する政策を実際には行っていた。本書では、律令国家の「辺境」支配について、とくに、実態として「辺境」とみなした領域に住む人々とどのような関係を結ぼうとしたのか、また「辺境」が国家にとっていかなるものであったのかを、「辺境」とした領域のなかで最も支配が進んでいたとされる九州南部およびそこに居住する隼人と呼称された人々に対する支配（律令国家の隼人支配）を中心に検討することで考えていきたい[1]。

まず、古代九州南部や隼人・熊襲を取りあげた従来の研究（以下、隼人研究と略記する）を、文献史学の成果を中心にまとめていき、その課題を確認したい[2]。この分野は、早いものでは本居宣長の『古事記伝』のように江戸時代から進められていたが、明治以降になると、近代的な歴史学の方法をもった研究が現れるようになった。代表的なものとして、沼田頼輔氏[3]、久米邦武氏[4]、喜田貞吉氏[5]、坪井九馬三氏[6]、松本芳夫氏[7]らの諸研究や、黒板勝美氏が監修した『鹿児島県史』[8]などがあげられる。これらは記された時代を反映して発想・実証性に限界があるとも指摘されるが、九州南部の古代史を概説的にまとめ、また隼人・熊襲の民族的特質、呼称の由来、両者の違い、服属させるまでの過程などについて考察し、のちの研究史に大きな影響を与えた。

戦後になると、次第に隼人支配の実態について一つの側面に絞って検証する研究が増加した。具体的には、「異民族」の軍隊組織を取りあげて大和国家と隼人の関係を述べた井上光貞氏[9]や、畿内隼人の軍事性を論じた直木孝次郎氏[10]、畿内に移住した隼人を検討した卯野木盈二氏[11]や岩本次郎氏[12]、律令国家の九州南部への進出過程のうち「征隼人軍」を検証した山田英雄氏[13]、さらには隼人が都で行っていた風俗歌舞や竹製品の製造、吠声《はいせい》といった奉仕について論証した林屋辰三郎氏[14]、小林行雄氏[15]、前川明久氏[16]の研究などがある。

このように個別的な考察が広く行われたなか、七〇年代半ば頃になると、二つの方面から、大きく研究が進展するようになった。一つが、隼人の全体像を捉えようとした実証的な研究が南九州を拠点とした研究者によって行われはじめたことである。その中心は、井上辰雄氏[17]や中村明蔵氏[18]、さらには一九七三年に鹿児島で結成された隼人文化研究会などであり[19]、なかでも中村氏は、現在に至るまで隼人研究を常にリードしてきた。氏の論は多岐に渡っているため、ここでは本書に関する部分のみとするが、氏は、天武朝を画期として隼人という名称が四神思想にもとづき使用されるようになったこと、八世紀代における律令国家の九州南部支配が図1で示した隼人郡と非隼人郡で区分されており、隼人郡では非律令制的支配が行われたこと、隼人が行っていた「朝貢」と九州南部における班田の未実施が深くかかわっており、九世紀初頭に「朝貢」が停止され班田が実施されたため、九州南部の人々が「公民」とされたことなどを論じた。

そしてもう一つが、石母田正氏の「東夷の小帝国」論と「王民共同体」論である(20)。氏は、古代日本が唐と隣好を結ぶ地位を勝ちとるため、天皇または国家の統治権が及ぶ範囲を「化内」、その外部にあたる教化が及ばない領域を「化外」と区別し、王権の支配する臣下と人民を「王民共同体」に組織して支配民族とする一方、「化外」民に朝鮮諸国を指す「諸蕃」と蝦夷・隼人ら「夷狄」を設定し、彼らの上に君臨

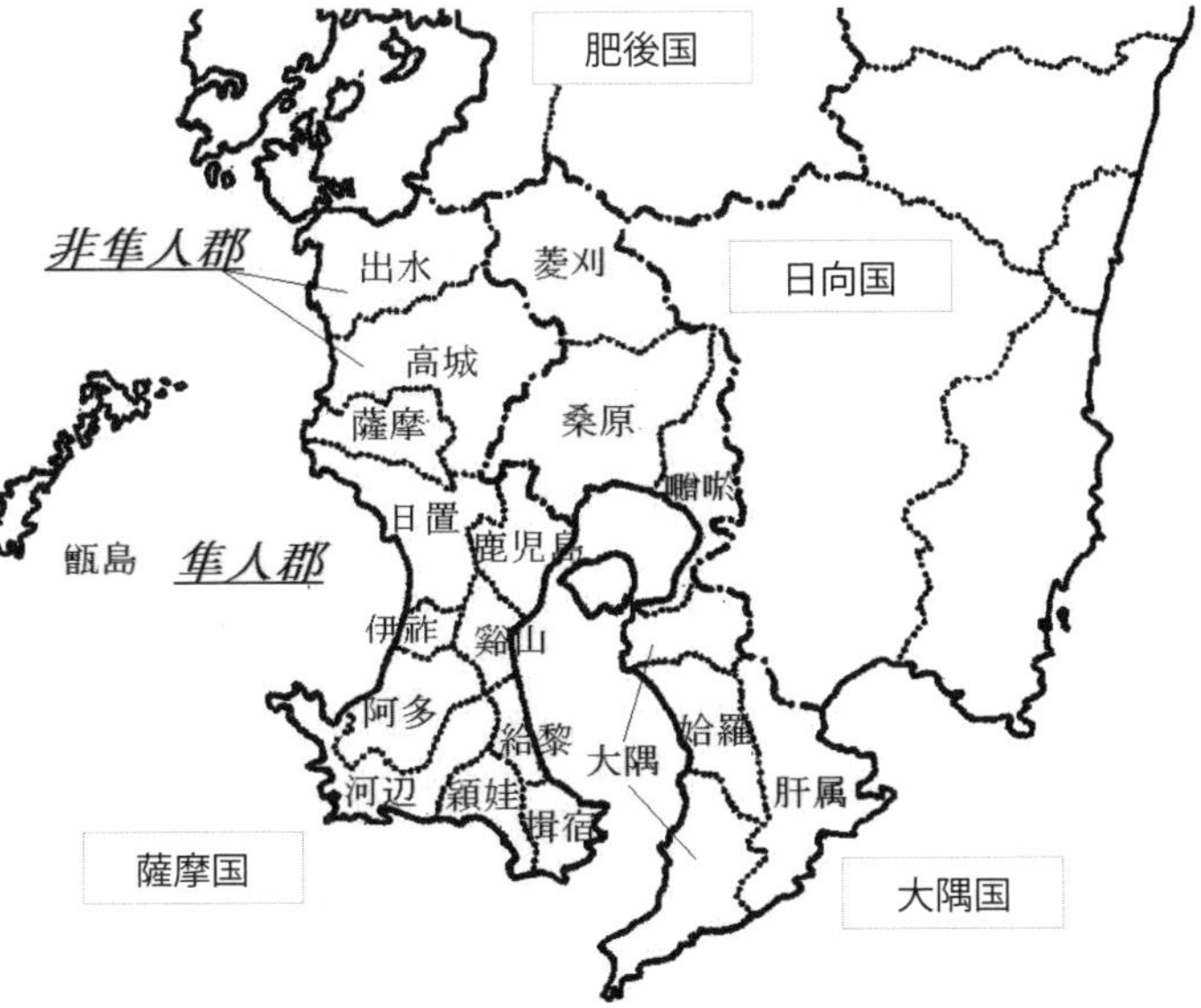

図1　古代九州南部における国郡図
（西岡虎之助・服部之総編『日本歴史地図』全国教育図書、1956年を参考に作成）

する小帝国、すなわち「東夷の小帝国」という体制を大宝律令の制定によって法制的に固めようとしたと述べた。この理解は、それまで個別に検討されてきた列島南北端の諸集団を古代国家の秩序構造のなかに一括し、また列島内部における「異民族」として、「諸蕃」とともに日本の古代小帝国のために欠くべからざる構成要素と認識せしめた点で画期的であった。その後、この説明は石上英一氏によって引き継がれた[21]。氏は、「蝦夷も隼人も日本人（倭人）と同人種」で、彼らを「異民族」として設定したのは、内国化しておかねばならない「辺境」の人民をとりのこした状況を隠蔽するとともに、逆にそれを利用して帝国の構造を作りあげ、内国の「王民」の統治に資することに目的があったとした。氏の論により、列島南北端の人々は「疑似民族」と読み替えられ、古代専制国家内部の少数者・被差別民と位置づけられるようになった。

これら七〇年代半ば頃の二つの研究史的潮流によって、八〇年代から現在に至るまで、隼人研究は活況を呈するようになった。まず永山修一氏[22]や原口耕一郎氏[23]らは、中村氏が蓄積してきた諸成果に加え、さらに石上氏の「疑似民族」集団という理解を融合させ、発展的に継承した。とくに永山氏は、隼人が七世紀後半に律令国家が形成されていく過程で政府によって設定された「疑似民族」集団であったこと、九州南部では律令制度の諸原則を適用した範囲が非隼人郡とそれに隣接する二～三の隼人郡にすぎず、律令制の完全適用を留保し、唐の羈縻州に相似した政策を行っていたこと、八世紀半ばには隼人が「公民」と「夷狄」の中間に位置づけられるようになったこと、桓武朝において、俘囚や隼人に対する律令制度の完全適用が追求されるようになり、班田の実施と「朝貢」停止によって九州南部の隼人が「消滅」したことなどを論じた[24]。

また、「東夷の小帝国」論と「王民共同体」論の登場は、隼人と蝦夷・南島人との比較史的検討を活性化させた。とくに蝦夷との比較は、今泉隆雄氏[25]、平川南氏[26]、熊田亮介氏[27]、鈴木拓也氏[28]、永田一氏[29]らによって具体的に考察された。

他方、それとは逆に、律令国家による隼人と蝦夷・南島人支配の異質性を重視した伊藤循氏は、隼人は「夷狄」ではなく、王権を守護する「荒ぶる民」であったとし、石母田氏の理解を相対化する説を提唱した(30)。

さらに九〇年代以降には、古代日本の列島南北端領域について、国家との関係だけでなく、むしろそこに居住する彼らを中心として、大陸など近隣地域を含めたヒト・モノの多面的な移動・交流を具体的に復元しようとする、北方史・南方史と呼ばれる分野も開拓されはじめた。近年では、北方史・南方史研究がそれぞれ個別に検討される傾向があったのに対し、各々をまとめた研究もはじまった。鈴木靖民氏は、周縁地域ごとの独自性や差異性とともに周縁全般に目配りし、その共通性・普遍性、特徴を明らかにしようとする周縁史を提唱した(31)。また田中聡氏は、「夷狄」とされた人々の自立性・主体性、あるいは集団間関係の変質などが従来の研究史では充分に考慮されていない点を指摘し、個人・集団間に成立する様々な交通関係のもとに生じる自己―他者の関係性の相互認識を指す「自他認識」の解明を進めた(32)。

なお、本書では主要な論点とはしないものの、考古学、民俗学(33)、国語学、日本文学(34)など、文献史学以外の研究手法を用いて検証する動きも、七〇年代半ば以降における研究の活発化のなか、文献史学の成果と互いに影響を与えながら、さらなる盛りあがりをみせた。とくに考古学分野では、すでに六〇年代に小田富士雄氏(35)、乙益重隆氏(36)らが九州南部の古墳時代を体系的に位置づけた研究を行っていたが、その後、上村俊雄氏(37)、北郷泰道氏(38)、下山覚氏(39)、橋本達也氏(40)らによって研究が進められている。

以上、隼人研究を文献史学の成果を中心に整理してきたが、七〇年代半ばを画期として、質量ともに増加していったことがわかる。またその論点も、隼人・熊襲の違いや名称、あるいは人種論的な考察、彼らの服属に至るまでの過程の検証から、隼人支配の実態解明へとシフトしていった。そして時期的には、文献史料上、隼人にかかわる史料が増加する七世紀後半頃から、九州南部の人々が隼人と呼称されることが少なくなる九世紀初頭まで、つまり律令国家期の検討が重視されている。しかしながら、以下のような問題も残されていると考えられる。

一つ目は、律令国家が形成されはじめる以前の倭王権と九州南部に居住する人々の関係性が、律令国家の隼人支配にどのようにつながるかという点である。近年、隼人が律令国家によって設定された「疑似民族」であったとする説が広く受け入れられるようになり、また、文献史料が少ないこともあいまって、天武朝以前の考察が活発になされていないように感じる。九州南部には高塚古墳が存在し、大化前代においても何かしら王権との関係があったのは間違いない。『古事記』『日本書紀』に記述がある隼人にかかわる伝承も利用しながら検証する必要があると思われる。

二つ目は、律令国家の九州南部支配の展開過程に対する理解である。通説は、九世紀に至るまで、九州南部のうち隼人が居住する領域では、律令制度が浸透していなかった、あるいは唐の羈縻州に相似した政策がなされ、実質的には自治的支配が行われていたとしている。この理解は、隼人が「夷狄」として扱われていたこと、そして令の規定を逸脱する政策があったことから想定されている。しかし、政府が隼人をどのように位置づけようとしたかという理念と、実際に九州南部でいかなる支配を行ったかという実態は、わけて考える必要がある。また九州南部では、律令制度の枠内で支配が行われていた面も少なからず存在する。加えて、列島内の地域社会と民衆に対して、様々な変容を迫った政府が、九州南部のみその実現を後回しにし、しかもおよそ一世紀もの間、政策的に停滞していたかのような認識には違和感を覚えざるをえない。

三つ目は、隼人が行っていた「朝貢」や奉仕に律令国家がどのようにかかわっていたかという点である。例えば隼人が行っていた「朝貢」について、従来の研究は、国家側が隼人に行わせていた側面を否定はしないものの、実際にどのようにさせていたのかをあまり考えてこなかったように思える。しかし八世紀初頭以降、律令国家は隼人に対して六年ごとに定期的に「朝貢」を行わせるとともに、そのまま六年間在京させている。また、隼人司と呼ばれる中央官司を設ける一方、「名帳」「隼人計帳」といった隼人を掌る名簿を作成し，さらに、彼らが行うべき奉仕を『延喜式』などに規定している。これらを勘案すると、従来想定されてきた以上に、律令国家は、隼人の「朝貢」や奉仕に対し、積極的に関与・運営していた可能性がある。少なくとも、これまでこういった観点からの検証は不十分であり、実証的に考察する必要がある。

四点目は、隼人に対する政策を、蝦夷や南島人の場合と安易に結びつけるケースが目立つ点である。確かに、隼人は蝦夷・南島人と同様、理念的に「夷狄」として位置づけられ、同じように扱われていた。しかし伊藤循氏が強調するように、彼らには異なる政策が行われることがあり、それらをどのように理解するか結論が出ていない。また先学のなかには、タイムラグを顧慮せず、蝦夷に対する政策と同一視しているものも存在し、再検討する必要がある。

このように、隼人研究は、近年、律令国家期における支配に注目が集まっているが問題も多い。そこで本書では、上記した課題に対して、以下のような構成で臨みたい。

まず第一章「大化前代の隼人と倭王権」では、いまだ十分に論じ尽くされていない、大化前代の九州南部に居住する人々と倭王権の関係について考察する。ここでは、主に『古事記』『日本書紀』にみられる隼人関係記事、および「隼人」という呼称の由来を検討することで、両者の関係性の内実を明らかにしていく。

第二章「律令国家成立期における鞠智城《きくち》―「繕治」と列島南部の関係を中心に―」では七世紀最末期に実施された、現在の熊本県に存在する古代山城である鞠智城の修繕（「繕治」）を検証することで、とくに鞠智城の役割を考える。この考察を行う過程で、七世紀後半〜八世紀初頭における、律令国家の九州南部への進出過程を論じ、そのうえで「辺境」支配の成立について考えていきたい。

第三章「律令国家の九州南部支配」では、八世紀において律令国家が九州南部に対して行っていた支配について考察していく。八世紀の九州南部では、令の規定を逸脱する政策が行われる場合があり、まず、どの点が特殊なのかを明らかにする。そして、その支配がいかに展開していったかを検討することで、律令国家が九州南部で、どのような支配を実現しようとしたのかを考察する。

第四章「隼人の『朝貢』」では、九州南部に居住する隼人が七世紀後半～八世紀に行っていた「朝貢」を検討する。ここでは、近年注目が集まりながらも、曖昧なまま議論がなされてきた隼人と蝦夷・南島人の「朝貢」の差異について、いつから、どの点が異なるようになったのかを具体的に検証し、その変化が何に起因していたかを考察することで、隼人の「朝貢」に対する従来の理解を再検討していく。

第五章「隼人の『名帳』」では、従来ほとんど検討対象とされてこなかった、『養老令』職員令隼人司条と『令集解』賦役令没落外蕃条古記にみられる隼人の「名帳」について考察する。この「名帳」を取りあげることで、律令国家がどのようにして、九州南部と畿内・近国に居住する隼人を隼人司に上番させ、都での奉仕を可能にしていたのか、そのシステムを明らかにしていく。

第六章「畿内における隼人の奉仕」では、畿内・近国に定住または滞在した隼人が従事していた奉仕を検討していく。この奉仕については、これまでも多くの研究がなされてきたが、ある特定の奉仕について個別的に議論することが多く、総合的に捉えようとする視点が乏しかったように思える。そこで、通時代的かつ、あらゆる奉仕内容を横断的にみていき比較することで、隼人の奉仕の本質と内容の変遷過程を明らかにする。

第七章「桓武・平城朝における対隼人政策の諸問題」では、桓武・平城朝（八世紀最末期～九世紀初頭）に立て続けに実施された、対隼人政策の転換について検討する。とくに、九州南部における班田の実施、「朝貢」の停止、隼人司の変容がなぜ起こったのかを考察することで、列島内における帝国構造の転換のなかで説明してきたこれまでの理解を再検討する。

第八章「律令国家の『夷狄』支配の特質」では、律令国家の各「夷狄」支配のなかで見受けられる、隼人支配の違いについて検討する。この点は、近年「夷狄」支配を考えるうえで重要視されているが、まずは隼人支配のどこが蝦夷・南島人支配と異なるのかを明らかにし、そのうえでこうした差異が何に起因するかを考察することで、「夷狄」支配の特質について論じる。

最後に終章「律令国家の『辺境』支配の成立と展開─隼人支配を中心に─」では、第一～八章で論じてきたことを踏まえたうえで、時系列をおって、律令国家の「辺境」支配がいかに成立し、どのように展開していったのかを隼人支配を中心に論じ、律令国家が実態として、「辺境」とみなした領域に住む人々とどのような関係を結ぼうとしたのか、また「辺境」が国家にとっていかなるものであったのかを考察する。

なお、本論では割書を《　》、省略部分を（前略）・（中略）・（後略）で表していくことにする。また、引用・考察する史料は、基本的には以下の刊行物によっている。ここに一括して掲載し、本文中での煩瑣な表現を省略することとしたい。

『日本書紀』　『日本古典文学大系六七・六八　日本書紀　上・下』（岩波書店、一九六七・六五年）。
『続日本紀』　『新日本古典文学大系一二～一六　続日本紀一～五』（岩波書店、一九八九～九八年）。
『日本後紀』　『新訂増補国史大系三　日本後紀・続日本後紀・日本文徳天皇実録』（吉川弘文館、一九六六年）。
『類聚三代格』　『新訂増補国史大系二五　類聚三代格・弘仁格抄』（吉川弘文館、一九六五年）。

『類聚国史』『新訂増補国史大系五・六　類聚国史　前・後篇』（吉川弘文館、一九六五年）。
『日本紀略』『新訂増補国史大系一〇　日本紀略　前篇』（吉川弘文館、一九六五年）。
『養老令』『日本思想大系三　律令』（岩波書店、一九七六年）。
『令義解』『新訂増補国史大系二二　律・令義解』（吉川弘文館、一九六六年）。
『令集解』『新訂増補国史大系二三・二四　令集解　前・後篇』（吉川弘文館、一九六六年）。
『万葉集』『新日本古典文学大系一～四　万葉集』（岩波書店、一九九九年～二〇〇三年）。
『古事記』『日本古典文学大系一　古事記・祝詞』（岩波書店、一九五八年）。
『風土記』『新編日本古典文学全集五　風土記』（小学館、一九九七年）。
『貞観儀式』『神道大系　朝儀祭祀編一　儀式・内裏式』（神道大系編纂会、一九八〇年）。
『延喜式』『神道大系　古典編一一・一二　延喜式　上・下』（神道大系編纂会、一九九一・九三年）。
『西宮記』『神道大系　朝議祭祀編二　西宮記』（神道大系編纂会、一九九三年）。
『北山抄』『神道大系　朝議祭祀編三　北山抄』（神道大系編纂会、一九九二年）。
『江家次第』『神道大系　朝議祭祀編四　江家次第』（神道大系編纂会、一九九一年）。
『倭名類聚抄』『諸本集成　倭名類聚抄　本文篇』（臨川書店、一九六八年）。
『大日本古文書』『大日本古文書　編年文書』全二五巻（一九〇一～四〇年、東京帝国大学）。
「新儀式」『新校群書類従　第四巻　官職部・律令部・公事部一』（内外書籍株式会社、一九三一年）。
「天平八年度薩麻国正税帳」　林陸朗・鈴木靖民編『復元天平諸国正税帳』（現代思潮社、一九八五年）。
「山背国隼人計帳」　竹内理三編『寧楽遺文　上』（東京堂出版、一九六二年）。

「律書残篇」　『改訂史籍集覧』第二七冊（近藤出版部、一九〇二年）。

註

（1）古代九州南部について、史料中、直接的に「辺境」と記述したものはないが、『養老令』賦役令辺遠国条で、「辺遠国」の「夷人雑類」の例として隼人があげられていることなどから、七世紀後半～八世紀にかけて「辺境」とみなされていたのは疑いない。
（2）以下、研究史の整理については、中村明蔵「隼人の研究史とその課題」（同『隼人の研究』学生社、一九七七年）、井上辰雄「研究の手引」（同『熊襲と隼人』教育社、一九七八年）、田中聡「夷狄論の過去と現在―日本古代における自他の境界―」（同『日本古代の自他認識』塙書房、二〇一五年）なども参考にしている。
（3）沼田頼輔「熊襲及隼人論」（同『日本人種新論』嵩山房、一九〇三年）。
（4）久米邦武「吾田国と熊襲」「海幸山幸及び海賊の由来」「日本武尊の熊襲征伐」（同『日本古代史』早稲田大学出版部、一九〇五年）、同「蝦夷隼人と唐新羅の使聘」「隼人征伐と蝦夷征伐」「隼人の処分征夷征狄渤海新羅唐交通」「西辺防備唐渤海新羅交通」（同『奈良朝史』早稲田大学出版部、一九一五年）など。
（5）喜田貞吉「熊襲考」「隼人考」（同『喜田貞吉著作集　第八巻　民族史の研究』平凡社、一九七九年、初出はそれぞれ一九一六年、一九一六・一九一七年、ただし当初は「倭人考」で発表された）、同『日向国史　古代史』（東洋堂、一九四三年）など。
（6）坪井九馬三「熊襲考」（同『我が国民国語の曙』京文社、一九二七年）。
（7）松本芳夫「熊襲・隼人論」（『史学』二二巻四号、一九四四年）。
（8）鹿児島県編・刊『鹿児島県史』一巻（一九三九年）。
（9）井上光貞「大和国家の軍事的基礎」（同『日本古代史の諸問題』思索社、一九四九年）。

(10) 直木孝次郎「隼人」(同『日本古代兵制史の研究』吉川弘文館、一九六八年)。
(11) 卯野木盈二「畿内隼人について」(熊本大学法文学部国史科同窓会編・刊『国史論叢』一九六五年)。
(12) 岩本次郎「隼人の近畿地方移配地について」(『日本歴史』二三〇号、一九六七年)。
(13) 山田英雄「征隼人軍について」(竹内理三博士還暦記念会編『律令国家と貴族社会』吉川弘文館、一九六九年)。
(14) 林屋辰三郎「隼人の歌舞と相撲」(同『中世芸能史の研究』岩波書店、一九六〇年)。
(15) 小林行雄「隼人造籠考」(『日本書紀研究』一冊、一九六四年)。
(16) 前川明久「隼人狗吠伝承新考」(『歴史評論』一二一号、一九六〇年)、同「隼人狗吠伝承の成立」(同『日本古代氏族と王権の研究』法政大学出版局、一九八六年)。
(17) 井上辰雄『隼人と大和政権』(学生社、一九七四年)、井上前掲註(2)著書。
(18) 中村前掲註(2)著書、中村明蔵『隼人の楯』(学生社、一九七八年)、同『熊襲・隼人の社会史研究』(名著出版、一九八六年)、同『隼人と律令国家』(名著出版、一九九三年)、同『古代隼人社会の構造と展開』(岩田書院、一九九八年)、同『隼人の古代史』(平凡社、二〇〇一年)など。
(19) 隼人文化研究会編『古代隼人への招待』(第一法規出版、一九八三年)、同『隼人族の生活と文化』(雄山閣出版、一九九三年)、一九七五年に創刊された機関誌『隼人文化』など。
(20) 石母田正「日本古代における国際意識について―古代貴族の場合―」(同『日本古代国家論』第一部、岩波書店、一九七三年、初出は一九六二年)、同「天皇と『諸蕃』―大宝令制定の意義に関連して―」(同上、初出は一九六三年)、同「古代の身分秩序」(同上)。
(21) 石上英一「古代国家と対外関係」(歴史学研究会・日本史研究会編『講座日本歴史 二 古代二』東京大学出版会、一九八四年)。
(22) 永山修一『隼人と古代日本』(同成社、二〇〇九年)。
(23) 原口耕一郎「『記・紀』隼人関係記事の再検討(一)、(二)」(『人間文化研究』九・一五号、二〇〇八・二〇一一年)、同「『日

向神話』と南九州、隼人―出典論との関わりから―」（『鹿児島地域史研究』五号、二〇〇九年）、同「隼人研究の背景」（『宮崎考古』二四号、二〇一三年）、同「『日向神話』の隼人像」（『人間文化研究』一三号、二〇一五年）、同「隼人論の現在」（『古代文化』六六巻二号、二〇一四年）、同「大宝令前後における隼人の位置付けをめぐって」（加藤謙吉編『日本古代の王権と地方』大和書房、二〇一五年）。

(24)　ここで比較されている羈縻州支配とは、唐の時代に周辺諸民族や諸国家に適用されたもので、被支配民族の社会をそのまま温存した形で間接統治を行う、いわゆる羈縻支配の一形態である。彼らの首長は、それぞれ羈縻都督府や羈縻州の都督・刺史に任命され、世襲的に統治を委ねられていた（栗原益男「七、八世紀の東アジア世界」〔唐代史研究会編『隋唐帝国と東アジア世界』汲古書院、一九七九年〕、岡田宏二「中国王朝の羈縻政策概観」〔同『中国華南民族社会史研究』汲古書院、一九九三年〕、堀敏一「中華世界」〔魏晋南北朝隋唐時代史の基本問題編集委員会編『魏晋南北朝隋唐時代史の基本問題』汲古書院、一九九七年〕）。

(25)　今泉隆雄「蝦夷の朝貢と饗給」（高橋富雄編『東北古代史の研究』吉川弘文館、一九八六年）。

(26)　平川南「俘囚と夷俘」（青木和夫先生還暦記念会編『日本古代の政治と文化』吉川弘文館、一九八七年）。

(27)　熊田亮介「古代国家と蝦夷・隼人」（『岩波講座　日本通史』四巻、岩波書店、一九九四年）、同「夷狄・諸蕃と天皇」（大津透他『日本の歴史　八　古代天皇制を考える』講談社、二〇〇一年）。

(28)　鈴木拓也「律令国家転換期の王権と隼人政策」（『国立歴史民俗博物館研究報告』一三四集、二〇〇七年）、同「律令国家と夷狄」（『岩波講座　日本歴史』五巻、岩波書店、二〇一五年）。

(29)　永田一「俘囚の節会参加について―隼人・吉野国栖との比較を通じて―」（『延喜式研究』二三号、二〇〇七年）。

(30)　伊藤循「隼人支配と班田制」（『千葉史学』四号、一九八四年）、同「律令制と蝦夷支配」（田名網宏編『古代国家の支配と構造』東京堂出版、一九八六年）、同「蝦夷と隼人はどこが違うか」（吉村武彦・吉岡眞之編『争点日本の歴史』三巻、新人物往来社、一九九一年）、同「古代王権と異民族」（『歴史学研究』六六五号、一九九四年）、同「延喜式における隼人の天皇守護と『隼人＝夷狄論』批判」（『人文学報　歴史学編』四〇号、二〇一二年）。

(31) 鈴木靖民『日本古代の周縁史─エミシ・コシとアマミ・ハヤト』(岩波書店、二〇一四年)。

(32) 田中前掲註(2)著書。なお、こうした近年の研究で提示されてきた列島南北端に居住する人々を中心とした歴史観は、それ以前の研究で述べられてきた「夷狄」を考える際の視点が古代国家側に置かれていることを指摘し、ややもすればこうした研究の枠組みよりも豊かな歴史像を提供するとも捉えられかねない言辞があるように思える。確かに、この新たな研究史的枠組みは、列島南北端と国家の関係で論じられてきた従来の研究を相対化するものであり、その必要性・重要性があるのは言を俟たない。また今後は、そこで明らかにされてきたことを十分に取り入れなければならないのも事実である。とはいえ、そうした研究であっても、これまで論じられてきた国家と「辺境」民という関係性は無視できないと思われる。したがって、今後も研究者の問題関心にあわせて、どちらも追求すべき課題が含まれていると考え、本書では検討を行っていきたい。

(33) 大林太良編『日本古代文化の探究　隼人』(社会思想社、一九七五年)など。

(34) 宮島正人「『隼人』考─ハヤヒトの語義に関する一考察─」(『古事記年報』二七号、一九八五年)、同「『狗人』考─隼人と葬送儀礼─」(『古事記年報』二八号、一九八六年)、同「『無目堅間』考─阿曇王権神話と隼人─」(『古事記年報』二九号、一九八七年)、同「『隼人乃湍門』考証─ハヤヒトの語義に関連して─」(『北九州大学国語国文学』一〇号、一九九八年)、松本直樹「『古事記』における隼人・熊襲の位置付け─隼人・熊襲と大八嶋国・葦原中国─」(『国文学研究』一二一集、一九九七年)、多田一臣「古代吉野論のために─国樔と隼人の問題を中心に─」(『国語と国文学』七八巻六号、二〇〇一年)など。

(35) 小田富士雄「九州」(近藤義郎・藤沢長治編『日本の考古学　Ⅳ　古墳時代(上)』(河出書房新社、一九六六年)。

(36) 乙益重隆「熊襲・隼人のクニ」(鏡山猛・田村圓澄編『古代の日本　三　九州』角川書店、一九七〇年)。

(37) 上村俊雄「墓制からみた隼人世界」(下條信行他編『新版古代の日本　三　九州・沖縄』角川書店、一九九一年)。

(38) 北郷泰道『熊襲・隼人の原像』(吉川弘文館、一九九四年)。

(39) 下山覚「考古学からみた隼人の生活─『隼人』問題と展望─」(新川登亀男編『古代王権と交流　八　西海と南島の生活・文化』名著出版、一九九五年)。

(40)　橋本達也・藤井大祐『古墳以外の墓制による古墳時代墓制の研究』(鹿児島大学総合研究博物館、二〇〇七年)、橋本達也「九州南部」(一瀬和夫・福永伸哉・北條芳隆編『古墳時代の考古学　二　古墳出現と展開の地域相』同成社、二〇一二年)、同「九州南部と古墳文化」(一瀬和夫・福永伸哉・北條芳隆編『古墳時代の考古学　七　内外の交流と時代の潮流』同成社、二〇一二年)、同「古墳築造周縁域における境界形成―南限社会と国家形成―」(『考古学研究』五八巻四号、二〇一二年)、同「九州南部の古墳築造と南北周縁域の比較」(東北・関東前方後円墳研究会編『古墳と続縄文文化』高志書院、二〇一四年)など。

第一章　大化前代の隼人と倭王権

のちの大隅・薩摩両国にあたる九州南部は、畿内を中心に存在した王権からみた「辺境」の地の一つとしてよく知られている。確かにこの地域は、大宝二（七〇二）年の段階で、「化を隔て命に逆らう」ため、「征討」の対象とされていた。そして、「遂に戸を校《しら》べ、吏を置く」とあるため、少なくともそれ以前、律令国家の権力が十分に及んでいなかったといえる[1]。ところが、考古学的知見によれば、九州南部にはすでに四世紀代から畿内型高塚古墳文化が伝播していた。とくに大隅半島には、五世紀中頃に築造が比定されており、九州でも屈指の規模を誇る前方後円墳である唐仁大塚古墳が存在する[2]。さらに、大阪府陶邑窯跡群で生産された須恵器も出土している[3]。したがって大化前代に、倭王権の権力が九州南部にも及んでいた時期があったと解すべきだろう。

このように、王権によって九州南部は、時期を追うごとに段階的に取り込まれていったわけではない。つまり、八世紀初頭に「辺境」とされていたとしても、それ以前にそうではない時期があった可能性も有り得るのである。そのため、王権と「辺境」の人々の関係を後世の史料から読み解く場合には、慎重な態度で臨まなければならず、時期的変遷があった可能性も念頭に置いて考察していく必要があると思われる。

しかしながら、律令国家成立以前の両者の関係について論じた研究は、文献史学を専門としたものに絞れば、一九七〇年代に井上辰雄氏と中村明蔵氏が、県制や部民制の観点から大化前代の様相を考察して以降[4]、ほとんどなされていない。したがって、いまだ十分に論じ尽くされていない点があると思われる。

そこで本章では、大化前代における九州南部に居住する人々と倭王権の関係について考えていきたい。その際、まず断っておかなければならないのが、九州南部に居住する人々と『古事記』『日本書紀』（以後、記・紀と表記する）に登場する「隼人」をどのように捉えるのかという問題である。近年の研究では、「隼人」という呼称を、天武朝以降に創出されたものと理解し、大化前代の九州南部に居住する人々と区別する傾向が強い(5)。しかし、これから明らかにしていくように、この呼称は大化前代にさかのぼるものと考えられる。したがって、本章ではこれらの隼人関係記事（伝承）を、大化前代における倭王権と九州南部に居住する人々の関係を考察する重要な史料として扱い、検討していきたい。

一　大化前代の記事にみられる隼人観

大化前代における九州南部に居住する人々と倭王権の関係について考察するうえで、基本的な史料となるのが記・紀である。このうち『日本書紀』には、大化前代に隼人関係記事が七件ある。もちろん、これらがすべて事実であったとは到底考えられない。しかし、記・紀が編纂された際、それらが編纂される以前の隼人に対して、いかなる観念を国家が抱いていたかを明らかにすることは、少なくとも可能であろう。そこでまず、これらを順に取りあげ、大化前代の記事にみられる隼人観を明らかにしていきたい。

①神代下第九段

まず一つ目は、日向の襲の高千穂峰に降臨した瓊瓊杵尊が鹿葦津姫（神吾田津姫、木花之開耶姫）を召し、この姫が火闌降命（火酢芹命、海幸彦）、彦火火出見尊（火折尊、山幸彦）、火明命の三人の子どもを産む場面である。

この記事で注目されるのは、「火闌降命」という記載に「是隼人等始祖也」と割書があり、隼人の始祖を火闌降命としていることである。これについて『古事記』上巻では、三人の子どもが火照命、火須勢理命、火遠理命と表記されており、「火照命」の割書に「此者隼人阿多君之祖」とある。なお、弟の彦火火出見尊（『古事記』では火遠理命）は、孫が神武天皇（神日本磐余彦天皇、『古事記』では神倭伊波礼毘古命）であるため(6)、「天皇」の祖とされている。

このように記・紀を通じて、「天皇」の祖とされた彦火火出見尊（火遠理命）と兄弟にあたる火闌降命（火照命）を隼人の始祖とする認識がみられる。

②神代下第一〇段

次に二つ目は、一つ目の記事に続く場面で、有名な海幸彦・山幸彦の物語である。これによると彦火火出見尊は、火闌降命とそれぞれ弓と釣針を交換しあったのだが、火闌降命の釣針を紛失してしまった。それを責められ悩んでいたところ、出会った老翁に導かれ、海神の宮へ行き、その釣針を発見した。その後、「潮満瓊」と「潮涸瓊」を得て戻ると、それらを用いて火闌降命を服従させた(7)。その一書（第二）には、火闌降命が降伏した時の様子について、次のように書かれている。

史料一

（前略）兄既窮途、無レ所二逃去一。乃伏レ罪曰、吾已過矣。従レ今以往、吾子孫八十連属、恒当為二汝俳人一。一云、狗人。請哀之。弟還出二涸瓊一、則潮自息。於是、兄知三弟有二神徳一、遂以伏二事其弟一。是以、火酢芹命苗裔、諸隼人等、至レ今不レ離二天皇宮墻之傍一、代吠狗而奉事者矣。（後略）

この史料からは、火闌降命（「兄」「火酢芹命」）が彦火火出見尊（「弟」）に対し、「俳人」（異伝では「狗人」）になると述べ、服従したことがわかる。ここで重要なのは、火闌降命の後裔である「諸隼人」が、「天皇」の宮城の垣のそばを離れず、今でもなお、吠える狗として奉仕していると記されている点である。つまり、少なくとも『日本書紀』が編纂された八世紀前半において、こうした由来のもと、天皇に対し、吠える狗として隼人が奉仕を行っているという認識があったのは間違いない。

また、同段一書（第四）では、「兄則溺苦、無レ由レ可レ生。便遥請レ弟曰、（中略）若活レ我者、吾生児八十連属、不レ離二汝之垣辺一、当為二俳優之民一也」とあり、火闌降命（「兄」）が子々孫々、彦火火出見尊（「弟」）の垣のあたりを離れず、「俳優之民」になると述べている。そして後略した部分には、「犢鼻」（ふんどしの意）をして赤土を塗った火闌降命が、溺れる状況を演じた様子が書かれており、その後「廃絶」することがないと記されている。

なお、『古事記』上巻にも、火遠理命が火照命を服従させる場面に、次の記載がある。

史料二

（前略）僕者自レ今以後、為二汝命之昼夜守護人一而仕奉。故至レ今、其溺時之種種之態、不レ絶仕奉也。（後略）

右の史料からわかるように、火照命が「昼夜守護人」として奉仕し、溺れる時の所作を絶えず演じているとある。すなわち、記・紀を通じてほぼ同じ内容の記載があることがわかる。

以上のように、代々「天皇」に対し、その宮城の垣のそばで、「俳人」「狗人」「吠狗」「俳優之民」「守護人」として奉仕する存在という隼人観があり、また、こうした奉仕が少なくとも記・紀が編纂された段階においても引き継がれていたといえる。

③履中天皇即位前紀

三つ目は、瑞歯別皇子（のちの反正天皇）が兄の仲皇子に近習する隼人刺領巾《さしひれ》を誘い、仲皇子を殺害するよう命じ、

刺領巾がそれを実行した場面である。(8)

史料三

（前略）時有二近習隼人一、曰二刺領巾一。瑞歯別皇子、陰喚二刺領巾一、而誂之曰、為レ我殺二皇子一、吾必敦報レ汝。乃脱二錦衣褌一与之。刺領巾恃二其誂言一、独執レ矛、以伺二仲皇子入一レ厠而刺殺、即隷二于瑞歯別皇子一。於是、木菟宿禰、啓二於瑞歯別皇子一曰、刺領巾為レ人殺二己君一。其為レ我雖レ有二大功一、於二己君一無レ慈之甚矣。豈得レ生乎。乃殺二刺領巾一。（後略）

この記事で注目されるのは次の三点である。一点目は、隼人刺領巾が仲皇子に近習していることである。つまり、隼人に対し、「皇子」に仕える存在という認識があったといえる。二点目は、刺領巾の奉仕形態である。「皇子」に近習していることから考えると、少なくとも刺領巾は宮都に常駐していたと考えるべきだろう。三点目は、仲皇子個人に対して近習していることである。これは、「己君」とあることからも明らかで、一時的に奉仕していたわけではなく、特定の人物と人格的な従属関係（以後、このような関係を、個別人格的な従属関係と呼ぶ）が結ばれているとみてよい。

すなわち史料三からは、隼人が宮都に常駐し、特定の「皇子」に従属し、奉仕を行う存在として認識されていたと想定できよう。

④清寧天皇元年十月辛丑（九日）条

四つ目は、大泊瀬天皇（雄略天皇）が亡くなり、高鷲原陵に葬られる場面である。

史料四

葬二大泊瀬天皇于丹比高鷲原陵一。于時、隼人昼夜哀二号陵側一。与レ食不レ喫、七日而死。有司造二墓陵北一、以レ礼葬之。

右の記事には、隼人が昼夜を問わず陵のそばで泣き崩れ、食事もとらなかったため七日後に死んだこと、そして、陵の北側に墓が作られ、そこに葬られたことが記されている。これらから少なくとも、大泊瀬天皇と隼人の関係の深さを読み取れよう。また、陵のそばで「哀号」する隼人の姿からは、隼人が生前の「天皇」のもとで奉仕していたことが想定できるのではないだろうか。さらに、隼人が死んだあと、陵の北側に墓が作られたのも興味深い。この点からも、隼人が一時的に奉仕していたわけではなく、宮都に常駐し、大泊瀬天皇と個別人格的な従属関係を有していたことがうかがえる。

以上のようにみていくと、史料四からも宮都に常駐し、特定の「天皇」に従属し、奉仕を行うという隼人観を想定できる。

⑤清寧天皇四年八月癸丑（七日）条・欽明天皇元年三月条

続く五つ目と六つ目は、ほぼ同じ内容であるため同時にみていきたい。

史料五

（前略）是日、蝦夷・隼人並内附。

史料六

蝦夷・隼人、並率レ衆帰附。

右の二つの史料は、隼人が蝦夷とともに「内附」「帰附」する記事である。「内附」「帰附」は「服従しに来る」「したがいつく」という意味をもつ(9)。このことから、少なくとも『日本書紀』が編纂された時期、隼人が蝦夷と同じように帰服すべき存在と認識されていたといえる。

⑥敏達天皇十四年八月己亥（十五日）条

最後は、敏達天皇が亡くなったあとの場面である。

史料七

天皇病弥留、崩二于大殿一。是時、起二殯宮於広瀬一、馬子宿禰大臣、佩レ刀而誄。（中略）三輪君逆、使三隼人相‐二距於殯庭一。穴穂部皇子、欲レ取二天下一。発憤称曰、何故事二死王之庭一、弗レ事二生王之所一也。

この史料には、殯宮で敏達天皇に対する誄が行われた際、「天下」をとろうとする穴穂部皇子（欽明天皇の皇子）の侵入を拒むために、「天皇」の寵臣であった三輪君逆が隼人に命じて、殯庭を警備させたことが記されている。なおこの時の様子は、次の史料に再述されている。

史料八『日本書紀』用明天皇元年五月条

穴穂部皇子、欲レ奸二炊屋姫皇后一、而自強入二於殯宮一。寵臣三輪君逆、乃喚二兵衛一、重‐二璅宮門一、拒而勿レ入。穴穂部皇子問曰、何人在レ此。兵衛答曰、三輪君逆在焉。七呼レ開レ門、遂不二聴入一。（後略）

右の史料から、穴穂部皇子が炊屋姫皇后をおかすために殯宮へ押し入ろうとしたこと、さらに、開門を要求する穴穂部皇子に対し、「兵衛」がそれを拒否したことがわかる。

さて、この記事で重要なのは次の二つである。一つは、殯宮の宮門の警備を担当した者が、史料八において「兵衛」と記されていることである。これについては、『日本書紀』の編纂時、史料七に「兵衛」と書かれていたものが、「隼人」と書き改められたとする説[10]と、逆に、史料八に「隼人」と書かれていたものが「兵衛」と書き換えられたとする説[11]がある。実証する手立てがないため、どちらが正しいか判断しかねるが、こうした互換性があった点から考えると、この記事にみられる隼人は、「兵衛」と類似した任務を担っていたことが想像される。

もう一つは、史料七において、皇位を狙っていた穴穂部皇子が、「亡くなった王（敏達天皇）の庭で仕えるにもかかわらず、なぜ生きている王（穴穂部皇子自身のこと）に仕えないのか」と述べていることである。つまり、この時三輪君逆と警備していた隼人は、あくまで敏達天皇に対して奉仕し、穴穂部皇子には仕えようとしなかった。したがって、「天皇」「皇子」であれば誰にでも仕えたわけではなく、敏達天皇一個人に対して奉仕していたことがうかがえる。

以上、大化前代の隼人関係記事を具体的にみてきた。すなわち、大化前代の記・紀の記事には、蝦夷とともに帰服すべき集団（⑤）、および奉仕を行う存在（②～④、⑥）という二つの隼人観があったことがわかる。また、そのうち後者については、ア．「天皇」または「皇子」に対する奉仕であったこと、イ．宮都に常駐していたこと、ウ．ある特定の「天皇」「皇子」に対して直接近侍し、個別人格的な従属関係があったこと、以上の三つの特徴があることを明らかにしてきた。

ところで、こうした認識はいつ頃までさかのぼらせることができるのだろうか。はじめに述べたように、記・紀が編纂された時期に以上の隼人観があったのは間違いないが、これらがすべて事実であったとは考えられない。[12]しかし、こうした認識が大化前代にまでさかのぼる可能性も否定はできない。

この点を明らかにするうえで注目されるのが、先ほど指摘した奉仕の特徴である。このうち特徴ア・イは、記・紀編纂期以降の史料からも読み取れる。例えばアについては、『延喜式』隼人司式によると、蕃客入朝の儀が行われる際、隼人は応天門の左右に陣列することになっていたのだが、「天皇不レ臨レ軒者、不レ陣」とあるように、天皇が不参加の時に陣列しない規定となっていた。ここから、あくまで天皇に対して奉仕していたことがうかがえよう。[13]またイについては、大隅・薩摩両国から上京し、六年交替で隼人司に上番していた隼人（ただし九世紀に入ると停止される）や、畿内・近国に居住していた畿内隼人が八世紀以降も奉仕を行っていた。したがって特徴イも、記・紀編纂期の奉仕のあり方を参考に記された可能性が残る。

しかし特徴ウは、記・紀以外の史料から読み取ることができない。成立年代が下るが、『延喜式』隼人司式には、隼人が大儀・践祚大嘗祭・行幸・御薪進上の際、吠声や風俗歌舞の奏上を行うことや、竹製品・油絹を製作することが規定されている(14)。しかし、隼人が日常的に、ある特定の天皇・皇子に対して近習するような奉仕は見当たらない。また、都で奉仕していた九州南部出身の隼人の場合、六年交替で帰郷することになっていた(15)。そのため、制度的にも隼人が特定の人物に長期間、奉仕を行い続けることはあり得なかった。つまり、大化前代の記事にみられる隼人の奉仕は、記・紀が編纂される段階のものをそのまま反映させていたわけではないのである。

次節で述べるように、大化前代のこうした記事は、近年、造作されたものと考えられることが多い。しかし、こうした奉仕の特徴からすると、記・紀が編纂される以前の古い段階の奉仕の様相が残されたものと考えられるのである。

二　「隼人」の呼称と「人制」

1　「隼人」の呼称

前節では、記・紀にみられる大化前代の隼人関係記事を検証し、蝦夷とともに帰服すべき集団、および奉仕を行う存在という二つの隼人観があったことを明らかにした。そして、その特徴から、少なくとも後者の隼人観は、記・紀が編纂される以前の古い段階にさかのぼると主張した。こうした理解が可能ならば、大化前代においても「隼人」という呼称があったのではないだろうか。また、もしそのように考え得るのであれば、両者の間にあった何かしらの関係性によって、こうした呼称が付けられたのかもしれない。そこで本項では、なぜ九州南部に居住する人々が「隼人」

と呼ばれるようになったのか、考察していきたい。

近年の研究では、「隼人」という呼称のはじまりが天武朝であったとする説が多くみられる。(16)そこでまず、この点について検討していきたい。この説の論拠は、隼人が『日本書紀』に具象性をもって叙述され、また、朝廷と隼人の関係が密接になる画期が天武朝であったことにある。しかし、そもそも『日本書紀』は編纂史料であるため、起こったことがすべて記載されるものではない。したがって、記事の出現頻度によって呼称の始期を判断するのは危険であろう。また、天武朝以降の記事は、「大隅」「阿多」などの地域名で記されるようになり内容が多様になるのも確かだが、隼人がどのような奉仕を行っていたかという点については、これまでみてきたように、むしろ大化前代の方が詳細に記載されている。つまり、天武朝以降の記事が具象性をもって叙述されるようになったとは、一概にいいきれない。

さらに、原口耕一郎氏は記・紀の隼人関係記事を検証し、古代中国史料と類似した記載があるため、それらの記事が模倣・潤色・造作されたものとした。そして、「南九州の人々が隼人と呼ばれたのは、天武朝から九世紀初頭にかけての、わずか一二〇年間ほどのことにすぎない」とした。氏が述べるように、記・紀にみられるこれらの記事は、その編纂過程で中国思想の影響を受け、手が加えられている可能性もある。しかし、たとえ類似した記述があったとしても、単に中国の史書を引用し表現していることをもって、事実無根の造作されたものと断言はできない。(17)このように近年の研究では、「隼人」という呼称が天武朝以前にさかのぼらないと考えられているが、現在のところ証明されているとはいいがたい。以上のように考えたうえで、論を進めていきたい。

さて、「隼人」という呼称がどのように付けられたのかという問題については、中村明蔵氏が簡潔にまとめている。(18)まず中村氏の整理に従って、先行研究を俯瞰していきたい。

中村氏は表1にあるように、これまでの研究を性行説、地名説、方位説、職掌説の四つに区分し、次のような過程

表1　中村明蔵氏による隼人の呼称に関する諸説の分類

説	隼人の呼称の由来	挙げられた代表的な研究
性行説	隼人の性質・性格・行動・しぐさに由来するという説	本居宣長の隼人の敏捷・猛勇な性行にもとづくとするもの 内田銀蔵のチハヤビト説 清原貞雄のハヤシビト説 井上辰雄の隼人の歌舞のテンポが早かったとする考え方
地名説	地名に由来するとする説	喜田貞吉の『新唐書』にみえる「波邪」にもとづくとする説
方位説	方位に由来するとする説	松岡静雄の「ハヤ」が南をさすとする説 駒井和愛の四神説 大林太良の三分観（三方向の表象）説
職掌説	隼人の朝廷における職掌に由来するという説	清原貞雄のハヤシビト説 高橋富雄の吠人説 井上辰雄の隼人の歌舞に依拠するとする説

※中村明蔵「隼人の名義をめぐる諸問題」（同『隼人と律令国家』名著出版、1993年）より作成

で「隼人」の呼称を考察した。

①　地名説については、『新唐書』の成立時期がかなり遅れること、日本側の古代諸文献に「ハヤ」の地名が見出しがたいことから、「否定的にならざるをえない」とした。

②　職掌説については、「いわば感覚的名義では説明が尽くせないと思われる」ことや、論拠に問題を残していることから、「職掌説では隼人の名義は十分に説明できないと思うし、それらの説を直接的に否定することは困難としても、以下の拙論の展開の過程で、消滅するものであろうと考えている」とした。

③　方位説のうち、とりわけ駒井和愛氏が提示した四神（東の青龍、西の白虎、南の朱雀、北の玄武と配された中国古来の四方神のこと）説を重視した(19)。そのうえで隼人は、軍事的役割を担っていること、勇捷・急疾な性行をもつ者とされていること、南方に居住することが『周礼』『釈名』『礼記』などにみえる「鳥隼」と類似しているとした。そして、この「鳥隼」は四神のうち朱雀のことであり、ここから「隼」一字をとり、「人」の字を付け加え、「隼人」と呼称される

ようになったとした。

このように中村氏は、「隼人」という呼称が四神思想にもとづいて付けられたとした。この説については、永山修一氏も「中村明蔵の理解が穏当なもの」としている。[20] しかしながら、四神説には以下のような問題があると考えられる。

一つ目は、「隼人」という呼称が「鳥隼」にもとづくとしている点である。とくにその論拠の一つとして、「隼人」と「鳥隼」が南方に居住・配置されていることをあげているが、古代日本において、隼人が南方に住むとされていたかは自明ではない。例えば『延喜式』陰陽寮式儺祭条によると、南方の境界は土佐であり、西海道に属する九州南部が果たして列島の南方と考えられていたか疑問である。また、養老年間に大隅国守陽侯史麻呂が殺害されたことに端を発し、九州南部で起こった交戦[21]では、「征西将軍」が任命されている。[22] したがって、むしろ隼人は南ではなく西に居住すると考えられていたのではないだろうか。

二つ目は、「隼」という文字を重視している点である。なぜならば、隼人は「隼人」と記される場合ばかりではないためである。

史料九『万葉集』巻一一、二四九七番

早人　名負夜声　灼然　吾名謂　孋恃

（隼人の名に負う夜声いちしろくわが名は告りつ妻と頼ませ）

右の史料は、「隼人の有名な夜声のように、はっきりと私の名は申しました。妻として信頼してください」という歌である。[23] このように、隼人を「早人」と記す場合もある。断片的にしか残っていない史料のなかで、「隼」という文字を用いていない事例があることは見逃せない。そのため、「隼人」という呼称は、「隼」という文字ではなく、「ハヤ（ヒ）ト」という音が重要だと考えられる。

最後に三つ目は、次の史料の解釈を十分に反映していない点である。

史料一〇『令集解』職員令隼人司条「隼人」集解

謂、隼人者、（中略）朱云、凡此隼人者良人也。古辞云、薩摩・大隅等国人、初捍、後服也。諸請云、已為レ犬、奉二仕人君一者、此則名二隼人一耳。

この史料で注目したいのは、最後の「此則名二隼人一耳」という部分である。これには、「隼人」という呼称が付けられた経緯が記されている。ただしこの文は「云」が多いため、どのように区切るべきか判断しにくい。これについては、他に「古辞云」や「諸請云」という用例が『令集解』にないため、「朱云」以降が一つのまとまりになると考えられる。また、「諸請云」の次の文字は「已」となっているが、むしろ本文の流れから考えると、「己」と読んだ方が理解しやすいのではないだろうか[24]。

このように考えると、史料一〇は、「朱記によると、この（令文中にみられる）「隼人」は「良人」である。「古辞」（古い言葉、すなわち、言い伝えという意味でとるべきか）によると、「薩摩・大隅等国人」は服属したあと「諸請」（承諾）し、「われわれは、犬となって「人君」（天皇）に奉仕を行う」といった。これをすなわち隼人と名付けた」、以上のように理解すべきであろう。つまり、「隼人」という呼称の由来は、犬となって「人君」に奉仕することにあるといえる。確かに、朱記は九世紀に入ってから成立したものであるため[25]、そのまま鵜呑みにはできないかもしれない。しかし、少なくとも『令集解』が編纂される過程で、ある程度信用のある説であったため、こうした記載が残っていると考えるべきではないだろうか。そのため、隼人の呼称を検討するうえで重要な史料だと考えられる。しかし、四神説ではこの史料を説明できない。

このように、四神説には問題があり、成り立たないと考えられる。では、「隼人」という呼称はどのように成立したのだろうか。これについては、史料一〇に記されている「隼人」という呼称が付けられた経緯、すなわち「犬」となって奉仕していることの意味を理解する必要がある。ここで参考になるのが、先掲した史料一である。この史料からわかるように、少なくとも『日本書紀』が編纂された頃、隼人は「狗人」とも呼ばれ、また「吠狗」として代々奉仕する存在とみなされていた。この「狗」という表現は、史料一〇の「犬」と同じことを指すと考えられる。つまり、史料一〇にみられる犬となって奉仕するとは、吠えること、すなわち『延喜式』隼人司式にみられる吠声を意味しているといえる。このように、「隼人」という呼称は彼らが行っていた吠声という奉仕形態に由来すると考えられるのである。

以上のように理解した場合興味深いのが、九世紀以降、九州南部に居住する人々が「隼人」と呼ばれなくなることである。この点について永山修一氏は、延暦二十（八〇一）年に九州南部の人々が都への「朝貢」を停止されたため[26]としている。[27]確かにこの時期を転機に、九州南部の人々がほとんど「隼人」と呼ばれなくなっているので、この措置をきっかけとする氏の理解は妥当だと考えられる。[28]しかし、「朝貢」をしなくなったから「隼人」と呼ばれなくなったとする点については賛同できない。なぜならば、もともと「朝貢」をしていない畿内・近国に居住している畿内隼人が、いつまでも「隼人」と呼ばれていたことを説明し得ないためである。

この点を踏まえて考えると、延暦二十年までは、九州南部に居住している人々や畿内隼人が隼人司に上番して奉仕を行っていたが、これ以降、畿内隼人のみがそれを担うようになった。つまり、畿内隼人はその後も奉仕を行っていたため「隼人」と呼ばれ続けるが、九州南部に居住する人々はそれを行わなくなったため、以後、「隼人」と呼ばれることが少なくなったと推測できる。このように考えると、「隼人」という呼称は、彼らが行っていた奉仕と密接にかかわると考えられるのである。

以上本項では、「隼人」という呼称の成立について考察してきた。すなわち、「隼人」という呼称は、史料一・一〇の解釈、および奉仕を行わなくなると「隼人」と呼ばれなくなることから、隼人が行っていた奉仕、具体的にはとくに吠声に由来すると推測される。したがって、表1で示したこれまでの研究史を踏まえるならば、「隼人」という呼称は、当初、吠える人という意味で「吠人」（ハイト）と付けられ、時代が過ぎるにつれて「ハヤト」「ハヤヒト」と呼ばれるようになり、また、「隼」という文字が使用されるようになったとする職掌説が最も妥当だと考えられる。

2　隼人と「人制」

前項では、「隼人」という呼称が吠声に由来していたと述べてきた。しかしここで問題になるのは、こうした呼称を付けられるような関係がいつ頃形成されたのかということである。そこで本項では、この点について検証していきたい。

この問題を考えるうえで目を引くのが、「人制」である。「人制」とは、倭王権の時代にあった初期官人制の一種であり、直木孝次郎氏によって提唱されたものである。直木氏は、表2にある「〇〇人」のように、「人」の字を付した職名や氏族名（人姓）が、記・紀や八世紀の諸文献に多数みられること、さらに彼らの大部分が、とくに伴部を中心とする令制に引き継がれていることから、五～六世紀に人姓をもって活動した下級官人が存在したと考え、こうした律令制成立以前に倭王権の政務を処理した下級官人の組織を「人制」と呼んだ。[29]

氏の理解の要点は基本的に現在でも認められていると思われるが、その後、埼玉県稲荷山古墳出土鉄剣銘の「杖刀人」や、熊本県江田船山古墳出土大刀銘の「典曹人」などの出土文字資料が発見される一方、部民制の成立を示す確実な初見史料が六世紀後半の島根県岡田山一号墳出土鉄剣銘の「額田ア《（部）》臣」であることから、「人制」が五世紀にさ

表2 直木孝次郎氏による人姓類別表

第一類	〔職業と関係あるもの〕 (1) 県主人 (2) 江人 (3) 大田人 (4) 川人 (5) 国造人 (6) 倉人 (7) 酒人 (8) 宍人 (9) 島人 (10) 園人 (11) 杣人 (12) 手人 (13) 寺人 (14) 舎人 (15) 丹人 (16) 服人 (17) 氷人 (18) 三宅人 (19) 神人 (20) 湯人
第二類	〔氏族または種族名と関係あるもの〕 A個有氏族系・・・(1) 粟人 (2) 生江人 (3) 凡人 (4) 丹生人 B国内異族系・・・(5) 肥人 (6) 隼人 C帰化氏族系・・・(7) 漢人 (8) 韓人（辛人）(9) 高麗人（狛人）(10) 新羅人 (11) 唐人 (12) 秦人 (13) 御間名人
第三類	〔意味不明のもの〕 (1) 阿漏人

かのぼり部民制に先行するものと考えられるようになった。また、「〇〇人」といった表記が古代中国史料にみえ、「典曹」「杖刀」も用例があるため、「人制」が古代中国に由来することがほぼ確実視されている。[30] ただし吉田晶氏によると、「人制」は「その職名が宮廷内の職務とかかわるもので、倭人社会の全体統治のための職とはいえないこと、さらにそれぞれが併立的で全体として組織化されていたとは考えられないこと」から、「王権による『国家的統治』のための制度とは程遠いものであった」と評価されている。[31]

ここで注意したいのは、隼人もまた人姓者という点である。なお、この「人制」と隼人との関係については、すでに指摘がある。直木氏は、人姓者を「職業と関係あるもの」二〇氏（第一類）と「氏族または種族名と関係あるもの」一三氏（第二類）の大きく二つに分類し、さらに、第二類をA個有氏族系、B国内異族系、C帰化氏族系の三つにわけ、そのうえで、隼人を第二類のBに位置づけた。[32]

しかし、この見解は、隼人が国内における「異民族」であることを前提としている点に問題がある。おそらく、隼人・肥人を「国内異族系」としたのは、『令集解』賦役令辺遠国条の古記に「夷人雑類」の具体例として、彼らがあげられているためだと思われる。しかし、あくまでこれは八世紀における認識であり、五世紀段階において「夷人雑類」とされていたかは判断できない。確かに九州南部の人々が、現在の近畿地方の人々と異なる文化や言語をもっていた可能性は高い[33]。しかしながら、この時期は前方後円墳の分布範囲が最も拡大する時期であり、その範囲に九州中南部も含まれていることが目を引く[34]。そもそもこの段階で、日本列島全域が同じ文化を共有し、生活様態を一にしていたと考える方が不可能なのであり、当時の九州南部に居住する人々が倭王権から「異民族」と認識されていたかどうかは、慎重に考える必要があろう。むしろ前項で述べたように、「隼人」という呼称が吠声に由来すると考えられるならば、隼人は「職業と関係ある」人姓者に分類できるのではないだろうか。

以上のように考えたうえで、「人制」の特徴と比較してみたい[35]。注目されるのは次の二点である。まず一点目は、特定の職掌と関係ある名辞を称する人姓をもち、大化前代の朝廷に勤務するという特徴である。先述したように、「隼人」という呼称は吠声に由来していると考えられる。また、こうした特定の職掌は、あくまで「天皇」「皇子」に対して行っていたものであった。したがって、この点は共通するといえよう。

二点目は、大化後、このような組織が令制の各官司に受け継がれていったという特徴である。具体的には、倉人が令制における中務省内蔵寮および大蔵省、舎人が兵衛府、酒人が宮内省造酒司、宍人が宮内省大膳職、以上のような例があげられている[36]。この場合、隼人には令制に隼人司がある。このことも、「人制」の特徴と共通するといえる。

このように、大化前代から朝廷で一定の職務に従い、令制官司の前身的な位置づけをなしていた点において、隼人は第一類の人姓者と共通する特徴をもつのである。先述したように、「人制」の成立は五世紀後半と考えられている。最初に述べたように、考古学的知見によれば、この時期の九州南部には前方後円墳をはじめ、畿内型高塚古墳が造成された時期である。したがって、「隼人」という呼称もまた、この時期に成立したとすることは妥当と考えられるのである。

本章では、大化前代の隼人と倭王権にどのような関係があったか考察してきた。これまで述べてきたことは以下の四点である。

① 大化前代の記・紀の記事には、蝦夷とともに帰服すべき集団、および奉仕を行う存在という隼人観があったことがわかる。そのうち後者については、ア.「天皇」または「皇子」に対する奉仕であったこと、イ.宮都に常駐していたこと、ウ.ある特定の「天皇」「皇子」に対して直接近侍し、個別人格的な従属関係があったこと、以上の三つの特徴がある。

② ①で明らかにしたウの特徴から考えると、大化前代の記事にみられる隼人の奉仕は、記・紀が編纂される段階の様相をそのまま反映させてはいないため、それ以前の古い段階の奉仕の様相が残されたものと考えられる。

③ 「隼人」という呼称は、隼人が行っていた奉仕、具体的には吠声に由来すると考えられる。

④ 大化前代から朝廷で一定の職務に従い、令制官司の前身的な位置づけをなしていた点において、隼人は人姓者と共通する特徴をもつ。このことから、すでに五世紀後半頃から、隼人は「人制」のなかに組み込まれていたと考えられる。

以上のように、すでに五世紀後半頃、九州南部に居住する人々は、「人制」と呼ばれる初期官人制に組み込まれていたと考えられる。この背景には、九州南部に居住する人々、とくにその首長層が王権との間に、従属関係を築いていたことが推測される。おそらく九州南部の首長層は、彼らの子弟を倭王権に出仕させることで関係を強化し、その見返りとして王権から文化や技術が供与され、自らの権力基盤を固めていったと考えられる。

ここで注意すべきなのは、右に示したような、地域社会に存在した各首長層が自らの子弟を出仕させ、倭王権との間に隷属的関係を築くことが、当時の日本社会において一般的に行われていた点である。つまり、ここから考えれば、それと同様の関係を築いていた大化前代の九州南部は、「辺境」の地ではなかったといえるのである。しかしながら、その後、七世紀代に起こった隣接する諸国の変動をきっかけとして、王権は集権化を進めていき、九州南部の人々との関係を悪化させていった。こうして七世紀後半になると、律令制度にもとづく国家形成を進めていくなかで、九州南部の人々に対して列島北部の人々と同じような扱いを行うようになり、「辺境」の地として位置づけるようになっていったのである。

註

（1）『続日本紀』大宝二年八月丙申朔条。
（2）鹿児島県教育委員会編・刊『先史・古代の鹿児島』通史編（二〇〇六年）。
（3）都出比呂志『古代国家はいつ成立したか』（岩波書店、二〇一一年）。
（4）中村明蔵「熊襲と隼人をめぐる諸問題」（同『隼人の研究』学生社、一九七七年）、井上辰雄「隼人を支配する県制」「日奉儀礼と部民制」「隼人の鎮魂と呪能」（同『隼人と大和政権』学生社、一九七四年）、井上光貞「大和国家の軍事的基礎」（同『日本古代史の諸問題』思索社、一九四九年）。
（5）原口耕一郎「『記・紀』隼人関係記事の再検討（一）、（二）」（『人間文化研究』九・一五号、二〇〇八・二〇一一年）、永山修一「隼人の登場」（同『隼人と古代日本』同成社、二〇〇九年）、中村明蔵「隼人の名義をめぐる諸問題―日本的中華国家の形成と変遷―」（同『隼人と律令国家』名著出版、一九九三年）。
（6）『日本書紀』第一〇段本文、神武天皇即位前紀、『古事記』上巻・中巻。
（7）以上の内容は、『日本書紀』第一〇段本文。
（8）なお『古事記』下巻にも、同じ内容の説話が記載されており、「水歯別命」（『日本書紀』における瑞歯別皇子）が、墨江中王（『日本書紀』における仲皇子）に近習する隼人「曾婆加里」（「曾婆訶理」とも表記される）に命じ、墨江中王を殺害したとある。

（9）『大漢和辞典』巻一・六（大修館書店、一九五五・一九五七年）。

（10）永山前掲註（5）論文。

（11）田中聡「日本古代『夷狄』通史―蝦夷と隼人・南島の社会―」（同『日本古代の自他認識』塙書房、二〇一五年）。

（12）なお、蝦夷とともに帰服すべき集団という隼人観は、八世紀初頭に隼人が蝦夷とともに正月儀礼に参加していることから、記・紀編纂期のあり方を参考に記された可能性が残る（『続日本紀』和銅三〈七一〇〉年正月壬子朔条、同丁卯〈十六日〉条）。

（13）そのほか同史料によると、天皇がかかわっている儀式（大儀・践祚大嘗祭・御薪進上）や行幸の際、吠声や風俗歌舞の奏上を行っていた。また、竹製品・油絹を製造することも規定されていたが、その貢納先は、天皇にかかわりが深い機関であった。これらのことからも、隼人が九世紀以降も、天皇に対して奉仕を行っていたと読み取れる。詳しくは、第六章で述べる。

（14）なお、この『延喜式』は、延喜五（九〇五）年に編纂が開始され、その後、延長五（九二七）年に奏進されたものである。そのため、この諸規定は八世紀段階にさかのぼらない可能性がある。しかし、隼人が行っていたとされる吠声・風俗歌舞・竹製品等の製造は、八世紀代にも行われていたと考えるべきであろう。これは、『養老令』職員令隼人司条にみられる隼人司の職掌に、歌舞の教習と竹笠の造作を掌ることが記載されている点、および八世紀代に編纂された史料から隼人と吠えることの関連性を読み取れる点（『日本書紀』神代下第一〇段一書第二、『万葉集』巻一一、二四九七番）から推測できる。詳細は、第六章で論じる。

（15）『続日本紀』霊亀二（七一六）年五月辛卯（十六日）条。

（16）原口前掲註（5）論文、永山前掲註（5）論文、中村前掲註（5）論文。

（17）なお原口耕一郎氏は、「隼人」という呼称が創出された契機として、天武朝に中国的夷狄観が成立したことをあげている（原口前掲註（5）論文）。氏の「隼人」という呼称が政治的に創出された言葉であるとの指摘は首肯できる。しかしながら、この呼称が中華思想にもとづいて設定されたとする点については、問題があると思われる。おそらく氏の考えは、永山修一氏がその呼称について、「朝貢」と密接にかかわっていると指摘していること（後述）が背景にあると思われる。しかしこれから述べるように、永山氏の理解にも問題があり、「隼人」という呼称は「朝貢」と関係なく付けられたと考えられる。したがって、天武朝に「隼人」という呼称が創出されたとしている点にも疑問が残る。

(18) 中村前掲註（5）論文。
(19) 駒井和愛「熊襲・隼人考」（『古代学』一六巻二・三・四号、一九六九年）。
(20) 永山前掲註（5）論文。
(21) 『続日本紀』養老四（七二〇）年二月壬子（二十九日）条。
(22) 『続日本紀』養老四年七月甲寅（三日）条。
(23) 『新日本古典文学大系　万葉集』三巻（岩波書店、二〇〇二年）。
(24) なおこの点については、井上辰雄氏も「己」と理解している（同「畿内隼人の特殊技能」井上前掲註（4）著書）。
(25) 中野高行「『令集解』の注釈書」（山中裕・森田悌編『論争　日本古代史』河出書房新社、一九九一年）。
(26) 『類聚国史』巻一九〇　延暦二十年六月壬寅（十二日）条。
(27) 永山修一「隼人の『消滅』」（永山前掲註（5）著書）。なお、永山氏は、「隼人の呼称は朝貢に密接に関わるもの」であり、「朝貢の開始とともに隼人は出現し、朝貢の停止とともに隼人は消滅する」とも述べている（永山修一「隼人をめぐって―〈夷狄〉支配の構造」〔『東北学』四号、二〇〇一年〕）。
(28) ただし『延喜式』民部式下によると、「隼人調布」が大宰府に貢進されていたことがわかる。すなわち、九世紀以降も、九州南部の人々が「隼人」として奉仕を行うことはあったといえる。
(29) 直木孝次郎「人制の研究―大化前官制の考察、その一―」（同『日本古代国家の構造』青木書店、一九五八年）。
(30) 田中史生「倭の五王と列島支配」（『岩波講座　日本歴史』一巻、岩波書店、二〇一三年）。
(31) 吉田晶『倭王権の時代』（新日本出版社、一九九八年）。
(32) 直木前掲註（29）論文、平野邦雄「古代氏姓・人名に現われた階級関係―特に帰化系氏族を通じて―」（坂本太郎博士還暦

記念会編『日本古代史論集』上巻、吉川弘文館、一九六二年)。

(33) 八世紀段階の史料である『大隅国風土記』の逸文に「隼人俗語」とあることや、『肥前国風土記』松浦郡値嘉郷の項に、値嘉島に住む「白水郎《あま》」は「容貌似二隼人一」とあることから、五世紀段階においても、九州南部の人々の言語や容姿に多少独自性があったと想像される。

(34) 都出前掲註(3)著書。

(35)「人制」の研究については、以下のものを参考にした。直木前掲註(29)論文、田中前掲註(30)論文、平野前掲註(32)論文、前之園亮一『研究史古代の姓』(吉川弘文館、一九七六年)、吉村武彦「倭国と大和王権」(『岩波講座 日本通史』二巻、岩波書店、一九九三年)。

(36) 直木前掲註(29)論文。

第二章　律令国家成立期における鞠智城―「繕治」と列島南部の関係を中心に―

日本列島の西方部に位置する西海道は、律令国家成立期、大陸に近接する一方で、いまだ国家の支配が十分に行き届いていない大隅・薩摩地方を含みこんでおり、国家から重要視されていた。そのおよそ中心付近にあたる、現在の熊本県山鹿市から菊池市にかけて位置する古代山城が鞠智《きくち》城である。その地理的条件から、鞠智城が支配の要衝としてみなされていたのはいうまでもないであろう。

この鞠智城は、築城時期こそはっきりしないものの、少なくとも史料上で一八一年もの長きにわたり存続した。(1)したがって、その果たした役割も時期によって多様に展開していたと考えられており、(2)今後は古代日本の歴史的展開のなかで、どの時期にいかなる役割を一義的に担っていたかを明らかにしていく作業が求められていると思われる。

さてこの鞠智城については、これまでも様々な角度から研究が進められてきた。(3)なかでも注目されてきたのが、『続日本紀』文武天皇二（六九八）年五月甲申（二十五日）条に記されてある鞠智城の「繕治」（つくろいなおす、修繕の意）(4)記事である。なぜならば、これが史料上はじめて鞠智城が登場するためである。しかしこの「繕治」に関しては、いまだ論じ尽くされていない以下の二つの課題があると思われる。

一つ目は「繕治」の目的である。これについては、国家支配が行き届いていなかった列島南部(5)に対する支配強化の時期と重なっていることから、その領域を統治するために「繕治」が行われたという説がある。(6)しかしこの理解は、いまだ共通認識になっているわけではない。(7) また、列島南部を専門に扱う研究のなかで、鞠智城が取りあげられることも管見の限りほとんどない。(8) ではなぜ、通説化していないのだろうか。おそらくその要因は、穿った見方をすると、「繕治」と支配強化の時期が重なっていることが単なる偶然だったとも捉えられかねない、論理的脆弱性にあると思われる。したがって、この説についてはその必然性を改めて問い直す必要があると考えられる。

二つ目は、「繕治」の目的が列島南部の統治のためと考えた場合に生じる、考古学的知見との矛盾である。後述するようにこれまでの発掘成果から、鞠智城は八世紀中頃に人的活動の量や建物の構成などに変化があったことが明らかにされている。(9) しかしながら、一般的に列島南部に対する鞠智城の歴史的役割は、九世紀に入り九州南部が完全に律令体制に組み込まれることで終えたと考えられている。(10) そのため、いまだその役割を終えていないにもかかわらず、なぜこうした変化が起こったのかという問題についても検証していく必要があろう。

このように、鞠智城の「繕治」はこれまでも注目されてきたが、解決すべき課題がある。そこで本章では、この課題を克服するために列島北部に対する政策も検討対象に加えたい。従来の研究では、「繕治」と列島南部の関係を考える際、その周辺地域に対する政策しかみてこなかったきらいがある。しかし周知の通り、律令国家は列島南北端に居住する人々を理念的に一括し、「夷狄」として位置づけて支配を行おうとしていたため、(11) それらの領域に対して共通の進出策を行うこともあった。したがって、こうした視点を取り入れることで、当時の国家的戦略のなかで鞠智城の「繕治」を捉え直すことができ、ひいては、鞠智城の列島南部に対する歴史的役割の必然性を明らかにできるのではないかと考えられる。

以上の点に注目しながら、本章では鞠智城の「繕治」の目的、および八世紀にみられる変化の要因を検討することで、律令国家成立期の鞠智城の役割を考察していきたい。そしてそのうえで、本書が検討対象とする律令国家の「辺境」支配について、とくにその成立に関して論じてみたい。

一　七世紀〜八世紀初頭における列島南北に対する政策

本節では、鞠智城の「繕治」の目的を考察する前提として、七世紀〜八世紀初頭における列島南部に対する政策を列島北部と比較しながら検討していきたい。この時期の列島南北端に対する政策は、倭王権・律令国家が同領域に対して進出していく過程に着目すると、これから述べていくように斉明期以前の七世紀（以下、斉明期以前と呼ぶ）、天武〜持統期、文武〜神亀期の大きく三つの時期に区分できる。そこで、この時期区分に則して検証していきたい。

1　斉明期以前

本項では、斉明期以前における列島南北端に対する政策を検討していきたい。

まず、列島南部に対する政策を取りあげたい。前章で論じたように、九州南部に居住していた人々は、五世紀後半頃には倭王権との間に従属関係を築いていたと推測される。しかしそれにもかかわらず、斉明期以前の九州南部に関する記事は意外と少ない。『日本書紀』斉明天皇元（六五五）年是歳条に「蝦夷・隼人、率レ衆内属。詣レ闕朝献」とあり、この年に蝦夷と隼人の集団が朝廷にやってきて服従を誓い、貢ぎ物を献上したと記されているのみである。ここから倭王権が隼人を服従すべき存在として認識していたのはわかるが、具体的にどのような政策を行っていたかは明らかにできない。

一方で、南島に関する記事は、六〇〇年代初頭を中心に散見される。表3にあるように、この時期には掖玖人[12]が来

表3　斉明期以前の南島に関する主な事象

年	月	内　容
推古天皇24年（616）	3〜7月	掖玖人、計30人が来朝・帰化する。
推古天皇28年（620）	8月	掖玖人2人が伊豆島に流れ来る。
舒明天皇元年（629）	4月	田部連を掖玖に派遣する（翌年9月帰還）。
舒明天皇3年（631）	2月	掖玖人が帰化する。

※出典は『日本書紀』

朝・「帰化」してきたのに対し[13]、倭王権は掖玖に対して使節を派遣していた[14]。これらの事実から、南島に対して興味をもち、彼らの帰順を受け入れていた様子がうかがえる。しかしこうした記事は、舒明天皇三（六三一）年二月以降みられなくなる。

このように、列島南部に対する政策は史料に現れることが少なく、具体的には明らかにできない。一方で列島北部に対する政策は、表4からわかるように六三〇年代後半〜六六〇年頃まで、比較的多く知ることができる。この表から、この時期に倭王権が行っていた政策を大きく四つに分けられる。

第一に軍事的進出である。この時期には少なくとも、六三〇年代後半[15]と六五〇年代後半〜六六〇年[16]に交戦したのがわかる。また城柵（渟足柵・磐舟柵）を設置し、周辺地域の住民を柵戸として移配することで[17]、北方支配の拠点の整備も行っていた。このように、支配を強化するために強硬な手段をとっていたといえる。

第二に列島北部に住む人々に対する饗宴である。饗宴は現地で行う場合[18]と宮都で行う場合[19]があった。後者の際には須弥山が作られていたので[20]、この段階では呪術的な空間で行われていたと考えられている[21]。また、彼らに対して冠位[22]や武器・武具[23]、禄を与えることもあった[24]。

第三に列島北部に住む人々の帰服（「内附」「親附」「内属」）[25]の受け入れである。具体的にどのような経緯で蝦夷がやってきたかはよくわからないが、少なくとも帰服してきた人々を受け入れようとしていたことが読み取れる。

第四に行政区画の設定・行政機関の設置、官人の任命である。この時期には「郡」（評）・

表 4　斉明期以前の列島北部に関する主な事象

年	月	内　容
舒明天皇 9 年(637)		上毛野形名を将軍として蝦夷と交戦する。
皇極天皇元年(642)	9 月	越の蝦夷数千が「内附」する。
	10 月	蝦夷を饗応する。
		蘇我蝦夷が蝦夷を自邸に招いて饗応する。
大化 2 年 (646)	1 月	蝦夷、「親附」する。
大化 3 年 (647)		越国に渟足柵を造営し、柵戸を置く。
大化 4 年 (648)		磐舟柵を造営して蝦夷に備え、越と信濃の人々を柵戸とする。
斉明天皇元年(655)	7 月	難波宮で越・陸奥の蝦夷を饗応し、柵養蝦夷と津軽蝦夷に冠位を授ける。
		蝦夷、隼人とともに「内属」し、朝廷に貢ぎ物を献上する。
斉明天皇 4 年(658)	4 月	阿倍比羅夫が軍船を率いて蝦夷と交戦し、「齶田・渟代二郡」の蝦夷を服属させ、齶田蝦夷恩荷を「渟代・津軽二郡郡領」とする。有間浜で渡嶋蝦夷を饗応する。
	7 月	来朝し貢ぎ物を献上した蝦夷を饗応し、柵養蝦夷らに位を授け、武器・武具を与える。また、「渟足郡大領」の沙奈具那に蝦夷戸口と虜戸口を調べさせる。
		越国守阿倍引田比羅夫が粛慎と交戦し、羆 2 頭と、羆の毛皮 70 枚を献上する。
斉明天皇 5 年(659)	3 月	飛鳥の甘檮丘の東の川原に須弥山を作り、陸奥と越の蝦夷を饗応する。
		阿倍比羅夫が蝦夷と交戦し、飽田・渟代・津軽・胆振鉏の蝦夷・虜を饗応し禄をたまう。また、後方羊蹄に「政所」を設置し、「郡領」を置いて帰還する。道奥・越の国司と「郡領」らに位を授ける。
	7 月	遣唐使が陸奥の蝦夷の男女 2 人を同道し、出発する。
斉明天皇 6 年(660)	3 月	阿倍比羅夫が渡嶋蝦夷の救援要請を受けて粛慎と交戦し、服属させる。
	5 月	阿倍比羅夫が「夷」を献上する。また、石上池のほとりに須弥山を作って粛慎を饗応する。

※出典は『日本書紀』

「政所」を置いたり、[26]「郡領」を指名したりしていた。[27] また、任命した官人を通じて戸口の把握も行おうとしていた。[28]

このように列島北部に関する記事からは、倭王権が同地域に対して積極的に進出しようとしていた様子がうかがえる。

以上、斉明期以前の列島南北端に対する政策を検討してきた。倭王権が列島南北端に居住する人々を帰服すべき存在としてみなし、彼らを受け入れていたことは共通している。しかし進出度合を比べると、列島北部に対する積極性が明らかに際立っている。このように、この時期の列島南北端に対する政策は、少なくとも残存する史

表5　天武～持統期の列島南部に関する主な事象

年	月	内　容
天武天皇6年（677）	2月	多禰島人らを飛鳥寺の西の槻のもとで饗応する。
天武天皇8年（679）	11月	倭馬飼部造連らを多禰嶋に派遣する。
天武天皇10年(681)	8月	遣多禰嶋使ら、多禰国図をもち帰り、その様子を伝える。
	9月	多禰島人らを飛鳥寺の西の河辺で饗応し、種々楽を演奏する。
天武天皇11年(682)	7月	隼人が方物を献上する、大隅隼人と阿多隼人が相撲をとる。
		多禰人・掖玖人・阿麻弥人に対して禄を与える。
		隼人らを飛鳥寺の西で饗応し、種々楽の演奏、賜禄が行われる。
天武天皇12年(683)	3月	遣多禰使らが帰還する。
持統天皇元年（687）	5月	天武天皇の殯宮で隼人が誄する（7月に隼人を賞賜する）。
持統天皇3年（689）	1月	筑紫大宰粟田朝臣ら、隼人174人、布50常、牛皮6枚、鹿皮50枚を献上する。
持統天皇6年（692）	閏5月	筑紫大宰率河内王らに詔して、沙門（僧侶）を大隅・阿多に派遣し、仏教を伝えさせる。
持統天皇9年（695）	3月	文博勢・下訳語諸田らを多禰に、蛮の居所を求めるために派遣する。
	5月	隼人大隅を饗応する、隼人相撲を観る。

※出典は『日本書紀』

料による限り、統一性があったわけではなかったといえる。

2　天武～持統期

本項では、天武～持統期における政策を検討していきたい。

前項で述べたように、斉明期以前、とくに列島北部に対して倭王権が積極的に進出しようとしていたことがうかがえた。しかしその後六六〇年代に入ると、列島北部に対する政策も史料上から姿を消すようになる。おそらく、これは東アジアの国際情勢にともなうものと考えられる。この時期には、六六〇年に百済が滅亡し、六六三年に白村江で倭が敗戦した。そのため、その後数年間、倭は国家存亡の危機に見舞われていたのであり、その問題に対応するのに精一杯で、列島南北に対する政策を行う余裕がなかったと推測される。

さて、こうした傾向は天武期中頃まで続くが、表5・6にあるように、六七〇年代半ば頃になると列島南北端に関する記事が多くなる。そこでまず、この時期の列島南部に

表6　天武～持統期の列島北部に関する主な事象

年	月	内　容
天武天皇5年（676）	11月	粛慎が新羅使金清平らに従って来朝する。
天武天皇11年（682）	3月	陸奥国の蝦夷に爵位を授ける。
	4月	越の蝦夷伊高岐那らの申請により、俘人70戸で1郡を置く。
持統天皇2年（688）	11月	天武天皇の殯宮で蝦夷が調を背負って誄する。
	12月	蝦夷の男女を飛鳥寺西の槻のもとで饗応し、冠位を授け、物を与える。
持統天皇3年（689）	1月	陸奥国「優嶒曇郡」の城養蝦夷が出家することを許す。
		越の蝦夷の僧道信に仏像・幡・鉢などを与える。
	7月	陸奥の蝦夷の僧自得に仏像・鐘・香炉・幡などを与える。
		越の蝦夷の八釣魚らに物を与える。
持統天皇8年（694）	1月	粛慎2人に位を授ける。
持統天皇10年（696）	3月	越・渡嶋蝦夷と粛慎に物を与える。

※出典は『日本書紀』

対する政策を検証したい。特徴的な政策は以下の三つである。

一つ目は都で行われた饗宴・賞賜である。主に飛鳥寺の西方にある広場で、隼人や南島人（多禰（島）人・掖玖人・阿麻弥人）に対し、饗宴・賞賜を行った。(29)その前後の記事から推測すると、これらは彼らが来朝し、貢ぎ物を献上したことや、(30)天武天皇の殯宮で誄を奏上したことに(31)対して行われた。

二つ目は使節の派遣である。使節は主に多禰島に遣わされ、(32)「多禰国図」をもち帰ってその様子を伝えていた。また彼らの帰還直後に、都で多禰島人に対し饗宴を行っている点から、(33)使節が現地の住民を連れてくることもあったと推察される。

三つ目は仏教政策である。持統期に大隅・阿多へ僧侶を派遣し、仏教を伝えさせるよう筑紫大宰に対して詔があった。(34)こうした政策を通じて、列島南部に居住する人々を精神的に同化させようとしていたことがうかがえる。

以上、列島南部に対する政策をみてきたが、この時期は斉明期以前と比べ、盛んに列島南部と交流していたといえる。この点を踏まえて、次に列島北部に対する政策と比較したい。ここで重要なのが、列島南北端に対する政策が本格的に共通するようになることである。

まず饗宴である。表6にあるように蝦夷に対しても行っていた[35]。しかも、その理由も共通しており、蝦夷が天武天皇の殯宮で誄を奏上した[36]のに対して行ったと考えられる。このように、列島南北端に居住する人々に同じことを行わせるとともに、彼らを同じように扱っていたと読み取れる。

次に使節の派遣である。『常陸国風土記』香島郡項には、香島郡軽野里の東にある大海の浜辺に流れ着いた大船の残骸に関する記載がある。これによれば、「謂、淡海之世、擬㆑遣㆓覓国㆒、令㆔陸奥国石城船造作㆓大船㆒。至㆓于此㆒着㆑岸、即破之」とあり、この船が天智期に覓国使を派遣するために作られたものであったことがわかる。この記事は天智期にあたるため、本章の区分によるとやや時代が早い。しかし少なくとも、斉明期以降も列島北部に対して使節を派遣していたのは確認できる。したがって、この政策も列島南部に対するものと共通しているといえよう。

最後に仏教政策である。具体的には、陸奥国の蝦夷に対して出家が許可されたこと、陸奥・越蝦夷の僧に対して物を与えたことがあげられる[37]。これらは、九州南部に対して行われた政策と内容が全く同じであるわけではないが、こうした政策を通じて蝦夷の僧を育成し、列島北部に仏教を浸透させようとしていたことは推測可能であろう。その意味で、この政策も九州南部に対するものと共通した内容をもつと考えられる。

このように、すべての政策が同じであったわけではないが、この時期には斉明期以前と異なり、列島南北端に対して同時期に同一基調にある政策を行うようになったことが確認できる。また使節の派遣など、列島南北端への進出を目指す活動を行っていたのもわかる。ただし少なくとも史料上では、この時期、武力行使も辞さない強硬な手段をとっていなかった点には注意したい。こうしたあり方がその後どうなったのか、項を改めて検討したい。

3 文武~神亀期

本項では、文武~神亀期における政策を検討していきたい。

前項までに天武期頃から列島南北端に対する政策が共通するようになったと論じてきた。表7・8からわかるように、その特徴は文武~神亀期においてもみられる。

まず饗宴である。文武期にはそれ以前と同様に、蝦夷や南島人が来朝して貢ぎ物を献上し、それに対して授位・賜物を行っていた[38]。しかし和銅期以降になると、これらは正月儀礼のなかに組み込まれ、隼人・南島人が蝦夷とともに儀式に参加するようになった[39]。いずれにしても、列島南北端に居住する人々を同じように扱っていたことは読み取れよう。

次に、行政区画の設定・行政機関の設置である。列島南部では、大宝~和銅期に薩摩国と多褹島を[40]、和銅六(七一三)年に大隅国を設置した[41]。またこの時期には郡も新設していた。平安中期に編纂された『倭名類聚抄』によると、大隅国には、多褹島にある郡を除くと菱刈・桑原・噌唹《そお》・大隅・始羅《あいら》・肝属《きもつき》の計六郡があったと記されている。しかし大隅国が設置された当初は、「肝坏《きもつき》・贈於《そお》・大隈・始纙《あいら》四郡」だけであった[42]。そして養老五(七二一)年~天平九(七三七)年頃の国郡郷里数が記されていると考えられる「律書残篇」に大隅国の郡数が五郡とあること[43]、菱刈郡の設置が天平勝宝七歳(七五五年)であることから[44]、大隅国成立後比較的早い段階で桑原郡を新設したとわかる。なお、こうした行政区画の設定時には他国から移配を行う場合もあった。例えば桑原郡にある大分・豊国・仲川・答西郷は、大分が豊後国大分郡に、豊国が豊国・豊国造に、仲川が豊前国仲津郡に、答西が多布・塔里にそれぞれちなむ地名であるため、『続日本紀』和銅七年三月壬寅(十五日)条にある移配の命にもとづいて置かれたと考えられている[45]。また同じように薩摩国高城郡にある合志・飽多・宇土・託萬郷も、肥後国の合志・飽田・宇土・託麻郡にちなむ地名と考

表7　文武～神亀期の列島南部に関する主な事象

年	月	内　容
文武天皇2年(698)	4月	文博士ら8人を南島に派遣して覓国させる。
文武天皇3年(699)	7月	多禰・夜久・奄美・度感らの人、朝宰に従って来朝し、方物を貢上する（翌月伊勢大神宮と諸社に奉る）、授位・賜物あり。
	11月	文博士・刑部真木ら南島から帰還、位階を授ける。
	12月	大宰府に三野・稲積の2城を修繕させる。
文武天皇4年(700)	6月	薩末比売ら覓国使刑部真木らを脅迫したため、筑紫惣領に決罰させる。
大宝2年（702）	2月	歌斐国が梓弓500張を、翌月信濃国が梓弓1020張を献上し、大宰府に備える。
	6～7月	この頃薩摩国・多禰島成立か？（永山修一『隼人と古代日本』同成社、2009年）。
	8月	薩摩・多禰が王化に服さず命令にそむいたため「征討」し、戸口を調査し官吏を置く（翌月叙勲あり）。
	10月	「唱更」国司、柵を建て戍を置くことを申請し認められる。
慶雲元年（704）	4月	信濃国が弓1400張を献上し、大宰府に備える。
慶雲4年（707）	7月	大宰府に使を派遣し、南島人に対して位・物をたまう。
和銅2年（709）	10月	薩摩隼人・郡司以下188人が入朝し、翌年の正月儀礼に蝦夷とともに参加する。
和銅3年（710）	1月	日向国が采女を、薩摩国が舎人を献上する。
		日向隼人曾君細麻呂が荒俗を教え諭し、聖化に馴れ服させたため、外従五位下を授ける。
和銅6年（713）	4月	日向国の肝坏・贈於・大隅・始覊4郡をわけて始めて大隅国を置く。
	7月	隼賊をうった将軍・士卒など有功者1280余人に対し、授勲を行う。
和銅7年（714）	3月	隼人が住む地に対して、豊前国の民200戸を移配し、勧導させる。
	4月	多禰島に対し印を与える。
	12月	南島の奄美・信覚・球美などから52人が来朝し、翌年の正月儀礼に蝦夷とともに参加する。
霊亀2年（716）	5月	弓5374張を大宰府に備える。
養老3年（719）	1月	大型船2艘・短艇10艘を大宰府に補充する。
養老4年（720）	2月	大宰府、隼人に大隅国守陽侯史麻呂が殺害されたことを奏上し、翌月から武力衝突が起こる（同5年7月、征隼人副将軍が帰還、斬首・獲虜あわせて1400余人。同6年4月叙勲が行われる）。
	11月	南島人232人に対して、懐柔するために位を授ける。
養老5年（721）	12月	薩摩国は人が稀な所が多いため、併合を行う。
神亀4年（727）	11月	南島人132人が来朝し、位を授ける。

※とくに断らない限り出典は『続日本紀』

表8　文武～神亀期の列島北部に関する主な事象

年	月	内　容
文武天皇元年(697)	10月	陸奥の蝦夷が方物を献上する。
	12月	越後の蝦狄に物を与える。
文武天皇2年(698)	6月	越後国の蝦狄が方物を献上する。
	10月	陸奥の蝦夷が方物を献上する。
	12月	越後国に磐舟柵を修理させる。
文武天皇3年(699)	4月	越後の蝦狄106人に爵を授ける。
文武天皇4年(700)	2月	越後・佐渡国に磐舟柵を修理させる。
大宝2年（702）	3月	越中国から4郡をわけて、越後国に属させる。
慶雲2年（705）		陸奥国の蝦夷が反乱を起こし、救援に赴いた武蔵国の軍士を奈良神が守護する（『日本文徳天皇実録』嘉祥3年5月丙申条）。
和銅元年（708）	9月	越後国に出羽郡を設置する。
和銅2年（709）	3月	陸奥・越後国の蝦夷と交戦するため兵を徴発し、巨勢麻呂を陸奥鎮東将軍に、佐伯石湯を征越後蝦夷将軍に、紀諸人を同副将軍に任じ、節刀を授ける（8月に帰還、9月に賜禄）。
	7月	諸国の兵器を出羽柵に運ばせる。
		越後・佐渡など4国の船100艘を征狄所に送らせる。
和銅3年（710）	1月	隼人・蝦夷が朝賀に参列、16日に授位・賜禄あり。
	4月	陸奥の蝦夷に、君の姓を与え、戸籍に編入する。
和銅5年（712）	9月	出羽国を設置する、翌月陸奥国の最上・置賜郡を出羽国に編入する。
和銅6年（713）	12月	陸奥国に丹取郡を設置する。
和銅7年（714）	2月	出羽国に養蚕を行わせる。
	10月	尾張・上野・信濃・越後の人々200戸を、出羽柵戸として移住させる。
霊亀元年（715）	1月	蝦夷・南島人が朝賀に参列、15日に授位あり。
	5月	相摸・上総・常陸・上野・武蔵・下野6国の富民1000戸を、陸奥国に移住させる。
	10月	陸奥国の香河・閉村の地に郡を設置し、居住する蝦夷を戸籍に編入する。
霊亀2年（716）	9月	陸奥国の置賜・最上郡を出羽国に編入し、信濃・上野・越前・越後4国の人々各100戸を出羽国に移住させる。
養老元年（717）	2月	信濃・上野・越前・越後4国の人々各100戸を出羽柵戸として移住させる。
養老2年（718）	5月	陸奥国の石城・標葉・行方・宇太・曰理5郡と常陸国の菊多郡をわけて石城国を、また陸奥国の白河・石背・会津・安積・信夫5郡をわけて石背国を設置する。
	8月	馬1000頭を献上した出羽・渡嶋の蝦夷に位を授け、禄を与える（『扶桑略記』）。
養老3年（719）	7月	東海・東山・北陸道などの人々200戸を出羽柵に移住させる。
		按察使を設置する。
	閏7月	石城国に駅家10か所を設置する。

養老4年（720）	1月	渡嶋津軽津司諸鞍男らを靺鞨国に派遣し、その風土・習俗を視察させる。
	9月	蝦夷の「反乱」により按察使上毛野広人が殺される、翌年4月征夷将軍・鎮狄将軍らが帰京、翌々年4月陸奥蝦夷「征討」の功労者に勲位を授ける。
養老5年（721）	8月	出羽国を陸奥按察使に管掌させる。
	10月	陸奥国柴田郡の2郷をわけて苅田郡を設置する。
養老6年（722）	8月	諸国から1000人を選び、柵戸として陸奥鎮所に移住させる。
養老7年（723）	9月	功績のあった出羽国の蝦夷を賞して爵を授ける。
神亀元年（724）	3月	海道の蝦夷に陸奥大掾佐伯児屋麻呂が殺される、11月征夷持節大使藤原宇合・鎮狄将軍小野牛養が帰京する、翌年閏1月征夷将軍らに勲位などを授ける。
		この年大野東人が多賀城を造営する（「多賀城碑」）。
神亀5年（728）	4月	陸奥国に白河団を設置し、丹取団を玉作団に改める。

※とくに断らない限り出典は『続日本紀』

えられている。[46]

一方列島北部でも、和銅五年に出羽国、[47]養老二（七一八）年に石城・石背国を設置したほか、[48]表8からわかるように多数の郡の設置・分離・編入を行った。そして文武～神亀期の間、東海・東山・北陸道を中心とした諸国から、確認できるだけでも二〇〇〇戸以上の人々を移配した。[49]このように列島南北端では、行政区画の設定・行政機関の設置、移配を同じように行っていたことがわかる。

以上、引き続きこの時期にも列島南北端に対する政策に共通性があったことを確認してきた。しかし、この時期に特徴的なのが、天武～持統期にみられなかった武力行使も辞さない強硬な手段が、支配強化のためにとられるようになったことである。

列島南部では、文武天皇四年に覓国使が薩末比売らに襲われる事件が起こり、それをきっかけとして武力衝突が起こった。[50]その後大宝二（七〇二）年にも、薩摩・多禰に対して「征討」を行った。[51]また和銅六年には隼人をうった将軍や有功者に対して叙勲を行っており、それ以前に交戦したことがわかる。[52]さらに養老四年にも、大隅国守が殺害された事件[53]をきっかけとして再度武力衝突が起こった。一方列島北部でも、少なくとも史料上では慶雲二（七〇五）年、[54]和銅二年、[55]養老四年、[56]神亀元（七二四）年[57]に交戦したことが表8からわかる。

また、この時期には軍事施設の整備も数多く行っており、九州南部では三野・稲積城の修繕[58]と柵・戍の設置[59]を、列島北部においても同様に、磐船柵の修理や多賀城の造営を行った[60]。このように、文武期以降、律令国家は支配強化のために武力行使も辞さない強硬な政策を両地域で展開しており、政策方針が明らかに転換したといえる。

以上本節では、七世紀〜八世紀初頭における列島南部に対する政策を列島北部と比較しながら検討してきたが、次のようにまとめることができよう。すなわち、①少なくとも史料上では、列島南北端に対する政策に当初から統一性があったわけではなく、天武期頃から本格的に共通性がみられるようになった。②支配強化のために行われた武力行使も辞さない強硬な政策は、文武期を転換点として列島南北端で展開されるようになった。以上を踏まえながら、次節では鞠智城の「繕治」の目的について検討していきたい。

二　鞠智城の「繕治」の目的

本節では、前節で検討してきた時代背景を踏まえつつ、鞠智城の「繕治」の目的について検討していきたい。そこでまず、「繕治」が行われた時の記事を確認しておきたい。

史料一『続日本紀』文武天皇二年五月甲申条

令㆔大宰府繕㆓治大野・基肄・鞠智三城㆒。

史料一から、鞠智城が大宰府によって大野・基肄城とともに「繕治」されたことがわかる。この大野・基肄城は、それぞれ大宰府の北方、南方に位置する朝鮮式古代山城であり、ともにその防衛の役割を果たした[61]。

ではなぜ鞠智城は、大野・基肄城とともに大宰府に「繕治」されたのだろうか。まず考えられるのが、これらの城の軍事的機能の相対的低下にともなう修理だったのではないかということである。少なくとも大野・基肄城は、白村江の敗戦後に唐・新羅の侵攻に備えて作られた城であったとされている。[62] しかし、その後朝鮮半島では唐の占領軍と新羅の対立が生じ、六七六年、唐が撤退して新羅による半島統一が実現された。そして唐と対立するようになった新羅は、以後日本に遣使するようになった。また六九〇年代に入ると、唐は吐蕃等との関係に忙殺され、半島に対して介入する余裕がなくなった。さらに大宝二年以降、日本も唐に対して天皇の代替わりごとに遣唐使を派遣するようになった。[63] このように、七世紀後半～八世紀初頭頃には、唐・新羅両国が日本列島に侵攻してくるような緊張した情勢が稀薄になり、むしろ比較的良好な関係を両国と結ぶようになった。そのため七世紀後半になると、これらの城の軍事的重要度が徐々に低くなっていったと考えられる。したがって、それにともない城を維持する恒常的な活動も少なくなり、機能が低下していったと想像される。

しかしながら、例えこうした機能低下が起こったとしても、このような時期になぜ「繕治」する必要があったのか、整合的に説明できない。しかも、大宰府に近接する大野・基肄城だけではなく、離れた場所にある鞠智城とともに「繕治」が行われたのである。このように考えると、「繕治」には他に積極的な要因があったと考えざるを得ない。

ではその積極的要因とは何だったのであろうか。その点を考えるうえで重要だと思われるのが、前節で述べてきた時代背景である。すなわち「繕治」が行われた文武期は、列島南北端に対する政策が共通する時代であり、かつ支配強化のために強硬な手段がとられるようになった転換期にあたる。具体的にみてみると、律令国家は列島北部において文武天皇二年と同四年に磐船柵の修理を行った。[64] そして大宝期以降、軍事的政策や行政機関の設置・分離・編入などを行ったことが表8からわかる。一方列島南部でも、文武天皇三年に三野・稲積城を修繕し、[65] その後軍事的政策や行政機関の設置などを実施したことが表7から読み取れる。このように文武期は、列島南北端に対する支配強化のために武力行使も辞さない強硬な手段をとることが志向され、その準備が進められた時期であったと理解できよう。

では、同じく文武期に行われた大野・基肄・鞠智城の「繕治」はどのように評価すればよいのだろうか。ここで注意しなければならないのが、大野・基肄城が防衛していた大宰府こそが列島南部に対して実行された強硬な政策の中心機関であった点である。まず、文武天皇四年に列島南部に対して行われた「決罰」は、筑紫惣領にその命が下っているため、大宰府がかかわっていたのは明らかである。(66) また、山田英雄氏・松本政春氏によれば、大宝二年(67)と和銅六年(68)に起こった交戦でも、大宰府の組織が主体になっていたと考えられている。(69) つまり、「繕治」が行われたあと、大宰府は列島南部との交戦を主導していたといえる。さらに、大宰府には各地から武器が集められていた。表7からわかるように、大宝二年～霊亀二（七一六）年の間に、あわせて約八〇〇〇張の弓が蓄積された。(70) 前述したようにこの時期は、唐・新羅両国から侵攻される危険性が低かった。そのため、こうした軍事力の整備は列島南部に向けて行われていたと考えるべきであろう。

このように八世紀初頭、列島南部に対する強硬な政策がはじまるなか、大宰府は列島南部に対する兵站地としての役割を強めていた。したがって、この「繕治」とこれまで述べてきた列島南部に対する政策を切り離して考えることはできない。すなわち、大野・基肄城の「繕治」は、列島南部への支配強化に備えて実施されたと考えるべきであり、それと同じ日に「繕治」された鞠智城もまた同じ目的で行われたと推測される。つまり鞠智城の「繕治」は、列島南北端に対して武力行使も辞さない強硬な手段をとることが文武期に志向されるなか、とりわけ列島南部に対するその準備として行われたと考えられる。

なお、こうして「繕治」が行われた鞠智城は、その後具体的にどのような機能を果たしたのだろうか。この問題についてはこれまでも多くの指摘がある。[71] そこで従来の研究に導かれつつ私見を述べておきたい。

結論からいうと、「繕治」後の鞠智城は列島南部に対する強硬な政策を行う際、九州北部の兵士を統括する機能を果たしていたと考えられる。図2にあるように、[72] 鞠智城は東西に延びる陸上ルートと南北に延びるルートの結節点にあった。[73] さらに陸上交通だけではなく、水量が豊富な菊池川も南方にあり、水上交通も盛んであったと想像される。ここで注目されるのが、養老期の交戦の際、豊前守宇奴首男人が「将軍」として参戦していたことである。[74] この点から考えると、豊前国以外の西海道諸国の国司も何かしらの形で参加していた可能性が高い。その場合、例えば豊後国から薩摩方面へ進攻する際、大宰府を経由するよりも、豊後から肥後へ向かうルートを進んだ方がはるかに効率が良い。そうなると、大宰府以南に拠点が必要となる。そのため、南北・東西ルートの結節点にあたるこの場所がその地に選定され、「繕治」が行われたのではないだろうか。このように考えていくと、鞠智城は九州北部の兵士を招集し、円滑に九州南部へ送り込む機能を果たしていたと考えられる。

以上本節では、鞠智城の「繕治」の目的について検討してきた。筆者がここで強調したいのは、文武期以降における列島南北端に対する支配強化の一環として「繕治」の意味を捉えるべきだということである。本章の冒頭で述べたように、これまでも列島南部に対する支配強化の直前に「繕治」が行われていたことは注目されてきた。しかし、単に列島南部に対してのみその強化が目指されていたわけではない。繰り返しになるが、列島北部で磐船柵が、列島南部で三野・稲積城が整備され、その後武力衝突が起こったことからわかるように、文武期は列島南北端に対して強硬な手段をとることが志向され、その準備が進められた時期にあたる。そしてこうしたなか、その後の列島南部に対する強硬な政策の中心にあった大宰府を防衛する大野・基肄城とともに、鞠智城は「繕治」されたのである。つまりこの点から、列島南部に対する強硬な政策を行う準備として鞠智城が「繕治」されたことが必然的に説明できるのであ

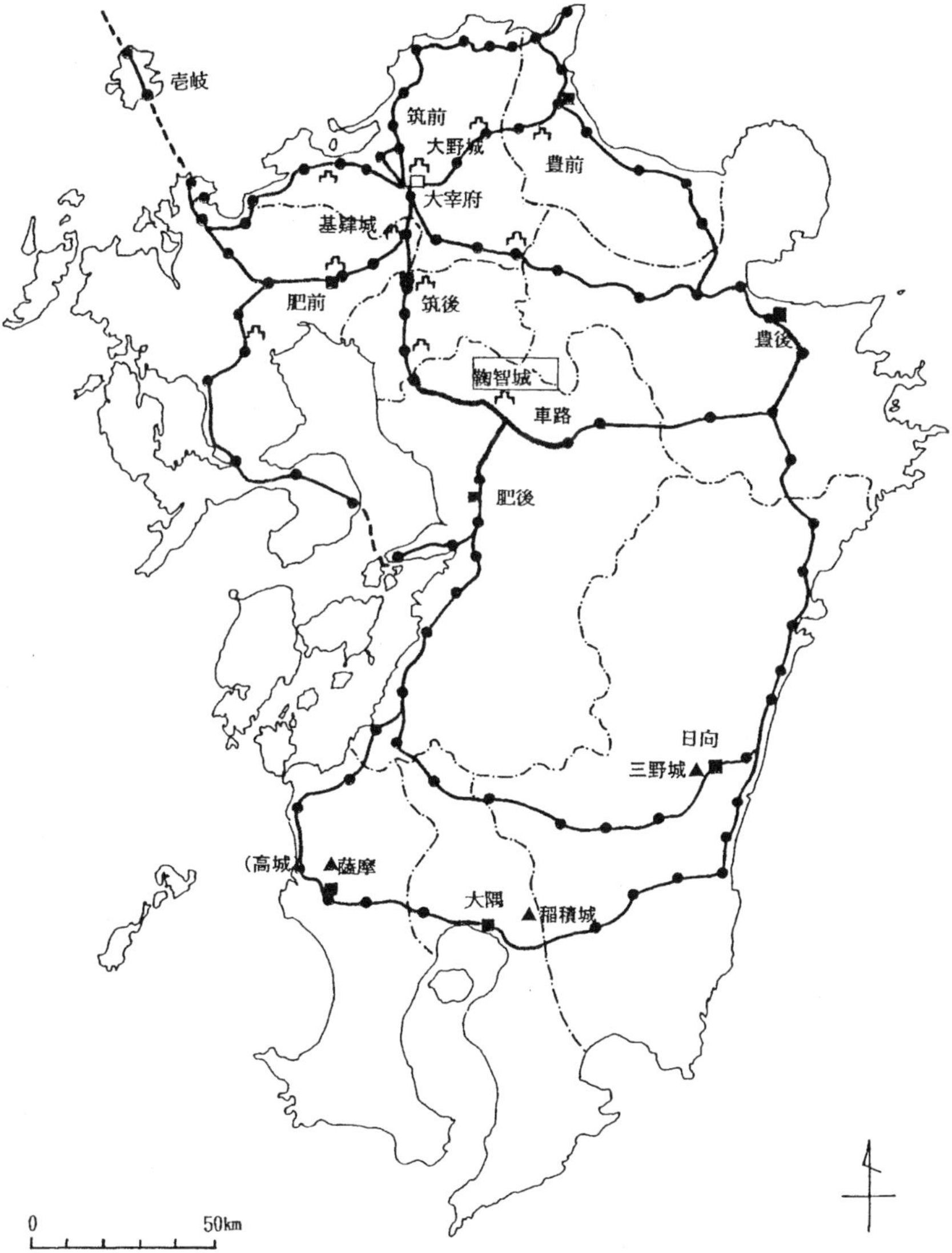

図２　西海道の駅路と古代山城・城柵

る。このように鞠智城の「繕治」は、列島北部も視野に入れた大局的な視点で捉えることによって、はじめて理解できるのである。

三　列島南部に対する政策と鞠智城の変化

前節までに、文武期以降の列島南北端、とりわけ列島南部に対する支配強化の一環として、鞠智城の「繕治」が行われたと主張してきた。

さて、その後の鞠智城には変化がみられるようになる。鞠智城における発掘成果によると、図3にあるように、八世紀第2～3四半期は土器の出土量が少ない空白期とされている[75]。一般的に、出土土器の量の多少は、遺跡における人間の活動量に比例するといわれている。現在発掘調査の行われていない場所からこの空白期の土器が出土する可能性も残されているため断言しがたいが、現段階の成果からは、八世紀中頃～後半にかけて、鞠智城における人的活動が低下していたと推察される。また、土器の量だけでなく種類も変化している。七世紀第4四半期～八世紀第1四半期は、須恵器が圧倒的に多く、若干存在する土師器も近畿地方と関係する可能性があるとされている。しかし、空白期を挟んだ八世紀第4四半期には荒尾窯跡群産の須恵器が供給され、また在地的な土師器も認められることなどから、様相が異なるようになるとされている。さらに建物遺構に関しても、鞠智城の建物群のなかでひときわ象徴的な八角形建物跡（三〇～三三号建物跡）をはじめとして、八世紀半ば以降、建物の構成に大きな変化が生じたと考えられている[76]。

以上のように、鞠智城には八世紀半ばを画期として様々な変化がみられるようになる。このような変化は、列島南部の支配のあり方に関連するのではないだろうか。そこで本節では、天平期以降の列島南部に対する政策を検討していくことで、この問題について考えていきたい。

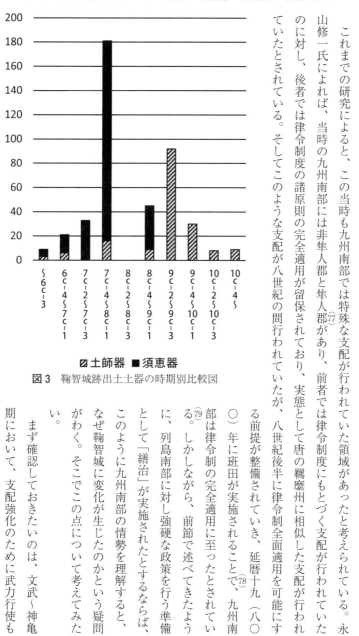

これまでの研究によると、この当時も九州南部では特殊な支配が行われていた領域があったと考えられている。永山修一氏によれば、当時の九州南部には非隼人郡と隼人郡(77)があり、前者では律令制度にもとづく支配が行われていたのに対し、後者では律令制度の諸原則の完全適用が留保されており、実態として唐の羈縻州に相似した支配が行われていたとされている。そしてこのような支配が八世紀の間行われていたが、八世紀後半に律令制全面適用を可能にする前提が整備されていき、延暦十九（八〇〇）年に班田が実施されることで(78)、九州南部は律令制の完全適用に至ったとされている(79)。しかしながら、前節で述べてきたように、列島南部に対し強硬な政策を行う準備として「繕治」が実施されたとするならば、このように九州南部の情勢を理解すると、なぜ鞠智城に変化が生じたのかという疑問がわく。そこでこの点について考えてみたい。

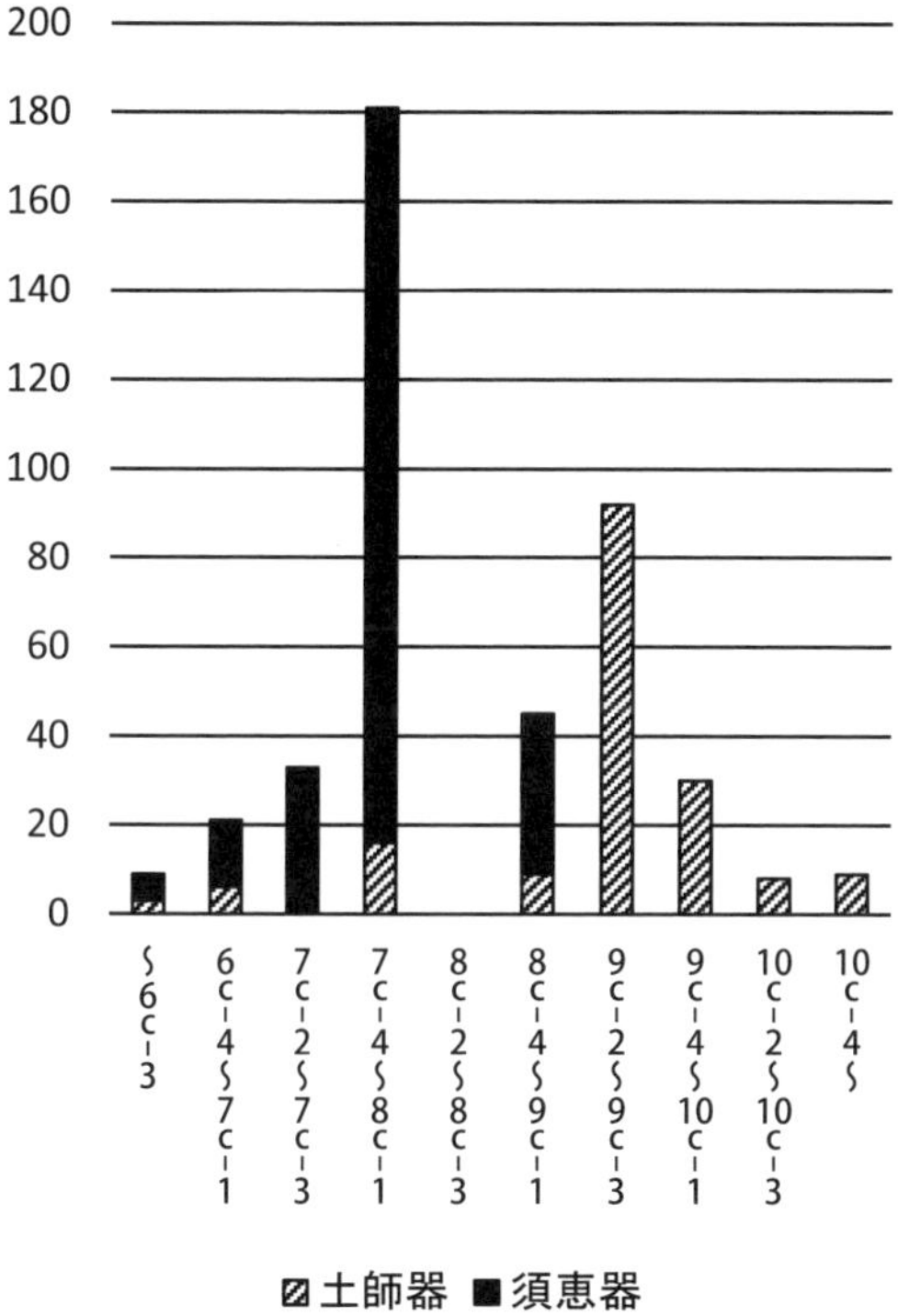

図 3　鞠智城跡出土土器の時期別比較図

まず確認しておきたいのは、文武～神亀期において、支配強化のために武力行使も辞さない強硬な手段がとられていたのに対し、その後、列島南部で交戦があった形跡が見当たらなくなることである。九州南部は養老期の交戦(80)以降、また南島に至っては大宝期の交戦(81)以降、史料上では確認できない。確かに八世紀後半にも日向・大隅・薩摩三国に柵戸が置かれていたため、九州南部における軍事的緊張関係が全く解消されたわけではなかった(82)。しかし、列島北部で幾度となく交戦状況が記録されているのに対し、列島南部でそうした史料が残されていないのは、大規模な交戦がほとんど起きていなかったことを示すのではないだろうか。

この点を考えるうえで重要なのが次の史料である。

史料二『続日本紀』天平二年三月辛卯（七日）条

大宰府言、大隅・薩摩両国百姓、建レ国以来、未二曾班一レ田。其所レ有田悉是墾田。相承為レ佃、不レ願二改動一。若従二班授一、恐多二喧訴一。於レ是隨レ旧不レ動、各令二自佃一焉。

右の史料によれば、班田を無理に実施すると、「大隅・薩摩両国百姓」が不満をいだいて騒動を起こすと考えられるためそれをあきらめたこと、さらに、もと通り彼らが所有する「墾田」を使用して耕作させるようになったことがわかる。ここで注目したいのは、強硬な手段をもってしてでも班田を行うという意志を放棄している点である。本章第一節で述べたように、文武〜神亀期には武力行使も辞さない態度を貫いてきた。こうして行政区画の設定や行政機関の設置など、律令制度にもとづく支配が前進した。しかし史料二からはそうした態度で接しようとする意志を読み取れない。このように、少なくとも天平期ごろ、律令国家は九州南部への支配強化を行うにあたり、その手段を変更したことがうかがえる(83)。

そしてさらに重要なのが、こうした手段の変更と鞠智城に変化が起こった時期が符合することである。前節で述べてきたように、鞠智城の「繕治」はとりわけ列島南部に対する強硬な政策の準備として行われた。その結果図3にあるように、この時期には出土土器の量が最も多くなり、また城内施設の充実も図られた[84]。逆にいえば、仮にこうした役割がなくなれば、このような施設を維持する必要がなくなることが想定される。そうしたなか、史料二にあるように、天平期までには武力行使も辞さない強硬な手段を放棄した。そのため、八世紀第2四半期ごろ鞠智城には人的活動の低下や、それまでの建物の構成の変化といった違いが生じるようになったと推測される。以上のように考えると、鞠智城での様々な変化を矛盾なく説明することができるのである。

本章では、律令国家成立期の鞠智城の役割について考察するために、「繕治」の目的および八世紀にみられる変化の要因について検討してきた。本章で述べてきたことは以下の二つである。

① 鞠智城の「繕治」は、支配強化のため文武期に列島南北に対して、武力行使も辞さない強硬な手段をとることが志向されるなか、とりわけ列島南部に対するその準備として行われたと考えられる。

② 八世紀半ばにみられる鞠智城での様々な変化は、列島南部に対するこの強硬な手段が放棄されたため生じたと考えられる。

このように、律令国家成立期の鞠智城は、列島南部に対する支配強化ときわめて密接にかかわっていたことがわかる。したがって、この時期における鞠智城は、列島南北端に対する支配強化という国家的プロジェクトのなかで考える必要があるといえる。

さて、ここまで鞠智城に焦点をあててきたが、最後に本書が主題とする律令国家の「辺境」支配について、本章で明らかにしてきたことから論じて締めたいと思う。

田中聡氏は、律令国家により創出された点に「夷狄」の本質を認めながら、その華夷観念をほとんど無限定に倭国段階にまで遡及している点について、通説の問題点を指摘している。[85] ここで注目したいのが、本章第一節で論じた列島南北端に対する政策である。すなわち、少なくとも現存する文献史料による限り、斉明期以前の倭王権段階には統一性があったわけではなく、その後律令国家形成期に入り、天武期になってはじめて、同時期に同一基調にある政策が恒常的に行われるようになった。つまり、列島南北端に住む人々を、華夷秩序にもとづき「夷狄」として同じ扱いとした点に律令国家による「辺境」支配の成立を見出すならば、天武期にその画期があったと考えるべきではないだろうか。

ただしこの段階では、列島南北端の一部に行政区画を設定し、現地の有力者を官人として指名したり、彼らに上京させて貢ぎ物を献上させ饗応したり、あるいは現地に使者を派遣し、仏教を伝えたりする、これが「辺境」支配の実態であった。しかしながら文武期になると、支配強化を目指すなかで列島南北端に対して強硬な政策がとられるようになる。こうして次章以降で論じていくように、律令国家の「辺境」支配は新たな展開を迎えるようになるのである。

註

（1）文献史料上には、『続日本紀』文武天皇二年五月甲申条、『日本文徳天皇実録』天安二（八五八）年閏二月丙辰（二十四日）、同丁巳（二十五日）条、同六月己酉（二十日）条、『日本三代実録』元慶三（八七九）年三月十六日丙午条に鞠智（菊池）城の記事がある。

（2）熊本県教育委員会編『古代山城　鞠智城を考える―二〇〇九年東京シンポジウムの記録』（山川出版社、二〇一〇年）。

（3）鞠智城については、これまで①城域に関する研究、②城の施設と構造に関する研究、③城の役割に関する研究、以上の三つの観点から研究が行われてきたとされている。詳細については熊本県教育委員会編・刊『熊本県文化財調査報告第二七六

集　鞠智城Ⅱ―鞠智城跡第八〜三二次調査報告―』（二〇一二年）を参照されたい。

（4）『大漢和辞典』巻八（大修館書店、一九五八年）。

（5）本章では、九州南部と南西諸島を総称した言葉として「列島南部」を、東北を示す言葉として「列島北部」を使用する。

（6）板楠和子「『肥後国』と『鞠智城』」（熊本県教育委員会前掲註（3）編書）、鶴嶋俊彦「古代官道車路と鞠智城」（鈴木靖民・荒井秀規編『古代東アジアの道路と交通』勉誠出版、二〇一一年）、岡田茂弘「古代山城としての鞠智城」（熊本県教育委員会前掲註（2）編書）、濱田耕策「朝鮮古代史からみた鞠智城―白村江の敗戦から隼人・南島と新羅海賊の対策へ―」（熊本県教育委員会前掲註（2）編書）、甲元眞之「鞠智城についての一考察」（『肥後考古』一四号、二〇〇六年）、西住欣一郎「発掘から見た鞠智城跡―最近の調査成果から―」（龍田考古会編・刊『先史学・考古学論究』Ⅲ、一九九九年）。

（7）二〇一三年七月二十八日に東京国立博物館大講堂で行われた「鞠智城東京シンポジウム」において、鞠智城の「繕治」がどのような理由で行われたかという問題が取りあげられたが、明確に列島南部の統治のためとはされなかった。

（8）永山修一『隼人と古代日本』（同成社、二〇〇九年）、山里純一『古代日本と南島の交流』（吉川弘文館、一九九九年）、中村明蔵『隼人と律令国家』（名著出版、一九九三年）、同『隼人の研究』（学生社、一九七七年）。

（9）熊本県教育委員会前掲註（3）編書。

（10）甲元前掲註（6）論文。

（11）石母田正「日本古代における国際意識について―古代貴族の場合―」（同『日本古代国家論』第一部、岩波書店、一九七三年、初出は一九六二年）、同「天皇と『諸蕃』―大宝令制定の意義に関連して―」（同上、初出は一九六三年）、同「古代の身分秩序」（同上）。

（12）記事上では「掖玖」「夜勾」と表記されることがあるが、本章では掖玖で統一する。

（13）『日本書紀』推古天皇二十四（六一六）年三月条、同五月条、同七月条、同二十八年八月条、舒明天皇三年二月庚子（十日）条。

（14）『日本書紀』舒明天皇元年四月辛未朔条、同二年九月是月条。

(15)『日本書紀』舒明天皇九年是歳条。
(16)『日本書紀』斉明天皇四年四月条、同是歳条、同五年三月是月条、同六年三月条。
(17)『日本書紀』大化三（六四七）年是歳条、同四年是歳条。
(18)『日本書紀』斉明天皇四年四月条、同五年三月是月条。
(19)『日本書紀』皇極天皇元（六四二）年十月甲午（十二日）条、同丁酉（十五日）条、斉明天皇元年七月己卯（十一日）条、同四年七月甲申（四日）条、同五年三月甲午（十七日）条、同六年五月是月条。
(20)『日本書紀』斉明天皇五年三月甲午条、同六年五月是月条。
(21)今泉隆雄「蝦夷の朝貢と饗給」（高橋富雄編『東北古代史の研究』吉川弘文館、一九八六年）。
(22)『日本書紀』斉明天皇元年七月己卯条。
(23)『日本書紀』斉明天皇四年七月甲申条。
(24)『日本書紀』斉明天皇五年三月是月条。
(25)『日本書紀』皇極天皇元年九月癸酉（二十一日）条、大化二年正月是月条、斉明天皇元年是歳条。
(26)『日本書紀』斉明天皇五年三月是月条。
(27)『日本書紀』斉明天皇四年四月条、同五年三月是月条。
(28)『日本書紀』斉明天皇四年七月甲申条。
(29)『日本書紀』天武天皇六（六七七）年二月是月条、同十年九月庚戌（十四日）条、同十一年七月丙辰（二十五日）条、同戊午（二十七日）条、持統天皇元（六八七）年七月辛未（九日）条、同九年五月己未（十三日）条。
(30)『日本書紀』天武天皇十一年七月甲午（三日）条。
(31)『日本書紀』持統天皇元年五月乙酉（二十二日）条。
(32)『日本書紀』天武天皇八年十一月己亥（二十三日）条、同十年八月丙戌（二十日）条、同十二年三月丙午（十九日）条、持統天皇九年三月庚午（二十三日）条。

(33)『日本書紀』天武天皇十年九月庚戌条。
(34)『日本書紀』持統天皇六年閏五月己酉（十五日）条。
(35)『日本書紀』持統天皇二年十二月丙申（十二日）条。ただし列島北部の場合、天智期後半からすでに饗宴が行われていた（『日本書紀』天智天皇七〈六六八〉年七月条、同十年八月壬午〈十八日〉条）。
(36)『日本書紀』持統天皇二年十一月己未（五日）条。
(37)『日本書紀』持統天皇三年正月丙辰（三日）条、同壬戌（九日）条、同七月壬子朔条。
(38)『続日本紀』文武天皇元年十月壬午（十九日）条、同十二月庚辰（十八日）条、同二年六月壬寅（十四日）条、同十月己酉（二十二日）条、同三年四月己酉（二十五日）条、同七月辛未（十九日）条。
(39)『続日本紀』和銅三年正月壬子朔条、同丁卯（十六日）条、霊亀元年正月甲申朔条、同戊戌（十五日）条。
(40)『続日本紀』和銅二年六月癸丑（二十九日）条に「薩摩・多禰両国司」とあることから、両国は遅くとも和銅二年までに設置されていたことがわかる。
(41)『続日本紀』和銅六年四月乙未（三日）条。
(42)『続日本紀』和銅六年四月乙未条。
(43)坂本太郎「律書残篇の一考察」（同『日本古代史の基礎的研究　下　制度篇』東京大学出版会、一九六四年）。
(44)『続日本紀』天平勝宝七歳五月丁丑（十九日）条。
(45)西別府元日「大宝二年『豊前国戸籍』とその歴史的背景」（同『日本古代地域史研究序説』思文閣出版、二〇〇三年）。
(46)井上辰雄『火の国』（学生社、一九七〇年）。
(47)『続日本紀』和銅五年九月己丑（二十三日）条。
(48)『続日本紀』養老二年五月乙未（二日）条。
(49)『続日本紀』和銅七年十月丙辰（二日）条、霊亀元年五月庚戌（三十日）条、同二年九月乙未（二十三日）条、養老元年二月丁酉（二十六日）条、同三年七月丙申（九日）条、同六年八月丁卯（二十九日）条。

(50)『続日本紀』文武天皇四年六月庚辰(三日)条。
(51)『続日本紀』大宝二年八月丙申朔条。
(52)『続日本紀』和銅六年七月丙寅(五日)条。
(53)『続日本紀』養老四年二月壬子(二十九日)条。
(54)『文徳天皇実録』嘉祥三(八五〇)年五月丙申(十九日)条。
(55)『続日本紀』和銅二年三月壬戌(六日)条、同八月戊申(二十五日)条。
(56)『続日本紀』養老四年九月丁丑(二十八日)条、同五年四月乙酉(九日)条。
(57)『続日本紀』神亀元年三月甲申(二十五日)条、同十一月乙酉(二十九日)条。
(58)『続日本紀』文武天皇三年十二月甲申(四日)条。なお、ここに登場する三野・稲積城は、その比定地に関して、古くから北九州説と南九州説がある。前者は、三野城を筑前国那珂郡海部郷にあった美野駅周辺に求め、稲積城を筑前国志麻郡志麻郷の稲留、あるいは志摩町にある標高二四四メートルの火山に比定するものである(吉田東伍『大日本地名辞書』上巻、冨山房、一九〇七年、「筑前国筑紫郡三野城址」・「糸島郡稲積城址」の項など)。後者は三野城を日向国児湯郡三納郷に、稲積城をのちの大隅国桑原郡稲積郷にあったとする(井上辰雄『隼人と大和政権』学生社、一九七四年)。しかし北九州説については、当時の大陸情勢を考えると、なぜこの時期にこのような場所にある城を修繕したかが理解できない(永山修一「日向国の成立」〔宮崎県編・刊『宮崎県史』通史編、古代二、一九九八年〕)。そのため南九州説をとりたい。
(59)『続日本紀』大宝二年十月丁酉(三日)条。
(60)『続日本紀』文武天皇二年十二月丁未(二十一日)条、同四年二月己亥(十九日)条、「多賀城碑」。
(61)鏡山猛『大宰府都城の研究』(風間書房、一九六八年)。
(62)『日本書紀』天智天皇四年八月条。倉住靖彦『大宰府』(教育社、一九七九年)。
(63)坂上康俊『平城京の時代』(岩波書店、二〇一一年)。
(64)『続日本紀』文武天皇二年十二月丁未条、同四年二月己亥条。

(65)『続日本紀』文武天皇三年十二月甲申条。
(66)『続日本紀』文武天皇四年六月庚辰条。
(67)『続日本紀』大宝二年八月丙申朔条。
(68)『続日本紀』和銅六年七月丙寅条。
(69)松本政春「征隼人軍の編成と軍団」(『続日本紀研究』三一七号、一九九八年)、山田英雄「征隼人軍について」(竹内理三博士還暦記念会編『律令国家と貴族社会』吉川弘文館、一九六九年)。
(70)『続日本紀』大宝二年二月己未(二十二日)条、同三月甲午(二十七日)条、慶雲元年四月庚午(十五日)条、霊亀二年五月癸卯(二十八日)条。
(71)厳密に区分されているわけではないが、従来の研究を大きくわけると、①城の軍事的機能のうち防御的側面を重視するもの、②同じく軍事的機能のうち攻撃的側面を重視するもの、③城の官衙的側面を重視し、列島南部の統治にかかわる大宰府の出先的な機能を果たしていたとするもの、④城の迎接的側面を重視し、防衛施設を通じて朝廷の文武の威を示す機能を果たしていたとするもの、以上のように整理できる(熊本県教育委員会編・刊『平成二十四年度鞠智城跡「特別研究」論文集鞠智城と古代社会』一号、二〇一三年、熊本県教育委員会前掲註(3)編書、同前掲註(2)編書、鶴嶋・甲元・西住前掲註(6)論文、小田富士雄「熊本県・鞠智城跡をめぐる諸問題」(潮見浩先生退官記念事業会編・刊『考古論集―潮見浩先生退官記念論文集―』一九九三年)、坂本経堯「鞠智城址に擬せられる米原遺跡に就て」(『地歴研究』大会発表号、一九三七年))。しかしながら、こうした多様な機能があったとする理解は誤りではないが、どの時期に、いかなる機能が一義的であったかを明らかにしなければ、鞠智城の解明にはつながらないのではないだろうか。そのように考えると、このうち①と④については、そうした機能があったこと自体は否めないとしても、それが一義的であったかというと疑問が残る。まず①については、大宰府から距離が離れすぎているという問題がある。直線距離であってもおよそ六〇キロもあり、なぜこの場所でなければならなかったかが理解しにくい。とりわけ、有明海を経るルートから大宰府を防衛するということは古くから指摘されているが(前掲坂本論文)、鞠智城から有明海は一望できない。そのため、大宰府の防御施設という機能が一義的であったとは考えにくい。また④についても、こうした機能は基本的に大宰府自体が担っていたはずで、鞠智城の立地を考えたうえでも、なぜこの場所でなければならなかったのか積極的意味を問いにくい。さらに、「繕治」が行われる以前からすでに隼人や南島人は上京したケースが多々あり、この時期に「繕治」が行われた要因も整合的に説明できないのではないだろうか。さらに②についても部分的に問題がある。鞠智城の立地を考えると距離的な問題から列島南部に対する支配強化のための最前線だったとは理解しにくい。おそらく最前線としての役目は、三野・稲積城が担っていたと推測される。以上のように考えたうえで、私見を述べていきたい。

(72) 鶴嶋前掲註(6)論文の図二を一部改変したものである。変更した点は次の二つである。一点目は本論の主旨にあわせて、鞠智城周辺の駅路を律令国家初期段階のものに示し直した。鶴嶋氏によると、『延喜式』に記載される駅名による延喜式駅路は、国府移転や対外関係の安定化によって鞠智城の存在意義が薄らいだ九世紀中頃に成立したものであり、それまでの駅路は律令国家初期段階に成立した車路本路および車路支路であったと考えられている。そのためこの鶴嶋論文の図二では、大水・蚕養駅間について、延喜式駅路本路を実線で示していたが、本書では車路本路に改変した。同じように、高原・二重駅間について、延喜式駅路豊肥支路を実線で示していたが、車路支路に改変した。二点目は、豊後国にあった丹生駅の場所を変更した。丹生駅については、これまで臼杵地方にあると考えられてきた。しかし『大分市史』では、臼杵地方にあったとすると駅間距離にアンバランスが生じ、また間隔が長すぎるため問題があるとし、丹生駅を松岡の小字「丹生」「丹生前」「永倉」および通称「馬場」「丹生津留」などが残る上松岡地区に比定した(西別府元日「駅制と農民」〈大分市史編さん委員会『大分市史』上巻、大分市、一九八七年〉)。本書では、後者の説の方が論理的に妥当であると判断し、鶴嶋論文図二の丹生駅にあたる場所を変更した。

(73) 鶴嶋前掲註(6)論文。

(74) 『政事要略』巻二三所収「旧記」。『宇佐八幡宮託宣集』にも「豊前国正六位上宇努首男人」が「将軍」と記されてある。ただし松本政春氏が述べるように、これらの内容は検討する必要があると思われるが、国司が出兵したことはあり得たと考えたい(松本前掲註(69)論文)。

(75) 熊本県教育委員会前掲註（3）編書。

(76) 熊本県教育委員会前掲註（3）編書、小西龍三郎「建築から見た鞠智城」（熊本県教育委員会前掲註（3）編書）。ただし、これらの見解を全面的に受け入れているわけではない。とくに、熊本県教育委員会編書と小西論文で示されている理解は、大まかにみれば共通している点もあるが、建物遺構の変遷図を詳細にみていくと、推定されている時期が相違している遺構が多い。したがって、いまだ検討すべき課題は残されていると考えられ、今後建物の構成について再検討することが求められていると思われる。

(77) 隼人郡は、「薩摩国正税帳」のなかで「隼人一十一郡」として登場する言葉で、薩摩国では、非隼人郡である出水・高城郡を除いた一一郡のことを指す。

(78)『類聚国史』巻一五九　延暦十九年十二月辛未（七日）条。

(79) 永山修一「隼人支配の特質」（永山前掲註（8）著書）。ただし、筆者は従来の説を全面的に容認しているわけではない。この問題に関しては次章以降で論じる。

(80)『続日本紀』養老四年二月壬子条。

(81)『続日本紀』大宝二年八月丙申朔条。

(82)『続日本紀』天平神護二（七六六）年六月丁亥（三日）条。

(83) 詳細については第三章で論じるが、律令国家が九州南部に対して強硬な手段をとらなくなったのは、その支配が着実に広がっていたことが関係すると思われる。すでに天平期には、九州南部、とりわけ隼人郡においても、籍帳による人身・土地の把握などが行われはじめていた。そのため強硬な政策をとる必要がなくなったと考えられる。

(84) 熊本県教育委員会前掲註（3）編書、小西前掲註（76）論文。

(85) 田中聡「夷人論―律令国家形成期の自他認識―」（同『日本古代の自他認識』塙書房、二〇一五年）。

第三章　律令国家の九州南部支配

のちの大隅・薩摩両国にあたる九州南部では、七世紀後半から八世紀初頭にかけて、律令国家による「征討」や懐柔、あるいは周辺諸国の住民の移配など、いわゆる版図拡大政策が進められた。この結果、大宝二（七〇二）年頃に薩摩国が[1]、和銅六（七一三）年に大隅国が置かれ[2]、全域が令制国として編成されるようになった。

その後の九州南部に対する支配の実態については、すでに井上辰雄氏[3]、中村明蔵氏[4]、奥野中彦氏[5]、伊藤循氏[6]、宮原武夫氏[7]、永山修一氏[8]らによって数多くの成果が蓄積されている[9]。これらをまとめると、九州南部には非隼人郡と隼人郡があり、前者では律令制度にもとづく支配が行われていたのに対し、後者では特殊な支配がなされていたと理解されている[10]。

隼人郡とは、「天平八年度薩麻国正税帳」に記載がある「隼人一十一郡[11]」のことで、薩摩国に存在する一三郡のうち、非隼人郡である出水・高城郡を除いた一一郡を指す（以下、とくに断らない限り、この一一郡を隼人郡と呼ぶ[12]）。永山氏によれば、隼人郡は律令制度の諸原則の完全適用が留保されており、隼人の首長・有力者が郡司に任命され、籍帳が作られたとしても有効に機能していなかったと考えられている。また、実質上、隼人による自治的支配が認められ、実態として唐の羈縻州に相似した支配[13]が行われた領域だったと推測されている。そして、八世紀後半に律令制全面適用を可能にする前提が整備されていき、延暦十九（八〇〇）年に班田が実施されることで[14]、律令制の完全適用に至ったとされている。

しかしながら、こうした理解には問題があるように思える。まず、従来の研究は、律令国家が隼人を「夷狄」と位置づけていたとするイメージが先行するあまり、九州南部における政策の特殊性を強調しすぎる傾向が強い。確かに九州南部では、令の規定を逸脱する施策が行われていた。しかし一方で、律令制度にもとづくものも少なからず存在し、また仮に政策に特殊な部分があったとしても、制度的に容認された範囲内であった可能性もある。(15)少なくとも、九州南部で実施された政策のうち、いかなる点が令の規定から逸脱していたのか、明確にする必要がある。

また、こうした令の規定を逸脱する政策があることをもって、自治的支配としたり、唐の羈縻州支配と結びつけたりする点にも問題がある。そもそも羈縻州支配には多様な形態があった。例えば同じ羈縻州であっても、戸口数が把握され、何らかの負担義務が及んでいたと想定される州もあれば、そうでない所もあった。(16)そのため羈縻州支配と比べるのであれば、九州南部でなされた政策の内実を正確に把握したうえで、慎重に議論する必要がある。

加えて、薩摩国が成立してから班田が実施されるまでの間に、およそ一〇〇年あることを十分に考慮していない点も問題があろう。先述したように、律令国家が隼人郡と非隼人郡を区別して支配したという理解は通説化しているが、隼人郡の存在を証明する史料は「天平八年度薩摩国正税帳」しかない。しかし永山氏がすでに指摘しているように、これは七三〇年代の支配の様相を示すにとどまるものである。したがって、通説が描くような支配の区別が八世紀を通じたものであったかも疑問である。

そこで本章では、大隅・薩摩両国が成立してから、律令制の完全適用に至ったとされる延暦十九年までの間（以下、八世紀と呼ぶ）における律令国家の九州南部支配について、そこで行われた政策を具体的に検証することで再検討したい。

なお、「天平八年度薩麻国正税帳」を引用する際に付しているアルファベットの断簡番号とアラビア数字の行数番号は、林陸朗・鈴木靖民編『復元天平諸国正税帳』（現代思潮社、一九八五年）に従っている。

一　律令国家の九州南部に対する政策の再検討

律令国家は九州南部、とりわけ隼人郡で律令制度の諸原則を留保し、実質上、隼人による自治的支配を認め、実態として唐の羈縻州に相似した支配を行っていたと考えられている。(17) 確かに八世紀段階の九州南部では、これから述べるように、令の規定を逸脱した政策がとられる場合があった。しかし従来の理解には、どの部分が特殊なのかという基礎的な事実認識に少なからず問題がある。

そこで本節では、律令国家の九州南部に対する諸政策のうち、どの点が逸脱していたかを検証する。そしてそのうえで、通説化している九州南部支配における隼人郡と非隼人郡の区別について再検討したい。

1　造籍・租調庸の賦課・出挙・賑給

本項では、造籍・租調庸の賦課・出挙・賑給について検討していきたい。これらは、いずれも律令制的支配を構成する重要なものであるが、適用された範囲が、非隼人郡とそれに隣接する二～三の隼人郡にすぎないと考えられている。(18)

こうした見解は、「天平八年度薩麻国正税帳」の記載が根拠となっている。この史料は、天平七（七三五）年十一月一日から翌年十月末日までの一年間における、薩摩国の基本財政をなす正税の年間収納・支出および現在高を記載し

表9 国司巡行の目的と日数

巡行目的	薩摩国	薩摩国以外 (一郡あたりの日数)
検校百姓損田	7日	2.3日(但馬)～4.5日(周防)
正税出挙(春)	7日	2.5日(豊後)～5.5日(和泉)
正税出挙(夏)	6日	2.5日(豊後)～5.5日(和泉)
収納正税	5日	2.6日(但馬)～10.7日(和泉)
検校調庸	2日	2.6日(但馬)～4.0日(駿河)
責計帳手実	1日	2.4日(但馬)～3.3日(周防)
賑給	25日	2.0日(駿河)～9.0日(豊後)

※『復元天平諸国正税帳』より作成

た決算帳である。(19) 各郡の集計をした郡部とそれを総計した首部から構成されており、それぞれ前年度からの繰越、当年度の収入・支出、次年度への繰越高が記されている。また、すべてが残存しているわけではなく、五つの断簡が現在に伝わっている。(20)

さて従来の理解は、次の二点に注目している。(21) 一点目は、国司巡行の日数である。国司巡行とは、毎年国司が国内を巡回し、百姓の教導、郡司による政治の実態の検察などを行うことである。(22) 具体的には、計帳のもととなる手実の収集や、調庸・百姓損田の検校、出挙、賑給などを行っていた。そのため仮に国司巡行がなされていなければ、造籍や租調庸の賦課、出挙、賑給などは実施されていなかったことになる。

『復元天平諸国正税帳』に採録されている各国の正税帳からわかる国司巡行の目的と所要日数は、表9に示した通りである。永山氏は、薩摩国の日数を、一国でかかったものとし、薩摩国には一三郡あるので、これを一三で割った数が薩摩国一郡あたりの所要日数になるとした。そして、薩摩国における国司巡行の日数が他国と比べて少ないこと、また、手実の収集する日数（「責計帳手実」）が一日しかないことから、先述した理解を導き出している。

二点目は、河辺郡の記載である。

史料一「天平八年度薩麻国正税帳」E断簡

116 河辺郡

117　天平七年定正税穎稲弐仟陸佰玖拾束肆把
118　　雑用壱佰捌拾漆束肆把
119　　酒漆斗弐升参合高城郡酒者
120　　　依天平七年閏十一月十七日恩　勅賑給寡惸等徒　（ママ）人

右の「天平八年度薩麻国正税帳」E断簡は欠損しているため、河辺郡の項はわずか五行しかなく、全容を知ることができない[23]。ただし、天平七年度の繰越高が穎稲二六九〇束四把であったこと（117）、天平八年度の支出に、少なくとも賑給によるものがあり（120）、合計が穎稲一八七束四把と酒七斗二升三合であったこと（118・119）、酒が高城郡から支給されていたことがわかる（119）。このなかで重視されたのは次の二つである。

一つ目は、天平七年度の繰越に穀稲がない点である（117）。穀稲は籾殻を指し、腐りにくい性質をもつため[24]貯蔵に適すといわれている[25]。薗田香融氏によれば、主に田租は穀稲で納められていたとされる[26]。したがって、穀稲の蓄積のない河辺郡では、田租が徴収されていなかったと考えられている。

二つ目は、穎稲の繰越高と穎稲・酒の支出高が少ない点である。穎稲は穂首で刈り取って稲穂がついた状態の稲を指し[27]、各国の正税帳によれば、政府への貢納品の購入や、「雑用」の支出、公出挙稲などに用いられていた。一方酒は、国司巡行に対する供給、様々な行事における振る舞い、薬として使用された[28]。表10・11からわかるように、河辺郡と高城郡の繰越・支出高を比べると大きな隔たりがある。そのため、両郡の財政の差異は単に量的なものではなく、質的なものに及ぶ可能性が高いとされている[29]。

しかしながら、以上の根拠から論じられてきたこれまでの理解は、再考する必要があると思われる。まず、一点目について、ここには次の二つの問題がある。

表 10　薩摩国諸郡の繰越高

	高城郡［6］	出水郡［5］	薩摩郡[3]	河辺郡[2]
不動穀(斛)	1294.820	0.000	0.000	0.000
動用穀(斛)	0.000	6665.128	355.455	0.000
穎稲（束）	39666.050	50840.800	17614.900	2690.400
粟穀（斛）	397.209	103.727	0.000	0.000
穎粟（束）	3326.610	755.390	0.000	0.000
糒（斛）	1261.000	1504.310	0.000	0.000
塩（斛）	7.731	0.000	0.000	0.000
酒（斛）	46.280	10.743	0.000	0.000

※［　］内は『倭名類聚抄』に記載されている郷数
「天平八年度薩麻国正税帳」より作成

表 11　高城・河辺郡支出一覧

郡	項目	穎稲(束)	酒(斛)	典拠	備　考
高城	**充隼人一十一郡**		6.918	29	高城郡から隼人郡に支給された酒
	正月読経供養稲	20.54		32	国府所在郡としての費用
	僧侶年間供養料稲	1581.20		34	国府所在郡としての費用
	春秋釈奠料	92.00	0.800	36-40	国府所在郡としての費用
	元日拝朝廷料	13.60	0.680	42	国府所在郡としての費用
	新任国司料	73.10	0.264	64	国府所在郡としての費用
	国司年料	1500.00		74	国府所在郡としての費用
	遣唐使第二船供給稲	75.60	5.300	75	臨時費
	醸酒料稲	238.00		78	隼人郡では造酒が行われていない
	国司巡行料	50.70	0.530	44	
	往来駅使料	22.30	0.230	56	
	往来伝使料	44.60	0.823	59	
	運府甘葛煎担夫	17.40		67	
	運府兵器料鹿皮担夫	46.40		69	
	運府筆料鹿皮担夫	11.60		71	
	疾病人給薬酒		0.732	77	
	（残欠）	300.00			不明
	（残欠）	640.80		72	不明
	計	4727.84	16.277	28, 29	
	国府所在郡としての費用等、高城郡にしかない費用を差し引いた額	1133.80	2.315		
河辺	賑給費	?	?		
	計	187.40	0.723	118,119	

※「天平八年度薩麻国正税帳」より作成

一つ目は、国司巡行の日数を薩摩国一国でかかったとしている点である。[30] 通常、国司巡行の日数は、各国の正税帳のなかの首部、もしくは各郡部に書かれている。そのため、この日数を薩摩国一国のものとするならば、これが記されている断簡は首部でなければならない。しかしこの断簡は、「当郡」(29)と記載があるため、首部とは考えられない。また、正月十四日読経釈尊(30)、元日拝朝(41)、国司年料(74)、国司借貸(82)などがあるため、国府が置かれた高城郡のものだとわかる。[31] したがって、この国司巡行の日数は高城郡でかかったものと考えるべきである。

表12　諸国正税帳における「責計帳手実」の比較

国郡名	年度	巡行国司の人数	国司巡行の日数
薩摩国高城郡	**天平8年度**	**9人**	**1日**
和泉監大鳥郡	天平9年度	4人	3日
和泉監日根郡	天平9年度	4人	3日
豊後国球珠郡	天平9年度	2人	3日
豊後国直入郡	天平9年度	2人	3日
豊後国某郡	天平9年度	2人	3日
駿河国首部(7郡分)	天平9年度	8人	21日
但馬国首部(8郡分)	天平9年度	13人	19日
周防国首部(6郡分)	天平10年度	10人	20日

※『復元天平諸国正税帳』より作成

二つ目は、動員された国司の人数を反映せず、日数だけで判断している点である。表12にあげたように、「責計帳手実」にかかった日数を比べると、高城郡は一日であるため、各国の正税帳で把握できる郡のなかで最も少ない。しかし、巡行した国司の人数を比較すると、首部を除けば最多である。各郡の規模にもよるため、安易に比較するわけにはいかないが、巡行した国司の人数を含めて考えると、計帳手実が収集されていなかったと断言はできない。

続いて二点目を検討したい。ここにも次の二つの問題があると思われる。

一つ目は、河辺郡に穀稲の繰越がないことをもって田租の徴収が行われていなかったと理解している点である。確かに田租は基本的に穀稲で納められていたが、一方で、穎稲で納める例外規定もあった。

史料二『延喜式』主税上式

凡国内官稲数少、出挙雑用不レ足者、預前申レ官。聴二当年租収一レ穎。諸封戸租亦聴レ収レ穎。

史料二によれば、国内の「官稲」が少なく出挙雑用稲が足りない場合には、穎稲で田租を納めることが許されていた。実際、各国の正税帳にも田租を穎稲で納めた例が存在する。(32) 少なくとも、穀稲の繰越がないからといって、田租が徴収されていなかったとはいいきれない。

二つ目に比較の仕方に問題がある。まず両郡の財政のあり方を論証するにあたり、穎稲の繰越高を比較する方法は適当ではないと思われる。これから述べるように、薩摩国では一斉に律令制度が適用されたわけではなく、各郡によって時期差があったと推測される。とくに非隼人郡で国府所在郡でもある高城郡と、薩摩半島南端に位置した隼人郡である河辺郡の場合、後者の方がその施行が遅かったと考えられる。始期が異なれば繰越高に隔たりがあるのは想定でき、つまり両郡の穎稲の繰越高の違いは、律令制度が運用されはじめた時期差にあった可能性が高い。したがって繰越高を比較し、両郡の財政状況を安易に評価すべきではない。

また、支出高の比較に関しては、両郡の性質と規模の違いを踏まえる必要がある。高城郡の支出には、国府所在郡としての費用や、天平八年に薩摩国に寄港した遣唐使船の接待・食糧の供給などの臨時出費、(33) さらに、隼人郡の造酒代がある。(34) こうした経費は、表11からわかるように、天平八年度の高城郡における総支出のおよそ四分の三を占めている。当然これらは河辺郡にあるはずがない支出項目であるため、差し引いて比べる必要がある。すなわち、このように比較すると両郡の支出高の差は六倍程度しかない。しかも、高城郡の支出には、欠損のため何に使用されたかわからない九四〇・八束が含まれている。そのため、仮にこれにも国府所在郡としての経費が含まれているならば、さらにその差が小さくなる。また表13にあるように、高城・河辺両郡は、それぞれ六郷と二郷で編成されていた。(35) したがって、両郡の財政規模に差があること自体は不自然ではない。これらを勘案すると、従来考えられてきたほどの差異はなく、この差は両郡の性質と規模の違いによるものと推測される。

以上のように、これまでの理解の根拠には問題がある。したがって、九州南部における造籍・租調庸の賦課・出挙・賑給の適用された範囲が、非隼人郡とそれに隣接する二〜三の隼人郡であったとはできないと考えられる(36)。

表13　九州南部の郡郷名

薩摩国（13郡35郷）		
郡名	郷数	郷　名
出水郡	5	山内　勢度　借家　大家　国形
高城郡	6	合志　飽多　鬱木　宇土　新多　託萬
薩摩郡＊	3	避石　幡利　日置
甑島郡＊	2	管管　甑島
日置郡＊	3	富多　納薩　合良
伊祚郡＊	1	利納
阿多郡＊	4	鷹屋　田水　葛例　阿多
河辺郡＊	2	川上　稲積
穎娃郡＊	2	開聞　穎娃
揖宿郡＊	1	揖宿
給黎郡＊	1	給黎
谿山郡＊	2	谷上　久佐
鹿児島郡＊	3	都萬　在次　安薩
大隅国（6郡32郷、ただし多禰嶋は除く）		
郡名	郷数	郷　名
菱刈郡	4	羽野　亡野　大水　菱刈
桑原郡	8	大原　大分　豊国　答西　稲積　広田　桑善　仲川
囎唹郡※	5	葛例　志摩　阿気　方後　人野
大隅郡※	7	人野　大隅　謂列　姶臈　禰覆　大阿　岐刀
始羅郡※	4	野裏　串伎　鹿屋　岐刀
肝属郡※	4	桑原　鷹屋　川上　雁麻

＊…「隼人一十一郡」※…日向国から分立した郡
『倭名類聚抄』（「元和古活字本」）より作成

2　軍　団

本項では、九州南部における軍団制について検討していきたい。

「天平八年度薩麻国正税帳」に「少毅」の記載があること（41）から、九州南部にも軍団が存在していたのは確実である。『令集解』職員令軍団条所引八十一例には、「兵士満二千人一者、大毅一人・少毅二人。六百人以上、大毅一人・少毅一人。五百人以下、毅一人」とあるため、少なくとも、薩摩国に六〇〇人以上の兵士を有する軍団が置かれていたのがわかる。ところがこの軍団は、非隼人郡のみで構成されたものであったと考えられている(37)。

この理解は、九州南部で武器（器杖）の製造が行われていなかったことが根拠である。通常諸国では、毎年、「甲刀弓箭」といった器杖を一定数作ることが定められていた。ただし西海道は、当初その規定がなかったのだが、天平宝字五（七六一）年、巡察使の奏上によって行うようになった。しかしこの時の記事によれば、製造を命じられたのは「筑前・筑後・肥前・肥後・豊前・豊後・日向」の七国のみで、大隅・薩摩両国が除外されている(38)。さらに、毎年各国が製造する器杖とその数量が記されている『延喜式』兵部省式諸国器仗条にも、この両国の記載はない。中村氏は、この大隅・薩摩両国に武器を作らせない一貫した政策から、政府が隼人の抗戦を警戒していたことが読み取れるとし、その彼らが居住する隼人郡で軍団を設置していたとは考えられないと主張した(39)。

しかしながら、年料器杖の規定がないことをもって、隼人郡で軍団が編成されていなかったと推測するのは可能なのだろうか。そもそもこの根拠の一つになっている『延喜式』は、十世紀初頭に編纂されたものである。つまり、九州南部に国制が施行されてから、すでに二〇〇年が経とうとする時期においても、年料器杖の規定が存在しなかった。しかし、九州南部の人々による抵抗をこの時期まで警戒していたとは到底思えない。したがって、年料器杖の規定が存在しなかったことは、抵抗への警戒心に求めるべきではない(40)。

またこの点を考えるうえで、次の史料は重要である。

史料三『続日本紀』天平宝字五年十一月丁酉（十七日）条

（前略）正四位下吉備朝臣真備為二西海道使一、従五位上多治比真人土作・佐伯宿禰美濃麻呂為レ副、判官四人、録事四人。筑前・筑後・肥後・豊前・豊後・日向・大隅・薩摩等八国、検二定船一百廿一隻、兵士一万二千五百人、子弟六十二人、水手四千九百廿人一。皆免二三年田租一、悉赴二弓馬一、兼調二習五行之陣一。其所レ遣兵士者、便役造二兵器一。

史料三は、藤原仲麻呂による「新羅征討」計画の一部である。この記事から、大隅・薩摩両国を含めた西海道八国が船・兵士・子弟・水手を検定したこと、また、検定された人々は田租を三年間免除された一方、戦いへの参加や「五行之陣」の調練を義務づけられたこと、さらに、残った兵士が兵器の製造に従事したことがわかる。つまり、年料器杖の規定がないからといって、大隅・薩摩両国で兵器が製造されなかったわけではない。

以上のように、年料器杖の規定が存在しないことを根拠とし、軍団が非隼人郡だけで編成されたとする理解には問題があるといえよう。

3　郡の規模と郡司

本項では、大隅・薩摩両国に設置された郡と、そこで任命された郡司について検討する。最初に、これまで指摘されてきたそれらの特徴を整理したい。

まず郡については、隼人郡一郡あたりの郷数が少なかった点が注目されている(41)。『倭名類聚抄』によれば、西海道の平均が五・四郷であるのに対し、隼人郡には二・二郷しかなく、なかでも伊祚郡・揖宿郡・給黎郡は一郷であった。しかも、天平期における大隅・薩摩両国の各郡の郷数は、『倭名類聚抄』が編纂された頃よりも少ない。そのため(42)、八世紀代には一郷で編成された郡はさらに多かった可能性が高い。しかし令の規定では、小郡であっても二里（郷）で構成されることになっていた[43]。そのため隼人郡は「律令の規定外適用ということができる」とされ[44]、隼人勢力を分断する方針を貫徹するために、規定からはみだした政策がなされたと考えられている[45]。

次に郡司については、次の二点が注目されている[46]。一つ目は、郡の規模に対して郡司の人数が多かった点である。表13からわかるように、薩摩国の各郡は一～六郷で編成されていた。令の規定では、二里（郷）以上三里（郷）以下が小郡、四里（郷）以上七里（郷）以下が下郡とされ[47]、小郡では領一人・主帳一人が、下郡では大領一人・少領一人・主帳一人が任命されることになっていた[48]。しかし表14にあげたように、「天平八年度薩麻国正税帳」によれば、小郡である薩摩郡で大領・少領・主政各一人と主帳二人が、下郡である出水郡で大領・少領・主政・主帳各一人が、同じく下郡である阿多郡で大領[49]・少領・主政各一人と主帳二人がそれぞれ任じられている。ただし繰り返しになるが、この郷数は『倭名類聚抄』によるものであるため、出水・阿多両郡は小郡であった可能性もある。どちらにしろ、規定よりも多く郡司が存在していたことがわかる。

二つ目は、表14からわかるように、大隅・薩摩両国の郡司の姓に九州南部の地名を含む者が多い点である。例えば衣君県・衣君弖自美は、薩摩国頴娃郡にちなむ姓と推定できる。同様に薩麻君福志麻呂・薩麻君宇志・薩麻君鷹白・薩麻君須加は同国薩摩郡、曽県主麻多・曽乃君牛養は大隅国囎唹郡に由来すると推測される。このことから、郡司に任命された彼らは、隼人の首長・有力者であったと考えられている。そしてこの点が、羈縻州支配における「異民族の首長・有力者を州の刺史以下の官人に任命する」点と、相似的であるとされている[50]。

しかし、これらの理解にも問題があると思われる。まず、隼人郡の郷数について検討したい。これまでの指摘通り、九州南部に一郷で編成された郡が存在していたことは、薩摩国を除いて全国的に他に例がない。したがって伊祚郡・

表14　大隅・薩摩両国の郡司

和暦	西暦	名　前	官職	出　典
文武4年	700	衣君県	衣評督	『続日本紀』
文武4年	700	衣君弖自美	衣評助督	『続日本紀』
天平元年	729	加志君和多利	姶羅郡少領	『続日本紀』
天平8年	736	薩麻君福志麻呂	薩摩郡大領	「天平八年度薩麻国正税帳」
天平8年	736	前君乎佐	薩摩郡少領	「天平八年度薩麻国正税帳」
天平8年	736	薩麻君宇志	薩摩郡主政	「天平八年度薩麻国正税帳」
天平8年	736	肥君広龍	薩摩郡主帳	「天平八年度薩麻国正税帳」
天平8年	736	曽県主麻多	薩摩郡主帳	「天平八年度薩麻国正税帳」
天平8年	736	肥君	出水郡大領	「天平八年度薩麻国正税帳」
天平8年	736	五百木部	出水郡少領	「天平八年度薩麻国正税帳」
天平8年	736	大伴部足床	出水郡主政	「天平八年度薩麻国正税帳」
天平8年	736	大伴部福足	出水郡主帳	「天平八年度薩麻国正税帳」
天平8年	736	薩麻君鷹白	阿多郡少領	「天平八年度薩麻国正税帳」
天平8年	736	加士伎県主都麻理	阿多郡主政	「天平八年度薩麻国正税帳」
天平8年	736	建部神嶋	阿多郡主帳	「天平八年度薩麻国正税帳」
天平8年	736	薩麻君須加	阿多郡主帳	「天平八年度薩麻国正税帳」
延暦12年	793	曽乃君牛養	囎唹郡大領	『類聚国史』

揖宿郡・給黎郡の構成が令の規定から逸脱していたのは疑いない。だが、これを隼人郡の特徴とするのは問題がある。『倭名類聚抄』の段階ではあるが、表13からわかるように、隼人郡のなかにも阿多郡や日置郡、鹿児島郡など、比較的郷数が多い郡も存在した。また西海道諸国にも二郷で編成された郡が存在する[51]。そのため、隼人郡と一括して郷数の平均を出し、これを隼人郡の特徴とするのは問題がある。

次に、郡司について検討したい。まず一つ目の郡の規模に対して郡司の人数が多かった点は、これも令の規定から外れた政策であったといえる。ただし、非隼人郡であるはずの出水郡でも規定より多い。そのため、これも隼人郡だけの特徴とはできない。

続いて二つ目の郡司の姓の問題を考えたい。従来の研究で郡司と相似的に捉えられている羈縻州支配における刺史とは、中央から派遣された古代中国の地方官を指す[52]。本来ならば派遣された官人が刺史になるべきなのだが、羈縻州では現地の首長・有力者

表15　大隅・薩摩両国の国司

薩摩国				
和暦	西暦	名前	官職	出典
天平2年	730	高氏海人	目	『万葉集』
天平8年	736	呉原百足	目	「天平八年度薩麻国正税帳」
天平8年	736	韓柔受郎	史生	「天平八年度薩麻国正税帳」
天平10年	738	次田赤染上麻呂	目	「天平十年度周防国正税帳」
天平10年	738	雄山田綿麻呂	史生	「天平十年度周防国正税帳」
天平宝字4年	760	多治比木人	守	『続日本紀』
天平宝字8年	764	大伴家持	守	『続日本紀』
天平神護元年	765	紀広純	守	『続日本紀』
大隅国				
和暦	西暦	名前	官職	出典
養老4年	720	陽侯麻呂	守	『続日本紀』
天平2年	730	榎氏鉢麻呂	目	『万葉集』
天平10年	738	大伴国人	守	「天平十年度周防国正税帳」
天平10年	738	土師山麻呂	掾	「天平十年度周防国正税帳」
天平10年	738	日置三立	史生	「天平十年度周防国正税帳」
天平宝字7年	763	中臣伊加麻呂	守	『続日本紀』
宝亀3年	772	中臣習宜阿曾麻呂	守	『続日本紀』

が世襲的に任命されており、この点が羈縻州支配の特質となっている。しかし、そもそも郡司は、一般的に地方豪族が任じられるものである。そのため、大隅・薩摩両国の郡司が現地の有力者であったのはむしろ自然であり、この点から羈縻州支配との関連性を読み取ることはできない。もしこのような観点から検討するのであれば、刺史と同じく中央から派遣されていた国司と比較する必要があろう。しかし表15からわかるように、彼らは姓に九州南部の地名を含んでいないため、中央から遣わされた者と判断すべきであろう。したがって隼人郡と羈縻州の支配の相似性は指摘できない。

むしろ次の点が重要である。表14をみると、任命されている郡と異なる地名を含む姓や、九州南部以外に分布が多い姓をもつ郡司がいたことがわかる。具体的には、薩摩郡の曾県主麻多の姓は大隅国囎唹郡に関係があると考えられる。また、薩摩郡の肥君広龍や阿多郡の建部神嶋の姓は、肥後・筑前・筑後に分布がみられる。(53) このように九州南部における郡司が、出身地の地名を姓に含む人物だけではないのは、一般的な傾向を示しているといえる。(54) また、「ヤマト的な名」をもつ郡司が存在していたのも注目される。永山氏によると、彼らは郡司に任命される以前、国家から訓練が施され、隼人郡に律令政府の支配を浸透させることを期待されたと考えられている。つまり、こうした人物が郡司となっていたこと自体、国家が郡司の任命に深く介入していたのを示すのではないだろうか。

このように、一郷で編成される郡があったことや、郡の規模に対して郡司が多かったことは令の規定から逸脱した政策といえる。しかし、これを隼人郡だけの特徴とはできない。また、郡司の任命についても羈縻州支配と相似的であったとはいえないと考えられる。

4　班田制

本項では、九州南部における班田制について検討していきたい。従来の研究では、九州南部のうち、隼人郡で班田が行われていなかったと論じられている。(55)

史料四『続日本紀』天平二年三月辛卯（七日）条

大宰府言、大隅・薩摩両国百姓、建レ国以来、未二曾班一レ田。其所レ有田悉是墾田。相承為レ佃、不レ願二改動一。若従二班授一、恐多二喧訴一。於レ是随レ旧不レ動、各令二自佃一焉。

史料五『類聚国史』巻一五九　延暦十九年十二月辛未（七日）条

収二大隅・薩摩両国百姓墾田一、便授二口分一。

前章でも取りあげたが、史料四から、天平二年まで九州南部で班田が行われていなかったこと、「百姓」の所有する

「墾田」を無理に収公し班田すると騒動が起こる可能性が高いため、その実施をあきらめたこと、そのためそれまで通り「百姓」に「墾田」を耕作させたことがわかる。こうして八世紀の間、九州南部には少なくとも班田が行われていない領域があったが、史料五にあるように、延暦十九年に至ってようやく実現された。

なお、ここに記されている「墾田」とは、班田収授法の適用を受ける以前の「百姓」の耕作田であり、新開発を意味する「墾田」とは区別されるものである。[56]また「百姓」とは、もともと九州南部に居住し「隼人」と呼称されていた人々だけでなく、国家によって周辺諸国から移配された者[57]（「柵戸」[58]を含む）も指すと考えられる。この点について宮原武夫氏は、「百姓」に隼人は含まれないとしている。[59]しかし同時期の東北では、「賊心」を改めて「教喩」に従う「田夷村」の蝦夷が、郡を設置し同じく「百姓」となすことを求め、それが認められている。[60]つまり、郡の設置（おそらくその背景には、郡とされた地域に属する土地・人民の国家の把握があったと思われる）によって、蝦夷は「百姓」とされたのである。薩摩国の場合、少なくとも天平期には、『倭名類聚抄』が編纂された時期と同じ郡数であったことが「律書残篇」より確認できるため、すでに国・郡による編成が完了していたといえよう。したがって、「田夷村」の蝦夷と同様、元来九州南部に居住していた、いわゆる「隼人」と呼称された人々も、国家による把握がなされた場合、「百姓」とされたと考えられる。

このように、班田制についても令の規定から逸脱していたことがわかる。しかし、それが実施されていなかった領域は、隼人郡に限定できない。

中村氏は、他地域から九州南部に移住してきた非隼人の生活を安定させるためには班田が必要であるとしたうえで、班田が非隼人郡で採用されていたと推測している。確かに氏が指摘するように、移配された人々の再生産を保証するため土地の分配を行うことは必要である。これは規定上数年しか滞在しない防人でさえ、勤務地で空閑地をたまわって農耕に従事していたことを考えれば想像に難くない[61]。しかしながら、それが『養老令』田令口分条にもとづく班田であったかは別問題である。つまり、先に述べた防人のように、『養老令』田令荒廃条に則し空閑地の分配が行われた可能性も十分ある。

さらに、史料四・五で、非隼人郡で班田が実施されていたとは読み取れない。これらの記事に、「隼人」「隼人郡」ではなく「百姓」「大隅・薩摩両国」と記されてある点は、尊重すべきではないだろうか。したがって、班田が実施されなかった範囲を隼人郡だけに限定する理解も成り立たないと考えられる。

以上本節では、九州南部、とくに隼人郡で特殊な支配が行われたとしてきた従来の説の根拠を再検討してきた。この考察によって、律令国家が九州南部に対して実施した令の規定から逸脱した政策は、①一郷で郡を編成していた点、②郡の規模に対して規定より多くの郡司を任用していた点、③班田を実施しなかった点、以上の三点であったことが明らかになった。しかし、これらが隼人郡のみで行われていたことを示す積極的な根拠はない。

先述したように、これまでは八世紀を通じ、隼人郡と非隼人郡で支配に違いがあったとしてきた。確かに、「隼人一十一郡」という記載が残っているため、大隅・薩摩両国が成立した直後にそうした区別があったのは確実であろう。だが、これまで述べてきたように、この違いを八世紀初頭以降の史料から読み取ることはできない。したがって、律令国家の九州南部支配を検討していく際には、隼人郡と非隼人郡で支配に違いがあったという前提を取り払う必要があると考えられる。

二　律令国家の九州南部支配の展開

前節では、九州南部で行った令の規定から逸脱した政策を明らかにしたうえで、それらが隼人郡だけで実施されていたことを示す積極的な根拠はないと論じた。そして、従来考えられてきたような隼人郡と非隼人郡に対する支配の違いは、八世紀を通じて存在したわけではないこと、したがって、そうした前提を取り払って考察する必要があることを主張した。本節では以上の点を踏まえたうえで、律令国家の九州南部支配について考えていきたい。

1　大隅・薩摩両国成立期における九州南部支配

本項では、大隅・薩摩両国が成立した時期における、律令国家の九州南部支配について検討していきたい。

前章で論じたように、七世紀最末期から八世紀初頭にかけて、律令国家は九州南部に対して武力行使も辞さない強硬な政策を行った。そのため、文武天皇四（七〇〇）年[62]、大宝二年[63]、和銅六年[64]の『続日本紀』の記事からわかるように、立て続けに武力衝突が起こった。また、こうした地域へ律令制下の暮らしに慣れた人々を移配したり[65]、政府に従う者に位を授けるなど懐柔を行ったりした[66]。

これらの政策により九州南部は、大宝二年に薩摩国が[67]、和銅六年に大隅国が置かれ[68]、律令制度にもとづく支配が実施されるようになった。『続日本紀』大宝二年八月丙申朔条には「薩摩・多褹、隔レ化逆レ命。於レ是発レ兵征討、遂校レ戸置レ吏焉」とあり、薩摩・多禰を「征討」した結果、戸口の調査、官人の任命が行われたことがわかる。また、次の史料も重要である。

史料六『続日本紀』和銅三年正月戊寅（二十七日）条

（前略）日向国貢二采女一、薩摩国貢二舎人一。

右の史料から、日向国から采女が、薩摩国から舎人が貢進されたことがわかる。令制における采女は、天皇に近侍して主にその食膳に奉仕したといわれ[69]、京・畿内の諸氏から選ばれる場合と郡の大・少領の姉妹や娘のなかで容姿が端麗な者が貢進される場合があった[70]。一方令制の舎人は、天皇や皇族などに近侍し護衛・使節などをつとめた下級官人であり、五位以上の子孫で二一歳に達した者のうち、判断能力に優れ礼儀にかなった態度であると判断された者を内舎人に（三位以上の場合は選考なく内舎人に任用する）、それ以外を大舎人・東宮舎人・中宮舎人にする場合と[71]、内六位以下～八位以上の嫡子で二一歳に達した者のなかで、礼儀にかなった態度で書算がたくみと判断された者を大舎人とする場合があった[72]。このように、采女や舎人は有位者の血縁のなかから貢進・任用されていた。したがって史料六の貢進主体は、おそらく日向・薩摩両国の豪族であったと考えられる。

ここで次の二つの史料に着目したい。一つは「日向隼人曾君細麻呂、教‐二喩荒俗一、馴‐二服聖化一。詔授二外従五位下一」という記事である[73]。これは、史料六の二日後に記載があるため、采女・舎人の貢進と関連する可能性が高い。おそらく細麻呂は、この貢進の実現に尽力したことが評価され、位を授けられたのであろう。また細麻呂は、その姓から噌唹郡の豪族だと推察される。噌唹郡は、のちに大隅国に編入されるが、この当時は、まだ日向国の一部であった[74]。そのため、史料六では細麻呂は「日向隼人」とされているが、実際には、のちに成立する大隅国の領域に住む大隅隼人であったと推定できる。したがって、史料六で采女・舎人を貢進した主体は、薩摩国とのちに成立する大隅国の豪族であったと考えられよう。

もう一つは、史料六の八年前にある「令下筑紫七国及越後国簡‐二点采女・兵衛一貢上之。但陸奥国勿レ貢[75]」という記事である。ここから、筑紫七国（筑前・筑後・豊前・豊後・肥前・肥後・日向国）と越後国から采女と兵衛が貢進されたこと、陸奥国がその対象外とされたことがわかる。兵衛は天皇の側近にあって宿衛などの任にあたった武官を指し、内六位以下～八位以上の嫡子で二一歳に達した者のなかで、からだが強く弓馬の術に長じていると判断された者を任用する場合(76)と、諸国の郡司の子弟のうち、根気強く弓馬の術に長じている者を郡ごとに一人採用する場合(77)（采女を貢上した郡は採用しない）があった。この記事にみられる采女・兵衛は、おそらく後者の規定に準じた貢上であろう。つまり大宝二年の段階で、筑紫七国は令の規定にもとづく統治が実現していたため、この貢進が実施されたといえる。換言すれば、その対象とされなかった陸奥国や、まだ成立していなかったのちの大隅・薩摩両国にあたる領域は、支配が十分に行き届いていなかったと考えるべきであろう。この記事を以上のように理解し得るならば、史料六の段階で舎人・采女の貢進が実現した背景には、大宝二年の段階と比べて律令国家の支配、とくに貢進の主体となった九州南部の豪族たちを徐々に服属させていった状況を示しているといえるのではないだろうか(78)。

したがって、律令国家は武力行使も辞さない強硬な政策、さらには移配・懐柔を行うことで、九州南部を大隅・薩摩両国として編成しただけでなく、戸口を調査し、官人を任命し、さらに豪族を服属させて采女・舎人を貢進させた。したがって、律令制度にもとづく支配が、すでにこの段階で開始されていた様子がうかがえる。ただし、これはただちに、九州南部全域で律令制にもとづく支配が貫徹したことを意味するわけではない。先述したように、「天平八年度薩摩国正税帳」には「隼人一十一郡」と記されてあるため、少なくとも薩摩国が成立した当初は、隼人郡と非隼人郡が存在し、支配の浸透度合いにばらつきがあったと想像されよう。

2　律令国家の九州南部支配の展開

前項で論じたように、大隅・薩摩両国の成立直後、九州南部全域、とくに隼人郡では、いまだ律令制度にもとづく支配を貫徹できていなかった。こうした状況を律令国家は、その後も簡単に解消できたわけではなかった。『続日本紀』天平十七年五月己未（二日）条には、「筑前・筑後・豊前・豊後・肥前・肥後・日向七国、無姓人等賜二所レ願姓一」とあり、筑前他七国で、姓がない人を対象に賜姓が行われた。竹中康彦氏は、この時大隅・薩摩両国が除外されたことについて、「最初からこの政策の実効性が疑問であるという判断がなされたため」としている(79)。したがって天平年間にも籍帳に登録されていない人が存在し、彼らをその後段階的に取り込んでいったと想像される。また次の史料も重要である。

史料七『続日本紀』天平勝宝七歳（七五五年）五月丁丑（十九日）条

　大隅国菱苅村浮浪九百卌余人言、欲レ建二郡家一。許レ之。

史料七は、「大隅国菱苅村」の「浮浪」が郡家の設置、すなわち建郡の申請を行い、それが認められた記事である(80)。着目したいのは、郡を介さずに「〇〇国〇〇村」と表記されていることである。史料上に「村」の表記が出てくることはしばしばあるが、「〇〇国〇〇郡〇〇村」と記される場合が多い。ただし支配が十分に及んでいない東北北部には、郡を介さずに「〇〇国〇〇村」と記載される領域が存在した(81)。これをあわせて考えると、八世紀半ばまで「大隅国菱苅村」も律令制度にもとづく支配が十分に及んでいなかったのであろう。

このように、律令国家は八世紀半ば頃に至っても、九州南部全域で律令制度にもとづく支配を貫徹させていたわけではなかった。しかしながら、律令国家の支配は面的にも質的にも着実に広まっていったのである。

まず、先掲した史料四を取りあげたい。注目したいのは記事の日付である。造籍・校田（耕作地の調査）・班田は密接にかかわっており、規定では、十一月上旬～翌五月に造籍がなされ（造籍をはじめた年を籍年と呼ぶ(82)）、それを前提として、その年の十一月～翌二月に班田が行われることになっていた（班田作業が開始された年を班年と呼ぶ(83)）。ただし実際には、籍年と班年の間に一年あけ、その間に校田を実施したと考えられている(84)。これを踏まえて史料四をみてみると興味深いのが、この前年が班年であったことである。つまり本来ならば、天平二年の二月中に班田を終える必要があった。しかし、それを終えられなかったため、大宰府は史料四の申請を行ったと考えられる。そしてこのように理解した場合、班田は実現しえなかったが、その準備、すなわち造籍・校田作業までは実施していたと考えられるのである。したがって、人身・土地把握が九州南部で進展していたと想定できよう。

　このように日付に着目すると、「薩摩国人希多、隨レ便并合」とある、養老五年十二月辛丑（二十九日）条も重要である(85)。この年は籍年であるため、造籍がはじまってから二ヶ月が経過した時期にあたる。この記事によれば、薩摩国は人が「希《まれ》」な場所が多いため、便宜を図って（おそらく郷を）併合したとある。つまり、この記事は戸口の調査を行っていたことが前提となっているのであり、造籍がある程度進展していたと推測できる。

　さらに、「天平八年度薩麻国正税帳」の記載も注目される。これによれば、高城郡で計帳手実の収集が行われているため（47）、計帳が作成されていた。渡辺晃宏氏によると、戸籍・計帳は、民戸で作成された手実（自己申告書）をもとに郡衙で歴名が作成され、それを写した手実が国衙に収集され、作られたと考えられている(86)。すなわち、もとをたどれば同じ手実（歴名）から作られていたのであり、計帳が作成されたにもかかわらず、戸籍のみ作られなかったとは考えにくい。したがって、少なくとも薩摩国内では造籍が試みられていたのは間違いない。

　また、先掲した史料一には、隼人郡である河辺郡で、天平七年閏十一月十七日の恩勅による賑給が行われたと記されている（120）(87)。この記載にある「寡」と「惸」は、五〇歳以上で夫のいない者、一六歳以上で父のいない者をそれぞれ示している。(88) ここからも、すでに河辺郡で人身把握が進んでいたことが読み取れる。そもそも、賑給を実施する際には、あらかじめ諸国が歴名を添付して申請することが定められていた。(89) 舟尾好正氏によれば、この歴名には戸主・戸口名・戸口年齢・年齢区分・与えられた穀物の数量が記されていたと考えられている。(90) つまり人身把握ができていなければ、賑給は行われないのである。

加えて、出水・高城・薩摩郡の内容が記されている断簡に、「死佰姓」の人数の記載もある（2、79、85、100）。このように、「天平八年度薩麻国正税帳」からは、少なくとも天平年間までに、隼人郡でも人身把握が実施されはじめていたことがわかるのである。

他にも時代は下るが、『続日本紀』天平宝字八（七六四）年十二月是月条には、大隅・薩摩両国の境で噴火が起こったこと、「麑嶋信尓村」の海に三つの島が形成されたこと、「民家六十二区・口八十余人」が被害にあったことが記されている。被害状況の説明から、すでに建造物や戸口が把握されていた様子がうかがえる。

以上のように、隼人郡でも人身・土地・建造物等が把握されはじめていたといえる。また、こうした把握を前提として、課役の賦課も行われていたと考えられる。

史料八『続日本紀』養老七年四月壬寅（八日）条

大宰府言、日向・大隅・薩摩三国士卒征二‐討隼賊一、頻遭二軍役一、兼年穀不レ登、交迫二飢寒一。謹案二故事一、兵役以後、時有二飢疫一。望降二天恩一、給二復三年一。許レ之。

史料八は、養老四年に起こった武力衝突のあと、日向・大隅・薩摩三国の兵士が復三年をたまわった記事である。復とは、調・庸・雑徭など課役の免除を意味する。つまりすでに養老七年の時点で、九州南部でも、普段は課役が賦課されており、また兵役もあったことがわかる。

その他にも、「天平八年度薩麻国正税帳」の高城郡の項に「検校庸蓆」(49)とあること、前掲した史料三で兵士などの検定や田租の免除があったこと、風雨のために日向・薩摩両国で調庸が免除されたこと、[91]さらに、他国より大隅・薩摩両国へ浮浪してきた者から課役を徴収していたことなど、[92]田租・調庸の賦課や徴兵を確認できる。

ここで問題になるのが、こうした課役の賦課や徴兵が、隼人郡でも行われていたかという点である。注目したいのは、「天平八年度薩麻国正税帳」の薩摩郡の項に、「都合簸振量定稲穀参佰玖拾壱斛《振入卌五斛五斗四升五合》」(102)、「定実参佰伍拾伍斛肆斗伍升伍合《動用》」(103)と記されていることである。つまり、隼人郡である薩摩郡においても穀稲が蓄積されていた。永山修一氏も認めているように、基本的に田租は穀稲で徴収されるため、この蓄積は薩摩郡で田租が徴収されていたことを示すと考えられる。したがって、少なくとも天平年間には、隼人郡でも田租の賦課がはじまっていたといえよう。

以上本節では、大隅・薩摩両国成立後の八世紀段階における律令国家の九州南部支配について検討してきた。両国が成立した当初、戸口の調査、官人の任命を行い、また豪族を服属させて采女・舎人を貢上させるなど、律令制度にもとづく支配を開始した。しかしこの段階では、とくに隼人郡で支配を貫徹できていたわけではなかった。こうした状況は、その後も簡単に解消されたわけではなく、八世紀半ば頃に新たな郡が設置されていた点からも、まだその途上段階にあったと考えられる。しかし一方で、大隅・薩摩両国が成立した段階と比べると、人身・土地・建造物等の把握や、課役の賦課が行われる範囲は、隼人郡にも広がっていたと推測される。このように律令国家の九州南部支配は、徐々に展開していった様子がうかがえるのである。

本章では、八世紀における律令国家の九州南部支配について検討してきた。論じてきたことは以下の通りである。

①　九州南部で行われた令の規定から逸脱した政策は、一郷で郡を編成していた点、郡の規模に対して規定より多くの郡司を任用していた点、班田を実施しなかった点、以上の三点であった。

②　こうした政策が隼人郡だけで行われていたことを示す積極的な根拠はない。したがって、隼人郡と非隼人郡に対する支配は、八世紀を通じて違いがあったと理解すべきではない。

③　大隅・薩摩両国の成立直後、九州南部全域、とくに隼人郡では律令制度にもとづく支配を貫徹できていなかった。しかし八世紀半ば頃になると、人身・土地・建築物等の把握や課役の賦課が行われる範囲が広がっており、律令国家の支配が徐々に展開していったことがわかる。

先述したように、従来、九州南部では隼人による自治的支配が認められ、実態として唐の羈縻州に相似した支配が行われていたと考えられてきた。確かに、これまで指摘されてきたように、九州南部では令の規定から逸脱した政策が実施されていた。しかしこれらは、「隼人による自治」を認めるようなものではない。律令国家は、九州南部に居住する人々の要求を部分的に容認し、「墾田」を収公しなかったが、人身・土地把握までは実行し、史料四に「各令㆓自佃㆒焉」とあるように、「墾田」を用いて耕作させていたのである。換言すれば、口分田を用いない民衆掌握システムを構築しようとしていたといえる。つまり、令の制度を柔軟に運用することで、実態としては規定の枠内で支配を行っていたのである。また、九州南部全域で律令制度にもとづく支配をすぐに実現できなかったものの、大隅・薩摩両国が成立して以降、一貫してその貫徹を目指しており、しかもその支配は、本章で明らかにしたように、面的にも質的にも着実に広がっていた。したがって、これまで考えられてきた自治的支配や、唐の羈縻州と相似した支配が行われていたとは考えられない。すなわち、八世紀における律令国家の理念―首長制的支配を前提とした個別人身支配―自体は、九州南部においても追求されていたのである。

註

（1）永山修一「大宝二年の隼人の反乱と薩摩国の成立について」（『九州史学』九四号、一九八九年）。
（2）『続日本紀』和銅六年四月乙未（三日）条。
（3）井上辰雄a「薩摩国正税帳をめぐる諸問題―隼人統治を中心として―」（同『正税帳の研究―律令時代の地方政治―』塙書房、一九六七年）、同b『隼人と大和政権』（学生社、一九七四年）。
（4）中村明蔵a「律令制と隼人支配について―薩摩国の租の賦課をめぐって―」（同『隼人の研究』学生社、一九七七年）、同b「隼人国の租の賦課についての再論」（同『熊襲・隼人の社会史研究』名著出版、一九八六年）、同c「天平期の隼人」（同『隼人と律令国家』名著出版、一九九三年）。
（5）奥野中彦「薩摩国正税帳をめぐって―律令制と薩摩―」（『鹿児島県立短期大学地域研究所研究年報』一二号、一九八三年）。
（6）伊藤循a「隼人支配と班田制」（『千葉史学』四号、一九八四年）、同b「律令制と蝦夷支配」（田名網宏編『古代国家の支配と構造』東京堂出版、一九八六年）。
（7）宮原武夫「律令国家と辺要―班田免除と租調庸賦課―」（田名網前掲註（6）編書）。
（8）永山修一「隼人支配の特質」（同『隼人と古代日本』同成社、二〇〇九年）。本章における永山氏の所説は、とくに断らない限り、この論文に依拠している。
（9）井上氏は、班田がなくとも租の賦課は行われていたとし、また、調庸も毎年課せられ、加えて「朝貢」の年に臨時の調物があったと指摘した。それに対して中村氏は、非隼人郡では律令制的な課役の賦課があったが、隼人郡では課されていなかったとした。さらに、班田の未実施、軍団が存在しないこと、小規模な郡構成といった特殊性を隼人郡の「非律令制的性格」であると主張した。また奥野氏は、田租は隼人郡でも「墾田」から徴収していたが、調庸は賦課されていなかったとした。宮原氏は、隼人は「百姓」ではないとしたうえで、田租・調庸を課されていなかったと論じた。
（10）中村前掲註（4）論文、奥野前掲註（5）論文、宮原前掲註（7）論文、永山前掲註（8）論文。ただし永山氏は、「律令制度の諸原則が適用されたのは、非隼人郡とそれに隣接する二〜三の隼人郡」（永山前掲註（8）著書）と述べているように、厳密にいえば隼人郡と非隼人郡で政策の区分があったとは論じていない。しかし、「『隼人郡』は唐の羈縻州に相似した支配の行われた地域」とも述べているため、基本的に隼人郡では特殊な支配が行われていたことを容認していると思われる。

(11)「天平八年度薩麻国正税帳」A断簡29行目。

(12)大隅国には薩摩国と異なり隼人郡があったとする史料がない。しかし、大隅国が成立した当初、「隼人一十一郡」と同じような支配が行われた領域があった可能性はある。

(13)羈縻州支配については、序章註（24）を参照されたい。

(14)『類聚国史』巻一五九　延暦十九年十二月辛未（七日）条。

(15)伊藤氏は、隼人は「夷狄」ではなかったと考える立場から、隼人郡でも田租・調庸の賦課が行われていたとし、隼人郡を非律令的であるとする説は妥当ではなく、むしろ律令制的支配内の特殊性として把握すべきとした（伊藤前掲註（6）a論文）。しかし氏の理解は、後述する河辺郡についての理解が示されていない。また、時期的な変化についても触れられていないため、本章ではその点を含めて考察していく。

(16)石見清裕「唐の内附異民族対象規定をめぐって」（『中国古代の国家と民衆』編集委員会編『堀敏一先生古稀記念　中国古代の国家と民衆』汲古書院、一九九五年）。

(17)永山前掲註（8）論文。

(18)永山前掲註（8）論文。なお賑給について永山氏は、民衆側の事情によるものはすべての非隼人郡と隼人郡を対象としていたが、政府側の事情によるものは非隼人郡二郡と隼人郡の二郡程度で実施されたと理解している。

(19)永山前掲註（8）論文。

(20)現在「天平八年度薩麻国正税帳」は、部分的に郡部のみ残存しており、その断簡はそれぞれ、出水郡（1〜18、D断簡）、高城郡（19〜98、A・B断簡）、薩摩郡（99〜111、C断簡）、阿多郡（112〜115、E断簡）、河辺郡（116〜120、E断簡）と推定されている（井上前掲註（3）a論文、前掲『復元天平諸国正税帳』）。本章では、この理解に従って論を進めていきたい。

(21) 永山前掲註（8）論文。
(22)『令義解』戸令国守巡行条。
(23) 史料一で示した最後の文字「人」は、『復元天平諸国正税帳』に準じている。ただし、「人」と読んだ場合、意味が通じない。また、他の正税帳の記載とあわせて考えると、「合」と記されるべきである（『大日本古文書』では、「合」が採用されている）。しかし、写真版で確認してみたところ、「人」となっているため、ここでは史料の表記にそのまま従い、「合」の誤表記と理解する。
(24)『続日本紀』養老三年六月癸酉（十六日）条。
(25) 宮原前掲註（7）論文。
(26) 薗田香融「出挙―天平から延喜まで―」（『日本古代財政史の研究』塙書房、一九八一年）。
(27) 薗田前掲註（26）論文。
(28)「天平八年度薩麻国正税帳」国司巡行費用に記されている。
(29) 永山前掲註（8）論文。
(30) この点については、すでに伊藤循氏の指摘がある（伊藤循「書評　永山修一『隼人と古代日本』」〔『歴史学研究』八八三号、二〇一一年〕）。
(31) 井上前掲註（3）a論文。
(32)「天平二年度大倭国正税帳」E断簡（城下郡断簡163～167行目）には「輸租肆佰漆拾壱斛陸斗肆升《神戸十二斛三斗三升》公納肆佰伍拾玖斛参斗壱升　穎納捌佰漆拾肆束　穀納参佰漆拾壱斛玖斗壱升《振納卅三斛八斗一升斛別一升》定参佰参拾捌斛壱斗」とあり、田租が「穎納」で納められる場合があったことがわかる。
(33) これらは天平五年四月に出発し、同八年八月に帰国した遣唐使第二船に対して行われた（「天平八年度薩麻国正税帳」B断簡75、76行目）。
(34)「天平八年度薩麻国正税帳」A断簡29行目。

(35) なお、後述するように、天平年間における大隅・薩摩両国の各郡の郷数は、さらに少なかった可能性が高い。したがって、河辺郡は当初一郷で編成されていた可能性もある。

(36) なお永山氏は、隼人が「公民」の負担である田租・調・庸に加え、「隼人之調」を負担し、六年間在京したとすると一般の「公民」よりも重い負担となり、賦役令辺遠国条の立法趣旨と相容れない理解となるため、課役の賦課について否定的な立場をとっている。しかし当時の九州南部の人口を考えると、こうした理解には賛同できない。鎌田元一氏は、奈良時代の一郷あたりの良民人口を一〇五二人と推定している（鎌田元一「日本古代の人口について」〔『木簡研究』六号、一九八四年〕）。この数に「律書残篇」にみられる大隅・薩摩両国の郷数（それぞれ一九郷、二五郷）を乗じると、四万六二八五人となる。さらに良賤比の平均（一〇〇対四・四）を含めて考えると、当時の両国にはおよそ五万人弱が生活していたと推定できる。そのうち、もともと九州南部に住んでいた、いわゆる「隼人」がどの程度を占めていたかは実証不能であるが、「朝貢」する平均人数は二〇〇人程度であるため、永山氏の理解に従うと、数万人規模の人々が「隼人之調」以外負担がなかったことになる。したがって、この根拠からは課役の賦課が行われていなかったことを証明できないと思われる。

(37) 中村前掲註（4）a論文。

(38) 『続日本紀』天平宝字五年七月甲申（二日）条。

(39) 中村前掲註（4）a論文。中村氏はその他にも、いつ抗戦が発生するかもしれぬ状態の地域から徴集した兵士による軍団の編成は、かえって抗戦勢力を増長するため、軍団が薩摩国の全域にわたって存在し、兵士が全域から徴集されたと考えるのは当時の薩摩国の構成とその状況から困難であるとした。九州南部の人々による抵抗を警戒していた可能性はあるが、そのことと軍団を組織するか否かという問題は直接関係するものではない。そのため、軍団の存在を否定する根拠にはならないと考えている。

(40) 周知のごとく、大隅・薩摩両国の財政情勢は厳しかった。例えば、『弘仁式』主税式によると、九世紀に至っても、両国は隣国から国分寺料の支援を受けていた。これをあわせて考えると、両国が除外されていた理由は、財政情勢が厳しかったことに求めた方がよいのではないだろうか。

(41) 中村前掲註(4)a論文。中村明蔵「隼人国と国府の成立について」(中村前掲註(4)a著書)。
(42) 養老五年~天平九年頃の国郡郷里数が記されたと考えられている「律書残篇」によれば、「薩摩国《郡十三、郷廿五、里六十、去レ京行程十二日》守・介・掾・大少目、五位以下也。大隅国《郡五、郷十九、里廿七、去レ京行程十三日》守・掾・大目、五位以下也」とある。ここに記されてある郷数と、平安時代の郡郷数がわかる『倭名類聚抄』を比較すると、前者の方が、大隅国で一三郷(ただし『倭名類聚抄』の段階では、大隅国に多禰島が編入されているため、それを除いた数で比較)、薩摩国で一〇郷少ない。
(43) 『令義解』戸令定郡条。
(44) 中村前掲註(4)a論文。
(45) 井上辰雄「隼人十一郡」(井上前掲註(3)b著書)。
(46) 中村前掲註(4)a論文、永山前掲註(8)論文、井上前掲註(45)論文。
(47) 『令義解』戸令定郡条。
(48) 『令義解』職員令小郡条、同下郡条。
(49) 阿多郡少領薩麻君鷹白が表記されている部分の前の行は切れてなくなっているが、令の規定では、少領だけ任命されて、大領が存在しないことはない(『令義解』職員令小郡条、同下郡条)。そのため、阿多郡には大領も任命されていたと考えられる。
(50) 永山前掲註(8)論文。
(51) 豊前国企救郡があげられる。なお、肥前国藤津郡・彼杵郡も『倭名類聚抄』では二郷となっているが、『肥前国風土記』では四郷あったことになっている。
(52) 長部悦弘「唐代州刺史研究―京官との関連―」(『奈良史学』九号、一九九一年)。
(53) 井上辰雄「大化前代の肥後―部民制を中心として―」(井上前掲註(3)a著書)。
(54) 『類聚三代格』巻七 弘仁五年三月二十九日付太政官符によると、天平七年五月二十一日の格により、一つの郡で同じ姓の郡司を任用することが原則禁止されたが、「天平八年度薩麻国正税帳」では、出水・薩摩・阿多郡で同姓者が郡司となっている。しかし、他国の正税帳をみてみると、天平八年以降も同姓者が任用されている例がある（「天平九年度和泉監正税帳」和泉郡・日根郡、「天平八年度伊予国正税出挙帳」越智郡、「天平九年度豊後国正税帳」日田郡）。そのため、薩摩国におけるこの任用も一般的な傾向を示しているといえよう。

(55)　中村前掲註（4）a・b論文。
(56)　西別府元日「国家的土地支配と墾田法」（同『律令国家の展開と地域支配』思文閣出版、二〇〇二年）。
(57)　『続日本紀』和銅七年三月壬寅（十五日）条。
(58)　『続日本紀』天平神護二（七六六）年六月丁亥（三日）条。
(59)　宮原前掲註（7）論文。
(60)　『続日本紀』天平二年正月辛亥（二十六日）条。
(61)　『養老令』軍防令在防条、田令荒廃条。
(62)　『続日本紀』文武天皇四年六月庚辰（三日）条。
(63)　『続日本紀』大宝二年八月丙申朔条。
(64)　『続日本紀』和銅六年七月丙寅（五日）条。
(65)　『続日本紀』和銅七年三月壬寅（十五日）条。
(66)　『続日本紀』和銅三年正月庚辰（二十九日）条。
(67)　永山前掲註（1）論文。
(68)　『続日本紀』和銅六年四月乙未（三日）条。
(69)　『養老令』後宮職員令水司条、同膳司条。
(70)　『養老令』後宮職員令氏女采女条。
(71)　『令義解』軍防令五位子孫条。

(72)『養老令』軍防令内六位条。
(73)『続日本紀』和銅三年正月庚辰条。
(74)『続日本紀』和銅六年四月乙未条。
(75)『続日本紀』大宝二年四月壬子(十五日)条。
(76)『養老令』軍防令内六位条。
(77)『養老令』軍防令兵衛条。
(78)ただし、史料六があくまで「舎人」と記されていることは注意する必要があり、ここであげた記事と安易に対比して考えるのは、慎むべきかもしれない。しかし、『養老令』軍防令内六位条において、上等とされた者が大舎人に、中等とされた者が兵部省で試練があって兵衛に任用されていたことからわかるように、舎人の方が兵衛よりも上位に位置づけられた存在であった。この点から考えると、薩摩国から貢上された人々は、通常よりも好待遇で迎え入れられたとも考えられよう。
(79)竹中康彦「大宰府管内諸国の区分に関する一考察—とくに日向国の位置付けについて—」(『古代文化』四三巻七号、一九九一年)。
(80)永山修一「天平勝宝七年菱刈建郡記事の周辺」(『隼人文化』一〇号、一九八二年)。
(81)伊藤前掲註(6)b論文。
(82)『養老令』戸令造戸籍条。
(83)『養老令』田令班田条。
(84)虎尾俊哉『班田収授法の研究』(吉川弘文館、一九六一年)。
(85)『続日本紀』養老五年十二月辛丑(二十九日)条。
(86)渡辺晃宏「籍帳制の構造—手実・歴名の検討から—」(『日本歴史』五二五号、一九九二年)。
(87)「天平八年度薩麻国正税帳」によると、「参度賑給《一度医師一人従一人并二人十九日一度史生一人従一人并二人五日一度守一人目一人史生一人従六人并九人一日》」(53)とあり、高城郡では賑給が三度行われたことがわかる。この点について、三回行われた賑給のうち、一回で一九日間かかっているのが問題とされている。宮原氏によると、「一九日におよぶ賑給のための巡行は、高城郡と隼人一一郡全体を巡ったものであると考えてよいだろう」としている（宮原前掲註（7）論文）。だが先述したように、この記載は高城郡のものであるため、このようには考えられない。また、この巡行には医師が派遣されている。おそらく、この賑給は疫病に対するものであろう。したがって、診察が行われていた可能性が高い。このように考えれば、それほど長い日数ではないため、高城郡一郡のものとして考えられる。

(88) 『令義解』戸令鰥寡条、舟尾好正「賑給の実態に関する一考察—律令制下の農民支配の一側面—」（大阪歴史学会編『古代国家の形成と展開』吉川弘文館、一九七六年）、坂本太郎「大宝令養老令異同二題」（同『坂本太郎著作集　第七巻　律令制度』吉川弘文館、一九八九年、初出は一九六八年）。

(89) 『延喜式』太政官式によると、「凡諸国申レ応レ賑二‐給百姓一者、具注二歴名一言上。不レ得三直申二其状一」とある。

(90) 舟尾好正「賑給の実態をめぐる二、三の問題—義倉による賑給の対象を中心に—」（『大手前大学人文科学部論集』六号、二〇〇五年）。

(91) 『続日本紀』宝亀六（七七五）年十一月丁酉（七日）条。

(92) 『類聚三代格』巻八　延暦四年十二月九日付太政官符。

第四章　隼人の「朝貢」

律令国家は、九州南部に住み隼人と呼称した人々に来朝させ、貢ぎ物を差し出させる「朝貢」を行わせた。同様に、列島南北端に居住する「夷狄」と位置づけた蝦夷や南島人に対しても、それを行わせた。これにより、国家に服属する「異民族」がいることを、「王民」に可視的に示し、律令国家の帝国的性格を表現したのである。(1)

このような意義を有すると考えられてきた隼人の「朝貢」は、律令国家を成り立たせるうえで不可欠な儀礼であり、律令国家と「辺境」の関係を語るうえで、第二・三章でふれた版図拡大政策とならび、重要なテーマとされてきた。そのため、これまで井上辰雄氏、(2)中村明蔵氏、(3)今泉隆雄氏(4)らによって、基礎的かつ実証的な研究が行われてきた。また、隼人の存在意義についても、永山修一氏(5)が「隼人は、朝貢の開始とともに登場し、朝貢の終了とともに姿を消す、まさに朝貢と密着した存在なのであり、朝貢するものが隼人と呼ばれた」と指摘しており、「朝貢」は隼人を論じるうえで、ますます重要な論点になっている。(6)

しかしながら、課題もあると思われる。伊藤循氏は、隼人の「朝貢」に、蝦夷・南島人のものとは異なる特徴があると指摘した。そして、この違いも論拠としながら、「飛鳥浄御原令」の成立によって「夷狄」身分が創出された際、隼人は「化内人」とされたとしている。(7)また永山氏も、「朝貢」記事などの検証から、和銅三（七一〇）年～養老元（七一七）年の間に、「実態としての隼人の位置付けに変化が現れる」としている。(8)一方、鈴木拓也氏は、「隼人が蝦夷と異なることは、直ちに夷狄ではないとする根拠にはならない」と指摘し、養老元年以降も『続日本紀』に「朝貢」と記述があるため、やはり隼人はその後も「夷狄」とされていたとしている。(9)

このように近年では、「朝貢」そのものというよりも、これを題材として律令国家における隼人の位置づけが検証され、様々な理解がなされている。しかし、その論拠となっている「朝貢」の違いについては、いつから、どの点が異なるようになり、また、なぜこうした違いが生じたかなど、曖昧にされたまま議論が行われているように思える。したがって、再度隼人の「朝貢」そのものを取りあげ、検討する必要があるのではないだろうか。

そこで本章では、まず、隼人の「朝貢」記事を具体的に検証し、その内容を整理し直す。先掲した先行研究により、すでに明らかにされている部分も多いが、一部に認識が食い違う点も存在し、また、本書をまとめていくうえでも、個別事象を整理するのが必要だと判断したため、改めて行いたい。そのうえで蝦夷・南島人の「朝貢」と比較し、その相違点を明らかにしていく。そして、それが何に起因していたのかを考察することで、隼人の「朝貢」に対する従来の理解を再検討していきたい。(10)

一　和銅・霊亀期以前における隼人・蝦夷・南島人の「朝貢」

1　和銅期以前における隼人の「朝貢」

本節では、和銅期以前における隼人の「朝貢」を、霊亀期以前における蝦夷・南島人の「朝貢」と比較し、検討していきたい。(11)

この期間における隼人の「朝貢」記事を『日本書紀』『続日本紀』から抽出したものが表16である。このうち（3）〜

表16　和銅期以前における隼人の「朝貢」

番号	条	内容	典拠
1 b	斉明天皇元（六五五）年是歳条	（前略）蝦夷・隼人、率レ衆内属。詣レ闕朝献。（後略）	書紀
2 a	天武天皇十一（六八二）年七月甲午条(3)	隼人多来、貢二方物一。是日、大隅隼人与二阿多隼人一、相二撲於朝庭一。大隅隼人勝之。	書紀
b	天武天皇十一年七月戊午条(27)	饗二隼人等於明日香寺之西一、発二種々楽一。仍賜レ禄各有レ差。道俗悉見之（後略）。	書紀
3 a	持統天皇元（六八七）年五月乙酉条(22)	皇太子率二公卿百寮人等一、適二殯宮一而慟哭焉。於是、隼人大隅・阿多魁帥、各領二己衆一互進誄焉。	書紀
b	持統天皇元年七月辛未条(9)	賞二賜隼人大隅・阿多魁帥等三百卅七人一。各有レ差。	書紀
4 a	持統天皇九年五月己未条(13)	饗二隼人大隅一。	書紀
b	持統天皇九年五月丁卯条(21)	観二隼人相撲於西槻下一。	書紀
5 a	和銅二（七〇九）年十月戊申条(26)	薩摩隼人郡司已下一百八十八人入朝。徴二諸国騎兵五百人一、以備二威儀一也。	続紀
b	和銅三年正月壬子朔条	天皇御二大極殿一受レ朝。隼人・蝦夷等、亦在レ列。左将軍正五位上大伴宿禰旅人・副将軍従五位下穂積朝臣老、右将軍正五位下佐伯宿禰石湯・副将軍従五位下小野朝臣馬養等、於二皇城門外朱雀路東西一分頭、陣二列騎兵一、引二隼人・蝦夷等一而進。	続紀
c	和銅三年正月丁卯条(16)	天皇御二重閣門一、賜二宴文武百官并隼人・蝦夷一、奏二諸方楽一。従五位已上賜二衣一襲一。隼人・蝦夷等、亦授レ位賜レ禄各有レ差。	続紀

※　本文中の括弧に囲まれたアラビア数字は、表にある記事番号と対応させている。アルファベットによる枝番号（a・b・c）は、一回の「朝貢」にいくつかの記事がある時に使用する。条文の下に括弧付きで記してあるアラビア数字は、日付を示す。典拠のうち、書紀は『日本書紀』を、続紀は『続日本紀』を示す。以上は、表17～19、21・22も同断。

（5）は、貢ぎ物を献上する記述がないが、史料の性格上、すべての事象が記されるわけではなく、また、他の部分の記載から「朝貢」だと判断できるため採録した。なお、すでにこの整理は、中村明蔵氏と今泉隆雄氏が行っている。[12]しかし、一部理解を異にしているものがあるので、まず、その説明をしたい。

第一に、『日本書紀』斉明天皇元（六五五）年是歳条を対象とした。『日本書紀』には、蝦夷・隼人が併記される形で朝廷に帰順する記事が三つある。しかし今泉氏は、造作の疑いがあり、史料の信憑性に問題があるため、これらを「朝貢」の例としてあげていない。[13]確かに、大化前代にあたる清寧天皇四年八月癸丑（七日）条と欽明天皇元年三月条は、ほぼ同時に蝦夷・隼人が帰順（「内附」「帰附」）を申し出ており、この時期に列島南北端の人々が一緒に来朝したとは考えにくいという見解も理にかなっているように思える。しかし、斉明天皇元年是歳条は、一年の間に両者が集団を率いて「内属」し、朝廷に参上して貢ぎ物を献上したとするもので、決してありえない話ではない。事実、蝦夷はこの年の七月に饗応を受けている。[14]したがって、むしろこの記事は「朝貢」の例としてあげてよいと考えられる。

第二に、次の記事を外した。

史料一『日本書紀』持統天皇三年正月壬戌（九日）条

（前略）筑紫大宰粟田真人朝臣等、献二隼人一百七十四人、并布五十常、牛皮六枚、鹿皮五十枚一。

右の記事には、のちの大宰府にあたる筑紫大宰の粟田朝臣が、隼人一七四名などを「献」じたとある。中村・今泉両氏は、ともにこの条文をあげている。さらに今泉氏は、（2）、史料一、（4）の「朝貢」が（3）は天武天皇崩御による特別な来朝のため除く）、天武天皇十一（六八二）年七月―持統天皇三（六八九）年正月―同九（六九五）年五月で、ほぼ六年間隔となるため、後述する六年ごとに行う定期的で在京勤務をともなう「朝貢」が、天武朝から行われていたと指摘した。しかし、以下の理由からこの見解には賛同できない。

まず、次の史料を理解しにくい点である。

史料二『続日本紀』霊亀二（七一六）年五月辛卯（十六日）条

> （前略）大宰府言、（中略）又薩摩・大隅二国貢隼人、已経二八歳一、道路遥隔、去来不レ便。或父母老疾、或妻子単貧。請、限二六年一相替。並許レ之。（後略）

史料二から、「薩摩・大隅二国貢隼人」（後述するように、和銅二年に上京し、翌年「朝貢」した隼人）の申請により、在京期間（相替する期間）が六年に定められたとわかる。今泉氏は、「「已経二八歳一」とのべるのは、すでに年限に関する何らかの慣例が存したからで、この格はこれまで存した六年一替の慣例を再確認して明文化したもの」としている。しかし、ならばなぜ、霊亀二年までそれが明文化されていなかったのか、そしてどうしてそれが和銅二年に上京した彼らには適用されなかったのか理解できない。また「已経二八歳一」と記述があることについて、それまでに慣例があったと指摘している。だがそれならば、この慣例に依拠して六年交替制を要求すればよさそうであるが、少なくとも史料二から判断する限り、距離が遠いことと近親者への憂慮を論拠としている。当然、すべてが記事に残るわけではないが、「已経二八歳一」は、単にこれまでの滞在期間を述べただけと読み取るべきではないだろうか。したがってこの記事は、「朝貢」した隼人がそのまま都に滞在するケースが今回はじめてで、いつまで在京するのか決まっていなかったので、こうした要求が行われたのだと理解したい。

また、この条文の異質性も気になる。今泉氏は、史料二の「貢隼人」や、後掲する『類聚国史』巻一九〇　延暦二十年六月壬寅（十二日）条（史料四）の「進隼人」を、史料一の「献隼人」と同じ意味の表記だとしている。これも次節で述べるが、隼人の「朝貢」は、和銅三年～養老元年の間に、名目上、大宰府が隼人を貢進する形式をとるようになったと推測される。しかし、表16とのちに掲げる表19をみればわかるが、実際に隼人が「朝貢」する場面の記事に、隼人を「献」ずると表記するのは例がない。したがって、史料一はあくまで隼人を貢進した記事であり、隼人が行った「朝貢」とはわけて考えるべきだと思われる。

さらに、今泉氏は（1b）を「朝貢」にカウントしていないが、先述したようにこれは「朝貢」とみなせる。つまり隼人は天武朝以前から「朝貢」を行っていたのであり、氏の見解に沿うならば、なぜ天武天皇十一年から隼人が六年交替制・在京勤務制をともなう「朝貢」をするようになったのか考えねばならない。これらの理由から、持統天皇三年正月壬戌条は「朝貢」とわけるべきだと考える。

なお、（3a）は、中村・今泉両氏もあげているが、これは天武天皇の薨去[15]にともなって執り行われた殯宮での誄である。誄とは、故人をしのび、幽魂を慰撫するために述べる言葉で、殯宮における主要な儀礼の一つである[16]。つまり、むしろ葬送儀礼とみなすべきで、厳密にいえば「朝貢」ではない。ただし蝦夷の事例をみると、「調賦」を「負荷」して誄をしているので[17]、この時にも貢ぎ物を献上した可能性がある。したがって、来朝しものを貢上するという意味では「朝貢」とも捉えられると判断し、ここでは従来の理解通り取りあげた。ただし、今泉氏は次の史料もあげている。しかし、これは「朝貢」に含めないほうがよいと思われる。

史料三『日本書紀』朱鳥元（六八六）年九月丙寅（二十九日）条

（前略）是日、直広肆阿倍久努朝臣麻呂、誄㆓刑官事㆒。次直広肆紀朝臣弓張、誄㆓民官事㆒。次直広肆穂積朝臣蟲麻呂、誄㆓諸国司事㆒。次大隅・阿多隼人、及倭・河内馬飼部造、各誄之。

注目したいのは、天武天皇が薨去した直後の史料三と、それからおよそ八ヶ月後の（3a）で、大隅・阿多隼人が二度誄を行った点である。しかし、天武天皇が薨去してからの日数や、史料三で隼人と同時に倭・河内馬飼部造といった畿内出身の中小豪族が誄を行ったことを勘案すると、これらの記事にある隼人は、中村氏が指摘したように、前者が畿内に住む隼人、後者が九州南部から上京した隼人だと考えられる。つまり、史料三の隼人は、倭・河内馬飼部造らと同じ立場で誄をしたのであり、「朝貢」とみなすべきではない。したがって、史料三は表16から外した。

かかる理解が妥当であるならば、和銅期以前の隼人の「朝貢」記事は、五例一〇記事があげられる。そこで、これらを検証し、隼人がどのように「朝貢」したか確認したい。なお隼人、さらには後述する蝦夷・南島人の「朝貢」は、すでに今泉氏が指摘したように、『大宝令』の施行を契機として、いずれも個別に行われていたものが、朝廷全体の行事である朝賀・節宴のなかに組み込まれ、また行事の場も変化する。したがって、その前後でわけてみていきたい。

まず、『大宝令』施行前の隼人の「朝貢」にかかわる、四例七記事を確認したい。この頃「朝貢」してきた隼人は大隅隼人・阿多隼人と呼ばれており、（1b～3）によれば、大勢で来朝した。（3a）には「魁帥」とあるため、九州南部の豪族が彼らを率いていたと読み取れる。また、史料による限り、五月と七月に「朝貢」した。事例が少なく、そのうえ（3）が例外的であるためよくわからないが、上京する期日は決められていなかったのではないだろうか。「朝貢」するきっかけとしては、少なくとも（3）の時には、誄を行う必要があったので、朝廷側から働きかけがあったと推測される。

こうして上京してきた隼人は、天皇に対して「方物」などと呼ばれる貢ぎ物を献上した（1b、2a）。これに対して朝廷は、日を改めて飛鳥寺の西方（「明日香寺之西」「西槻下」）で饗宴をたまい、「種々楽」の奏上があり、禄を与えた（2b、4a）。

なお、この饗応と前後して、「朝庭」「西槻下」で隼人は「相撲」をとった（2a、4b）。これについては、なぜ隼人に行わせたのかよくわかっていない。ただし、『日本書紀』神代下第一〇段一書（第四）には次のような神話がある。すなわち、隼人の祖は天皇の祖に対し、子孫代々「垣辺」を離れず「俳優民」になると誓って服属し、その後ふんどしを着け身を汚し、足をあげて踏みしめるなど、服属を誓うまでの様子をまねる姿が記されている。そして、そのような動作は、「自レ爾及レ今、曾無二廃絶一」とあるように、少なくとも『日本書紀』編纂時まで伝わっていた。一般的に、この神話は、隼人の風俗歌舞を示すとされている。また、このふんどしをつけ、足をあげ踏みしめる行為と、（2a、4b）にみられる「相撲」に共通性があるともいわれている。これらの点から考えると、ここでの「相撲」は、隼人の風俗歌舞とかかわりがあるのではなかろうか。推測の域を脱しないが、指摘しておきたい。

そして、これらの儀式を終えた隼人は、その後どうしたのか記されていないが、後述するように、そのまま帰郷したと考えられる。

次に、『大宝令』施行後の隼人の「朝貢」記事を検証していきたい。この頃の「朝貢」は、和銅二年〜三年にわたって行われたものだけである（5、以後、和銅三年の「朝貢」と呼ぶ）。

この時には、薩摩隼人の郡司が一八八名を率いて入朝し、「諸国騎兵五百人」によって迎接された（5a）。この記事には「薩摩隼人」としか記述がないが、先掲した史料三に「薩摩・大隅二国貢隼人」とあり、数え年で計算すると八年前が和銅二年にあたるため、実際には大隅隼人も上京していた。ただし、大隅国は和銅六年に日向国から分立する形で成立する(18)。そのため、この大隅隼人は当時、日向国の領域に住む隼人であったと推測される。

また、『大宝令』施行前と比べると、率いる主体が郡司にかわっているが、実態としては（3a）の「魁帥」と同様、九州南部の豪族である。「朝貢」した人数は、（3b）と比べれば少ないが、やはり大人数で来朝している。一方「朝貢」する隼人は、表16・19からわかるように、これ以降、少なくとも史料上の表記が大隅・阿多隼人から大隅・薩摩隼人に変化した。また、入朝の期日については、「朝貢」の儀礼を元日に行うことが上京する以前に決まっており、おそらくそれに間にあうようにしていたのだと思われる。

かくして入朝した隼人は、二ヶ月ほど待機させられ、元日に天皇が大極殿に御す前で行われた朝賀の儀に蝦夷とともに参列した。そして（5b）にあるように、そのなかで彼らは、皇城門の外の朱雀大路で、左将軍大伴旅人らによって騎兵とともに率いられ、大極殿の方へ進んだ。

その後十六日には、重閣門（大極殿あるいは朝堂院の南門）に天皇が御し、踏歌節会が催され、隼人は蝦夷とともに参加した。そして、饗宴がたまわれて、諸方楽の奏上があり、その後位と禄が与えられた（5c）。

2　霊亀期以前における蝦夷・南島人の「朝貢」

続いて、霊亀期以前における蝦夷・南島人の「朝貢」記事を検討したい。この期間における蝦夷・南島人の「朝貢」記事を『日本書紀』『続日本紀』から抽出したものが表17・18である。なお、すでにこの整理も、中村氏と今泉氏が行っている[19]。このうち今泉氏は、粛慎の記事も取りあげているが、彼らは蝦夷とは異なる種族とされているので[20]、ここではあえて省いた。また、表17のなかには、例えば（9、10）など、蝦夷が饗応を受けたことしか記しておらず、本当に「朝貢」に関するものなのか不明な記事も存在するが、ここでは先学の理解に準じた。なお、（12）は（3）と同様、天武天皇の薨去にともない、蝦夷が誄をしたのに対する饗応なので、例外的な事例である[21]。

ここでも先に、『大宝令』施行前の「朝貢」記事を確認したい。「朝貢」記事は、表16～18に掲載したように蝦夷が一七例二一記事、南島人が五例七記事ある。

まず蝦夷を取りあげてみると、隼人、さらには後述する南島人と比べて、天武朝以前の「朝貢」記事が多く、またその内容も具体的である。この時「朝貢」した蝦夷は、越蝦夷（北蝦夷、越後蝦狄、越後国蝦狄、越後蝦夷）（1a、8、13、14、16、17、19）、陸奥蝦夷（東蝦夷、陸奥国蝦夷）（1a、8、11、15、18）が主で、他にも、柵養蝦夷（1

表17 霊亀期以前における蝦夷の「朝貢」

番号	条	内容	典拠
6	大化二（六四六）年正月是月条	天皇御二子代離宮一。（中略）蝦夷親附。（後略）	書紀
1a	斉明天皇元（六五五）年七月己卯条(11)	於二難波朝一、饗二北《北、越。》蝦夷九十九人、東《東、陸奥。》蝦夷九十五人一。并設二百済調使一百五十人一。仍授二柵養蝦夷九人・津苅蝦夷六人、冠各二階一。	書紀
7	斉明天皇四年七月甲申条(4)	蝦夷二百余、詣レ闕朝献。饗賜贍給、有レ加二於常一。仍授二柵養蝦夷二人位一階一。渟代郡大領沙尼具那小乙下、《或所、云下授二位二階一、使上レ検二戸口一。》少領宇婆佐建武、勇建者二人位一階。別賜二沙尼具那等、鮹旗廿頭・鼓二面・弓矢二具・鎧二領一。授二津軽郡大領馬武大乙上、少領青蒜小乙下、勇健者二人位一階一。別賜二馬武等、鮹旗廿頭・鼓二面・弓矢二具・鎧二領一。授二都岐沙羅柵造《闕レ名。》位二階一。判官位一階。授二渟足柵造大伴君稲積小乙下一。又詔二渟代郡大領沙尼具那一、検三覈蝦夷戸口、与二虜戸口一。	書紀
8	斉明天皇五年三月甲午条(17)	甘檮丘東之川上、造二須弥山一、而饗三陸奥与二越蝦夷一。《檮、此云二柯之一。川上、此云二箇播羅一。》	書紀
9	天智天皇七（六六八）年七月条	（前略）又饗二蝦夷一。（後略）	書紀
10	天智天皇十年八月壬午条(18)	饗二-賜蝦夷一。	書紀
11	天武天皇十一（六八二）年三月乙未条(2)	陸奥国蝦夷廿二人、賜二爵位一。	書紀
12	持統天皇二（六八八）年十二月丙申条(12)	饗二蝦夷男女二百一十三人於飛鳥寺西槻下一。仍授二冠位一、賜レ物各有レ差。	書紀
13	持統天皇三年七月甲戌条(23)	賜二越蝦夷八釣魚等一。各有レ差。《魚、此云レ儺。》	書紀
14	持統天皇十年三月甲寅条(12)	賜下越度嶋蝦夷伊奈理武志、与二粛慎志良守叡草一、錦袍袴・緋紺絁・斧等上。	書紀
15	文武天皇元（六九七）年十月壬午条(19)	陸奥蝦夷貢二方物一。	続紀
16	文武天皇元年十二月庚辰条(18)	賜二越後蝦狄物一、各有レ差。	続紀
17	文武天皇二年六月壬寅条(14)	越後国蝦狄献二方物一。	続紀
18	文武天皇二年十月己酉条(22)	陸奥蝦夷献二方物一。	続紀

19	文武天皇三年四月己酉条(25)	越後蝦夷一百六人賜レ爵有レ差。	続紀
20 b	霊亀元（七一五）年正月甲申朔条	天皇御二大極殿一受レ朝。皇太子始加二礼服一拝朝。陸奥・出羽蝦夷并南嶋奄美・夜久・度感・信覚・球美等、来朝各貢二方物一。其儀、朱雀門左右、陣二列皷吹・騎兵一。元会之日、用二鉦鼓一、自レ是始矣。（後略）	続紀
c	霊亀元年正月戊戌条(15)	蝦夷及南嶋七十七人、授レ位有レ差。	続紀

※　表16に既出の1b、5a～cは省略。

a、7）、津苅蝦夷、（1a）が来朝した。また具体的な人名もあり、渟代郡大領沙尼具那、少領宇婆佐建武、津軽郡大領馬武、少領青蒜、都岐沙羅柵造、渟足柵造大伴君稲積（以上7）、越蝦夷八釣魚（13）、越度嶋蝦夷伊奈理武志（14）などが「朝貢」した。いずれも東北以北の豪族だと推定される。人数に関しては、（11）では二二人とあるが、これは位を授かった者だけを指す可能性がある。その他の記載をみると、おおむね一〇〇～二〇〇名前後であるため（1a、7、12、19）、おそらくこの程度の集団で「朝貢」があったと推測される。また、上京した時期は不揃いなので、決まっていなかったのであろう。

蝦夷の場合、大化二年～文武天皇三年まで記事があり、期間が長いため一概にはいいきれないが、入朝した蝦夷は、「方物」などと呼ばれる貢ぎ物を献上した（1b、7、15、17、18）。対して朝廷は、彼らを饗応し（1a、7～10、12）、位（1a、7、11、12、19）、物（7、12～14、16）などを与えた。なお、ここで支給した物は、鮹旗・鼓・弓矢・鎧（7）といった武具、錦で作った上着と袴、緋紺の絁、斧（14）などがあった。

これらの儀式が行われた場所は、七世紀半ばまでは子代離宮（6）、難波朝（1a）とあるが、斉明天皇五年以降は、「甘檮丘東之川上」（8）、「飛鳥寺西槻下」（12）であった。なお、この（8）・（12）の場所は、どちらも同じ付近を指

表18　霊亀期以前における南島人の「朝貢」

番号	条	内容	典拠
21	天武天皇六（六七七）年二月是月条	饗二多禰嶋人等於飛鳥寺西槻下一。	書紀
22	天武天皇十年九月庚戌条(14)	饗二多禰嶋人等于飛鳥寺西河辺一。奏二種々楽一。	書紀
23	天武天皇十一年七月丙辰条(25)	多禰人・掖玖人・阿麻弥人賜レ禄。各有レ差。	書紀
24	文武天皇三（六九九）年七月辛未条(19)	多褹・夜久・菴美・度感等人、従二朝宰一而来貢二方物一。授レ位賜レ物各有レ差。其度感嶋通二中国一、於レ是始矣。	続紀
20 a	和銅七（七一四）年十二月戊午条(5)	少初位下太朝臣遠建治等、率二南嶋奄美・信覚及球美等嶋人五十二人一、至レ自二南嶋一。	続紀

※　表17に既出の20b・cは省略。

している。[22]

次に南島人をみてみると、この時期には、多禰（嶋）人（21〜24）、掖玖人（夜久）人（23、24）、阿麻弥（菴美）人（23、24）・度感人（24）が上京した。記述がさほど具体的ではないため、人数などはわからない。来朝する時期は、ばらつきがあるため定められていなかったと推測される。ただし南島人の場合、（22、24）のように、使者の派遣・帰還直後に「朝貢」記事があるので、[23]彼らが南島人にそれを促した可能性がある。

そして南島人は、「方物」を献上し（24）、それに対して、饗応を受け（21、22）、位や禄、物などが与えられ（23、24）、楽の奏上が行われた（22）。また、これらが行われた場所は、「飛鳥寺西槻下」（21）「飛鳥寺西河辺」（22）であり、どちらも同じ付近を指すと考えられる。

次に、『大宝令』施行後の蝦夷・南島人の「朝貢」記事をまとめてみていきたい。「朝貢」記事は、表16〜18にあげたように蝦夷が二例四記事、南島人が一例三記事ある。なお、和銅三年の「朝貢」については、すでに前項で述べたため、説明を省く。

蝦夷と南島人は、和銅七年～霊亀元年にかけて「朝貢」を行った（以後、霊亀元年の「朝貢」と呼ぶ）。（20ａ）にあるように、南島からは前年十二月に、奄美・信覚・球美島の人々計五二名が、太遠建治に率いられて来朝した。なお、記載がないが、（20ｂ）には夜久人の記載もあるため、彼らも含まれていたと思われる。施行前と比べると、信覚・球美人といったそれまで記事になかった人々がみられる反面、多禰島人の記述がない点が注目される。

一方蝦夷は、陸奥・出羽蝦夷が来朝した（20ｂ）。施行以前は陸奥蝦夷と越蝦夷が主に「朝貢」していたが、後掲する表21からわかるように、これ以降、基本的には陸奥・出羽蝦夷が併記されるようになる。なお、彼らが入朝する記述は、和銅三年の時も同様だが存在しない。しかし彼らも南島人と同じく、元日に間にあうよう準備し、上京したと推測される。

その後、南島人は一ヶ月ほど待たされたあと、霊亀元年の元日に、蝦夷とともに大極殿における朝賀の儀式に参列した。そして彼らは、大極殿に御した天皇に対して「方物」を貢上し（20ｂ）、十五日に位が授けられた（20ｃ）。

以上、和銅・霊亀期以前の隼人・蝦夷・南島人の「朝貢」記事を確認してきた。これらを踏まえたうえで、三者の「朝貢」を比べてみたい。

まず、『大宝令』施行前の「朝貢」を比較する。隼人の「朝貢」を中心に比べてみると、相違点として、①授位がない点、②「相撲」がある点があげられる。しかし、①については、（13、14、16、23）のように、蝦夷・南島人の時にも、物を与えただけで授位の記述がない場合がある。史料の性格として、起こった内容すべてが記載されるわけではないので、実際には隼人にも与えられていたのではないだろうか。一方②は、隼人だけの特徴である可能性が高い。

「相撲」をとった理由が、先述した理解でよいならば、この違いは、隼人が天皇への忠誠を誓った伝承があったこと、ひいては、第一章で論じた奉仕を行っていたことに起因するといえる。

ただ、「相撲」が行われていたからといって、三者の「朝貢」の形態が異なるものだったとはいいがたい。むしろ全体的にみれば、三者の「朝貢」は、同じ形態であったと考えられる。その傾向は、とくに天武朝以降に顕著である。

第一に、「方物」の貢上である（2a、15、17、18、24）。三者の貢ぎ物はいずれも「方物」と称されることがあった。なお六国史の記事によれば、他にも新羅人・耽羅人・渤海人のように、いわゆる「化外民」が「方物」を献上していた。

第二に、儀式の場である（2b、4b、8、12、21、22）。少なくとも天武・持統朝には、飛鳥寺の西方で、それぞれの集団が個別に儀式が催される場合があった。この場所で他に饗応を受けたのは、やはり「化外民」とされる都貨邏人と粛慎だけであった。(24)

第三に、奏楽である（2b、22）。これを行った主体、すなわち朝廷側が準備したものか、あるいは隼人・南島人が奏上したのか、この点はすでに先学でも検討されている。(25)しかし条文があまりにも短いため、よくわからないといわざるを得ない。ただし少なくとも、「朝貢」の儀式次第が同じであったことは読み取れる。

第四に、禄の支給である（2b、23）。隼人と南島人に与えられたのは間違いないが、一見蝦夷にはなかったようにみえる。しかし、官人の場合、禄として絁が支給される場合があるので、(26)それを含んでいる（14）、あるいは（7）などは、実際には禄としてたまわれていた可能性が高い。

第五に、入朝してからの全体的な流れである。隼人の場合だけ「相撲」があるが、基本的には、入朝↓「方物」の貢上↓楽の奏上↓授位・賜禄物と同じである。一般的に、「朝貢」を行ったあと、そのまま数年間滞在することはない。

また、少なくともこの時期の蝦夷・南島人が、畿内に居住していたことを示す記録もない。したがって、位や禄などを与えられた三者は、そのまま帰郷していたと考えられる。また、入朝する期日にばらつきがあり、それが定められていなかったと思われる点も共通するといえよう。

これらの理由から、部分的な違いはあったと思われるものの、確認できる限り、天武朝以降は、三者の「朝貢」は同じ形態であったと考えられる。

続いて、『大宝令』施行後の「朝貢」を比べてみたい。和銅三年に「朝貢」した隼人が蝦夷と同じ扱いを受けたのはいうまでもないだろう。問題は、霊亀元年の「朝貢」と同じであったかという点である。相違点として、①「方物」「諸方楽」「賜禄」の記載の有無、②授位などが行われた日程があげられる。しかし①も、史料の性格に起因するもので、実際には行われた可能性がある。また②は、事例が少なすぎるためよくわからないが、同じように位が授けられているため、両「朝貢」を区別する本質的な違いになるとはいえないのではないだろうか。

さらに率いた人物が、隼人の場合は郡司、南島の場合は「少初位下太朝臣遠建治」であった点も気になる（5a、20a）。位階からみて、遠建治が多禰島の郡司であった可能性もなくはないが、姓が「朝臣」である点から推察すると、やはり従来の理解通り(28)、朝廷の使者であった可能性が高い。(27)

他方、共通点もある。第一に、元日朝賀への参加である（5b、20b）。いずれも大極殿に天皇が出御した儀礼へ参加している。

第二に、元日に間にあうよう入朝している点である（5a、20a）。『大宝令』施行前は、上京する期日にばらつきがあったが、両者ともに元日までに入朝するよう求められていたと推測できる。なお、隼人は「諸国騎兵」による迎接を受けたが、これは新羅使が「朝貢」した時にも実施されており(29)、隼人は新羅使と同じように扱われていた。

第三に、元日朝賀とは別日に、授位が行われている点である（5c、20c）。先述したように、期日にこそ違いがあるが、行われた内容はほぼ同じであったと思われる。

第四に、入朝してからの全体的な流れである。相違点であげたように記載がない部分もあるが、正月以前に入朝↓元日朝賀への参加↓「方物」の貢上↓節会への参加↓饗宴↓楽の奏上↓授位・賜禄と復元できる。

以上、和銅・霊亀期以前における隼人・蝦夷・南島人の「朝貢」を比較してきた。すなわち、和銅期以前の隼人の「朝貢」は、霊亀期以前における蝦夷・南島人の「朝貢」と同じ形態であったと考えられる。

二　養老期以降における隼人・蝦夷・南島人の「朝貢」

1　養老期以降における隼人の「朝貢」

本節では、養老期以降における隼人の「朝貢」を、同時期における蝦夷・南島人の「朝貢」と比較し、検討していきたい。まず、養老期以降の隼人の「朝貢」記事を確認したい。次の史料にあるように、九州南部に居住する隼人による「朝貢」は、延暦二十年に停止されるまで行われた。

史料四『類聚国史』巻一九〇　延暦二十年六月壬寅条

　停三大宰府進二隼人一。

「朝貢」記事は、表19にあげたように一二例二二記事ある。なお、天平十五年の「朝貢」については、「朝貢」に含めないとする見方もあるが、永山修一氏の理解に従い、ここでは取りあげることにした[30]。

この頃「朝貢」してきた隼人は大隅隼人・薩摩隼人と呼ばれた。多くは、両者同時であったようだが、別々に入朝した例もある（27ａ、28ａ）。人数は、（26ａ）の六二四名が最多だが、天平七年の事例では二九六名とある（29ａ）。実質的に彼らを率いたのは、（36）にあるように郡司であった。これは、郡司が饗応を受けていることからも推察される（28ｂ）[31]。ただし史料四にあるように、建前としてこの隼人の「朝貢」は、大宰府が隼人を進上するという形式であった。また、（26ｂ）の「酋帥」は九州南部の豪族であると推察される。この段階においては郡司ではないものの、第三章で論じたように、その後律令国家の九州南部支配が徐々に浸透していく過程で、彼らの一族も郡司として取り立てられた可能性がある。入朝する期日は、ばらつきがあるので、とくに決まりがなかったと思われる。

なお先掲した史料二からわかるように、霊亀二年に隼人は六年ごとに「朝貢」することが決まった。表20は、養老期以降における隼人の「朝貢」の間隔（叙位の期日を基準）を調べたものである。

この表から、間隔が大きくあいているD、F、Jを除くと、最短で五年一〇ヶ月、最長で六年一一ヶ月と若干のずれがあるものの、基本的には六年交替という規定が遵守されていたとわかる。なおDは、この間に遷都があり、儀式を行う場が未整備であったため、交替が遅れたのだと考えられる[32]。またFで間隔が大きい理由はよくわからない。どちらにしろ、六年以上あいたのは間違いないが、先学の理解通り、『続日本紀』の残存状況の制約によってもれがあったものだと考えたい[33]。Jについては、『類聚国史』巻一九〇　延暦十一年八月壬寅（二十日）条に「制、頃年隼人之調、或輸或不レ輸。於二政事一、甚渉二不平一。自レ今以後、宜レ令二偏輸一」と、隼人の「調」が輸されていないことを叱責する記事があるため、少なくとも六年以上「朝貢」がなかったのは確実であろう。

こうして入朝した隼人は、天皇に対して「調物」（「御調」）を貢上した（27ａ、28ａ、29ａ、31ａ）。その後、基本的には日を改めて、「風俗歌舞（儛）」（「方楽」「土風歌儛」「俗伎」）（25、26ｂ、27ｂ、29ｂ、31、33、34ａ）を奏上した。そして朝廷側は、饗宴の席を設け、位や禄、物などを与えた（25、26ｂ、27ｃ、28ｂ、29ｃ、30、31ｂ、32、

表19 養老期以降における隼人の「朝貢」

番号	条	内容	典拠
25	養老元（七一七）年四月甲午条(25)	天皇御二西朝一。大隅・薩摩二国隼人等、奏二風俗歌儛一。授レ位賜レ禄各有レ差。	続紀
26 a	養老七年五月辛巳条(17)	大隅・薩摩二国隼人等六百廿四人朝貢。	続紀
b	養老七年五月甲申条(20)	賜二饗於隼人一。各奏二其風俗歌舞一。酋師卅四人、叙レ位賜レ禄、人有レ差。	続紀
c	養老七年六月庚子条(7)	隼人帰レ郷。	続紀
27 a	天平元（七二九）年六月庚辰条(21)	薩摩隼人等貢二調物一。	続紀
b	天平元年六月癸未条(24)	天皇御二大極殿閤門一。隼人等奏二風俗歌舞一。	続紀
c	天平元年六月甲申条(25)	隼人等授レ位賜レ禄各有レ差。	続紀
28 a	天平元年七月己酉条(20)	大隅隼人等貢二調物一。	続紀
b	天平元年七月辛亥条(22)	大隅隼人姶孋郡少領外従七位下勲七等加志君和多利、外従七位上佐須岐君夜麻等久々売並授二外従五位下一。自余叙レ位賜レ禄亦各有レ差。	続紀
29 a	天平七年七月己卯条(26)	大隅・薩摩二国隼人二百九十六人入朝。貢二調物一。	続紀
b	天平七年八月辛卯条(8)	天皇御二大極殿一。大隅・薩摩二国隼人等、奏二方楽一。	続紀
c	天平七年八月壬辰条(9)	賜二二国隼人三百八十二人爵并禄一、各有レ差。	続紀
30	天平十五年七月庚子条(3)	天皇御二石原宮一、賜二饗於隼人等一。授二正五位上佐伯宿禰清麻呂従四位下、外従五位下曾乃君多利志佐外正五位上、外正六位上前君乎佐外従五位下、外従五位上佐須岐君夜麻等久々売外正五位下一。	続紀
31 a	天平勝宝元（七四九）年八月壬午条(21)	大隅・薩摩両国隼人等貢二御調一、并奏二土風歌儛一。	続紀
b	天平勝宝元年八月癸未条(22)	詔、授二外正五位上曾乃君多利志佐従五位下、外従五位下前君乎佐外従五位上、外正六位上曾県主岐直志日羽志・加祢保佐並外従五位下一。	続紀
32	天平宝字八（七六四）年正月丙辰条(18)	大隅・薩摩等隼人相替。授二外従五位上前公乎佐外正五位下、外正六位上薩摩公鷹白・薩摩公宇志並外従五位下一。	続紀

33	神護景雲三（七六九）年十一月庚寅条(26)	天皇臨レ軒。大隅・薩摩隼人奏二俗伎一。外従五位下薩摩公鷹白・加志公嶋麻呂並授二外従五位上一。正六位上甑隼人麻比古、外正六位上薩摩公久奈都・曾公足麿・大住直倭、上正六位上大住忌寸三行並外従五位下。自余隼人等賜レ物有レ差。（後略）	続紀
34 a	宝亀七（七七六）年二月丙寅条(8)	御二南門一。大隅・薩摩隼人奏二俗伎一。	続紀
b	宝亀七年二月戊辰条(10)	外従五位下大住忌寸三行・大住直倭並授二外従五位上一。外正六位上薩摩公豊継外従五位下。自余八人各有レ差。	続紀
35	延暦二（七八三）年正月乙巳条(28)	饗二大隅・薩摩隼人等於朝堂一。其儀如レ常。天皇御二閤門一而臨観。詔、進レ階賜レ物各有レ差。	続紀
36	延暦十二年二月己未条(10)	大隅国曾於郡大領外正六位上曾乃君牛養、授二外従五位下一。以下率二隼人一入レ朝上也。	類国

※　典拠のうち、類国は『類聚国史』を示す。

33、34b、35、36）。場所については、天皇が出御した所を「西朝」（25）、「大極殿」「閤門」（27b、29b、35）、「石原宮」（30）、「軒」（33）と、隼人を饗応した所を「朝堂」（35）と記載がある。このうち、「石原宮」は恭仁宮の離宮であり、当時一時的に遷都があったための特別な措置である。奈良時代の大極殿・朝堂は、南北に接する形で存在するため、（30）以外の記事は、いずれも大極殿の南門に天皇が出御し、朝堂で北面する隼人が風俗歌舞を奏上し、位禄などを授かったことを示すと考えられる。

このような儀式が終わると、九州南部から上京してきた隼人は、その後六年間在京することになっていた。なお、在京した隼人は、第六章で述べるように、『延喜式』隼人司式などに規定がある奉仕に従事していたと考えられる。こうして、六年間都に滞在した隼人は、新しく九州南部から上京してきた隼人と交替して帰郷した（26c）。

表20　隼人の「朝貢」の間隔

No.	和暦	西暦	月	間隔	備考
	養老元年	717	4		
A				6年1ヶ月	養老3・6年に閏月
	養老7年	723	5		
B				6年1ヶ月	神亀2・4年に閏月
	天平元年	729	6・7		
C				6年1ヶ月	天平2・5年に閏月
	天平7年	735	8		
D				7年11ヶ月	天平7・10・13年に閏月
	天平15年	743	7		
E				6年1ヶ月	天平16・18年、天平感宝元年に閏月
	天平勝宝元年	749	8		
F				14年5ヶ月	天平宝字元・4・6年に閏月
	天平宝字8年	764	1		
G				5年10ヶ月	天平神護元年、神護景雲2年に閏月
	神護景雲3年	769	11		
H				6年3ヶ月	宝亀2・4年に閏月
	宝亀7年	776	2		
I				6年11ヶ月	宝亀7・10年、延暦元年に閏月
	延暦2年	783	1		
J				10年1ヶ月	延暦3・6・9・11年に閏月
	延暦12年	793	2		

以上、養老期以降の隼人の「朝貢」を確認してきた。ここで、和銅三年の「朝貢」と比べてみたい。まず共通点をみていくと、①大隅・薩摩隼人の併記、②郡司の引率、③大人数の隼人による「朝貢」、④「朝貢」の儀礼が行われた場所、⑤貢ぎ物の献上、⑥奏楽、⑦位禄などの授与があげられる。なお⑤については、「方物」から「調物」「御調」に表記が変化したようにみえる。しかし、例えば『続日本紀』では新羅使が貢上したものを、「調」[34]「方物」[35]どちらとも記載しているため言い換え可能な言葉だとみなせる。[36]また⑥は、先述したように和銅三年にそれを行った主体を明言できないが、少なくとも儀礼のなかで楽の奏上があったこと自体は間違いない。[37]

加えて「調物」の貢上した主体に着目すると、先ほど述べたように新羅人も献上していた。[38]和銅期以前にも、隼人は「方物」の貢上、飛鳥寺西方での饗応など、いわゆる「化外民」と同様の服属儀礼を行うことが求められ、同じ扱いを受けていたが、この点も共通する。

このように理解すると、郡司によって率いられた大勢の大隅・薩摩隼人が来朝し、朝堂で貢ぎ物を献上、饗応を受け、位禄を授かる、以上の隼人の「朝貢」を構成する一連の流れと、「化外民」と同じことを行うという点には変化がないとわかる。

しかし他方で、養老期以降の「朝貢」は、和銅三年のものと明確に異なる部分がある。第一に、長期間の在京をともなう、六年に一度の定期的な「朝貢」になった点である。前節でも論じたが、まして七世紀代には、史料一のように隼人が貢進され在京することはあっても、「朝貢」した隼人がそのままとどまり、ましてやそれが定期的に行われていたとは理解できない。繰り返しになるが、史料二を素直に解釈する限り、「朝貢」を終えた隼人が、集団でそのまま在京するようになったのは、和銅三年に「朝貢」した彼らがはじめてであったと考えられる。そしてこの時点ではまだ、何年間滞在させるか決まっておらず、そのため、在京していた隼人は霊亀二年に六年交替制を申請したのだろう。したがって、和銅三年に「朝貢」した隼人がそのまま在京を命じられたのは、都における隼人の扱いについて大きな転換があったとみなせる。すなわち、それまでは、不定期で蝦夷・南島人と同じように「朝貢」する隼人と、筑紫大宰（大宰府）によって貢進される隼人はわけられており、前者は蝦夷・南島人と同様、そのまま帰郷していたのに対し、後者は在京し、おそらく奉仕に従事していたと推測される。つまり、この転換は、隼人の「朝貢」と大宰府による隼人の貢進が一体化したともいえよう。

続いて二点目は、正月儀礼において「朝貢」しなくなった点である。これについては、蝦夷・南島人が参加した霊亀元年の「朝貢」記事（20）に、隼人の記述がないことに注目する必要がある。先述したように、和銅三年に「朝貢」した隼人は、この時在京していた。「夷狄」を参加させることで正月儀礼を荘厳化するのであれば、隼人を蝦夷・南島人とともに朝賀に参列させてもよさそうである。しかし、その記載がないということは、正月儀礼のなかで、騎兵によって領導され、饗応を受ける蝦夷・南島人と、隼人を区別していたからではないだろうか(39)。

このように、和銅三年の「朝貢」が終わったあとから養老元年の間に、隼人の「朝貢」は、六年に一度、定期的に、長期間の在京をともなう、正月儀礼に参加しない形態に変化したといえる。

表21 養老期以降における蝦夷の「朝貢」

番号	条	内容	典拠
37	養老二（七一八）年八月乙亥条(14)	出羽并渡嶋蝦夷八十七人来、貢二馬千疋一。則授二位禄一。	扶桑
38 a	神護景雲三（七六九）年正月辛未条(2)	御二大極殿一受レ朝。文武百官及陸奥蝦夷、各依レ儀拝賀。（後略）	続紀
b	神護景雲三年正月丙子条(7)	御二法王宮一、宴二於五位已上一。道鏡、与二五位已上摺衣人一領、蝦夷緋袍人一領一。賜二左右大臣綿各一千屯一。大納言已下亦有レ差。	続紀
c	神護景雲三年正月丙戌条(17)	御二東院一、賜二宴於侍臣一。饗二文武百官主典已上、陸奥蝦夷於朝堂一。賜二蝦夷爵及物一、各有レ差。	続紀
39 a	宝亀三（七七二）年正月壬午朔条	天皇、御二大極殿一受レ朝。文武百官、渤海蕃客、陸奥・出羽蝦夷、各依レ儀拝賀。宴二次侍従已上於内裏一。賜レ物有レ差。	続紀
b	宝亀三年正月丁酉条(16)	（前略）陸奥・出羽蝦夷帰レ郷。賜二爵及物一有レ差。	続紀
40 a	宝亀四年正月丁丑朔条	御二大極殿一受レ朝。文武百官及陸奥・出羽夷俘、各依レ儀拝賀。宴二五位已上於内裏一賜レ被。（後略）	続紀
b	宝亀四年正月庚辰条(14)	陸奥・出羽蝦夷・俘囚帰レ郷。叙レ位、賜レ禄有レ差。	続紀
41 a	宝亀五年正月丙辰条(16)	宴二五位已上於楊梅宮一、饗二出羽蝦夷・俘囚於朝堂一。叙レ位、賜レ禄有レ差。	続紀
b	宝亀五年正月十六日	節会事。称之女踏歌。（中略）宝亀五年正月十六日、天皇御二楊梅院安殿豊楽一。五位已上参入。儛訖賜二摺衣并饗一。喚二蝦夷于御所一。賜二位并禄一。即於二閤門外幄一、賜二饗及楽一。訖而女嬬卅人分頭奏二踏歌一。五位已上奏二踏歌一。（後略）	年中

※　典拠のうち、扶桑は『扶桑略記』を、年中は「年中行事抄」第一正月を示す。

2　養老期以降における蝦夷・南島人の「朝貢」

続いて、養老期以降の蝦夷・南島人の「朝貢」をそれぞれ検討していきたい。

まず、蝦夷の「朝貢」記事は、宝亀五年に蝦夷・俘囚の「入朝」が停止されるまで[40]、表21にあげたように五例一〇記事ある。なお（37）は、他と比べて時期が異なり、「渡嶋蝦夷」も入朝しているため、定例的なものではなく特別な「朝貢」と考えられる[41]。

この時期には、主に陸奥蝦夷（38a・c、39、40、「陸奥蝦夷」「陸奥俘囚」）・出羽蝦夷（37、39、40、41a、「出羽蝦夷」「出羽俘囚」）が「朝貢」した。記述がないため、いつ、どれくらいの人数で入朝したかはよくわからない。ただし、元日朝賀の儀礼に間にあうよう、来朝したのは間違いないだろう。

その後元日には、天皇が大極殿に出御して朝賀の儀が催され、上京した蝦夷は参列し、「拝賀」を行った（38a、39a、40a）。霊亀元年の「朝貢」と比べると、「方物」貢上の記載がないが、単に記事に残っていないだけの可能性がある。そして、十六日に開かれた踏歌節会にも蝦夷は参加し、朝堂で饗応を受け（38c、41a）、位（蝦夷爵を含む）や禄、物を授かった（38c、39b、40b、41）。この時、蝦夷が楽を奏上したかについては、はっきりとはわからない。（41b）によれば、「閤門」（朝堂院大極殿の南面の門）の外に設置した天幕で饗応・奏楽があったのち、女孺や五位以上の官人が踏歌を奏したとある。つまり、少なくともこの史料から蝦夷が楽を奏上したとはいえない。しかし、成立年代が下るが『内裏式』上十六日踏歌式によれば、節会に蕃客が参加する場合、雅楽寮の楽官による奏楽があったのち、勅があれば蕃客による奏楽があった。蝦夷を『内裏式』にみられる「蕃客」に含められるかという問題もあるが、もし蝦夷がこの対象であるならば、宝亀五年の際には、単に勅がなかっただけと読み取れなくもない。そのため、この点についてては明言を避けたい。

ところで、（38a・b）はそれぞれ、二日・十七日に比定されているが、これは元日に雨が降って延引したからである。また（40b）は十四日とあり、一見宝亀四年には踏歌節会に参加しなかったようにみえるが、同年正月における『続日本紀』の条文には、竄入があるとされるなど、若干の乱れがあるため、実際には踏歌節会まで京に滞在していた

表22 養老期以降における南島人の「朝貢」

番号	条	内容	典拠
42	養老四（七二〇）年十一月丙辰条(8)	南嶋人二百卅二人授レ位各有レ差。懐二遠人一也。	続紀
43	神亀四（七二七）年十一月乙巳条(8)	南嶋人百卅二人来朝。叙レ位有レ差。	続紀

可能性もある。

こうした儀式への参加を終えた蝦夷は、正月半ばには帰郷した（39ｂ、40ｂ）。なお、（38ｂ）にあるように、神護景雲三年には、七日に開催された白馬節会にも参加し、道鏡から緋色の上衣を、人ごとに一領授かっている。他に記載がないため、これが恒例であったかはよくわからないが、以上のように、養老期以降の蝦夷が、元日朝賀や節会に参加していたのは間違いない。

続いて、養老期以降における南島人の「朝貢」記事は、表22にあげたように二例二記事ある（42・43）。これらによると、一〇〇～二〇〇名前後の南島人が来朝し、位を授かったことがわかる。入朝した時期をみると、どちらも十一月である。表記が短く、またこの時点で叙位が行われ、かつ翌年正月に南島人の記述がないため断言しがたいが、このまま元日まで在京し、朝賀の儀などに参列していた可能性はあろう。隼人・蝦夷と異なり南島人には入朝を停止するような史料は残っていないが、（43）以降、彼らの「朝貢」にかかわる記事はみられなくなる。そのため、神亀期以降については不明である。

以上、養老期以降における隼人・蝦夷・南島人の「朝貢」記事を検証してきた。これらを踏まえたうえで、三者の「朝貢」を比較し、検討していきたい。先述したように、隼人の「朝貢」には、和銅三年～養老元年の間に違いが生じていた。一方で、養老期以降における蝦夷・南島人の「朝貢」には変化があったのだろうか。

まず、長期間の在京をともなう点であるが、一般的に「朝貢」は、短期間在京することがあっても、隼人のように長期間滞在することはない。(39b、40b)の記事で、蝦夷が帰郷していたことが確認されるため、少なくとも蝦夷の「朝貢」は、長期間の在京をともなうものではなかった。

次に、定期性であるが、表21・22をみても、隼人のように六年ごとに定期的に「朝貢」を行っていたとは考えられない。もちろん、記録に残らなかったものもあったと思われるが、隼人のようにそれを指し示す史料がないため、実態としては定期的ではなかったとする方が穏当であろう。

また、正月儀礼への参加については、特別な「朝貢」であった養老二年の「朝貢」(37)を除くと、『大宝令』施行後、蝦夷は一貫して正月儀礼に参加したことがわかる。さらに、和銅三年・霊亀元年の「朝貢」と養老期以降の蝦夷の「朝貢」の流れを比べてみると、若干の相違はあるものの、正月以前に入朝→元日朝賀への参加→節会への参加→饗宴→楽の奏上→授位・賜禄物と基本的には違いがない。このように、『大宝令』施行以後の蝦夷の「朝貢」は、正月儀礼に参加するものとして恒例化していたと考えられる。

以上のように、養老期以降における隼人の「朝貢」は、その形態に大きな変化があった。それに対して、蝦夷・南島人の「朝貢」には同じような変化がない。また、少なくとも蝦夷の「朝貢」は、『大宝令』施行後、一貫して同じ形態であった。そのため、隼人の「朝貢」は、その形態に変化が生じた和銅三年～養老元年の間に、蝦夷・南島人の「朝貢」と異なる形態になったといえるのである。

三　隼人の「朝貢」の変化

前節までに、隼人の「朝貢」は、和銅三年～養老元年の間に、六年に一度定期的に、長期間の在京をともなう正月儀礼に参加しないものに変化したこと、さらに、こうした変更点があったため、それがなかった蝦夷・南島人の「朝貢」と異なる形態になったことを明らかにしてきた。本節ではこのような変化が起こった要因について考えてみたい。

変化の要因を検証する前に、和銅三年～養老元年頃の九州南部の情勢をまとめておきたい(42)。これは、第二・三章で論じたように、この時期の九州南部は、律令国家による支配が浸透していく転換期にあたり、それが隼人の「朝貢」の変化とかかわっている可能性があるためである。

律令国家は文武期を画期として、九州南部における支配を強めていった。そして大宝二年頃に薩摩国が、和銅六年に大隅国が設置され、九州南部全域が令制国によって編成された。また、大宝期には造籍作業に着手し、国司・郡司を任命するなど、律令制度にもとづく支配を開始した。養老期には、大隅・薩摩両国の国府所在郡を中心とした地域で、徴税・徴兵、そしてその前提となる人身把握などが行われはじめた。このように、和銅三年～養老元年には、部分的ではあるものの、律令国家の支配が浸透し、九州南部に居住する人々を把握する体制がすでに形成されはじめていたといえる。それでは、この点を念頭に置いたうえで、隼人の「朝貢」の変化の要因について考えてみたい。

まず、正月儀礼に参加しなくなった理由を考察していく。ここで注目したいのは、蝦夷・南島人が参加した霊亀元年の「朝貢」記事に、多禰島人が記載されていないことである（20 a・b）。表18にあげたように、天武天皇六年以降、南島からは多禰・掖玖・奄美・度感・信覚・球美島に居住する人々が「朝貢」していた。なかでも多禰島人は、文武天皇三年まで、毎回記載がある。ところが、霊亀元年の「朝貢」には多禰島人が登場していない。時期から推測すると、この要因は、大宝二年頃になされたとみられる令制多禰島の成立が関係すると考えられる(43)。つまり、多禰島人とそれ以外の南島人は、国家支配の枠組みの内と外でわけられたのであり、正月儀礼における両者の扱いに違いが生じたとしても不思議ではない。この点を勘案すると、正月儀礼への参列者に隼人の記載がなくなるのも、同じ理由ではないだろうか。すなわち、霊亀元年の段階で九州南部は、多禰島と同様、令制国による編成が完了していたがゆえに、正月儀礼における役割に変化があったと考えられる。

続いて、長期間の在京をともなう六年に一度の定期的な「朝貢」になったことを考えたい。着目したいのは、この変化により、九州南部に居住する隼人を、定期的に都へ補充することを可能にした点である。それではなぜ、こうした変化が生じたのか。それを明らかにする鍵が、隼人が都で行っていた奉仕である。

第一章で論じたように、隼人の奉仕の起源は、五世紀段階にさかのぼると考えられる。その頃には、九州南部の首長層の子弟が倭王権に出仕し、都で特定の「天皇」または「皇子」と個別人格的な従属関係を結び、直接近侍する奉仕を行っていた。しかし、詳細は第六章で論じるが、こうした奉仕は天武・持統朝頃、とくに儀式や行幸といった場面などで、隼人が集団で代々の天皇に対して奉仕を行う形態に組み替えられていった。そして、史料一のように貢進され、畿内に移り住んだ畿内隼人が従事したと考えられる。しかしながら、畿内隼人は定期的に補充されるわけではない。したがって新たに隼人が大宰府によって貢進されない限り、九州南部出身の畿内隼人は漸減していく。また、律令国家としてみれば、集団による奉仕を求めたことにより、その担い手を大人数確保するためのシステムを整備する必要もあった。つまり、隼人の奉仕形態に変化を与えたため、九州南部に居住する隼人を長期間、かつ定期的に都に補充することが求められ、隼人の貢進と「朝貢」を一体化させたと考えられるのである。

ところが、この理解が成り立つならば、都における奉仕が変化した時点、すなわち天武・持統朝の段階で、交替制度を設ければよかったはずである。しかし、おそらくこの頃には、まだこうしたシステムは構築不可能だったのではないだろうか。というのも、養老期以降の定期的かつ、長期間の在京をともなう「朝貢」は、九州南部に居住する人々の大きな負担となる。しかも、「朝貢」してくる人物は、六年間の長期滞在や奉仕に耐えうる人材でなければならず、最初からそのような人物を選抜しておかなければならない。つまり、九州南部の人々の把握がある程度進まなければ、こうした制度を設けることはできないのである。したがって、九州南部で国家支配が徐々に整いはじめた和銅三年〜養老元年に至って、このような定期的かつ、長期間の在京をともなう「朝貢」が可能になり、それが実現されたと考えられるのではないだろうか。

以上、推測を重ねてきたが、隼人の「朝貢」の形態に変化が起こった要因について考察してきた。すなわち、六年に一度、定期的に、長期間の在京をともなう、正月儀礼に参加しないものへと変化した要因は、九州南部における律令国家の支配の展開と都における隼人の奉仕の変容に求められるのである。

本章では、隼人の「朝貢」記事を具体的に検証し、蝦夷・南島人の「朝貢」と比較することで、相違点を明らかにし、そして、その違いが何に起因していたのかを考察してきた。本章で述べてきたことは、以下の四点である。

① 和銅期以前の隼人の「朝貢」は、霊亀期以前における蝦夷・南島人の「朝貢」と同じ形態であった。

② 養老期以降における隼人の「朝貢」は、和銅期以前と比べると、六年に一度定期的に、長期間の在京をともなう正月儀礼に参加しないものになっており、その形態に顕著な変化がみられる。

③ 養老期以降の蝦夷・南島人の「朝貢」には隼人と同じような変化が見出せない。そのため、隼人の「朝貢」は

蝦夷・南島人のものと異なる形態になった。

④　以上のような養老期以降における隼人の「朝貢」の変化の要因は、九州南部における律令国家の支配の展開と都における隼人の奉仕の変容に求められる。

本章冒頭で述べたように、近年、隼人の「朝貢」を題材として、隼人の位置づけについて検証が行われている。確かに注目されているように、隼人の「朝貢」には違いがある。しかし、すでに指摘したように、一貫して隼人は、「化外民」と同じように扱われており、また彼らと同じことを行っていた。つまり、この観点から考える限り、隼人の「朝貢」は変化し、蝦夷・南島人と異なる特徴を有しながらも、国家に服属する「異民族」としての役割も果たしていたと考えるべきだろう。したがって、「朝貢」の違いを論拠として、隼人が蝦夷・南島人と異なる位置づけにされたとまでは断言できないと考えられる。

しかしながら、これらの研究で指摘され、本章でも取りあげてきた、この隼人の「朝貢」の違い、とくに六年間の在京と定期的な交替制は、やはり重要である。従来の研究では、論者にもよるが、隼人が上京し帰郷するまでの一連の行動を指す言葉として、「朝貢」という言葉を用いてきた。これは、彼らの行動のうち、とくに、入朝し貢ぎ物を献上する儀礼を先学が重視してきたことを暗示しているようにも思える。そして、この儀礼を行わせることで、王権への服属を隼人に誓わせ、律令国家が帝国性を示したと、これまで理解されてきたのは最初に述べた通りである。

これについては、本章で取りあげた七世紀後半～八世紀を通じて、隼人が入朝し、ものを献上するという辞書的な意味での「朝貢」を行い、「異民族」としての役割を果たしていたとする点には異論はない。しかし養老期以降の「朝貢」は、これまで述べてきたように、この儀礼だけでなく、六年間の在京勤務が加わるのである。具体的には次章以降で取りあげるが、養老期以降（実際には和銅三年の「朝貢」から）、上京してきた隼人は、入朝し「調物」の貢上を済ませたあと、隼人司に上番し、様々な奉仕に従事し、その六年後ようやく帰郷した。つまり、養老期以降に関しては、上京から帰郷を示す場合、来朝し貢ぎ物を差し出すことを表す「朝貢」という言葉では不十分ではないだろうか。すなわち、当時の隼人からみれば、おそらく、「朝貢」儀礼は六年間の在京生活の一部分であり、それをもって、上京から帰郷までを指し示す言葉として用いるのは相応しくないように思える。したがって筆者は、養老期以降に関して、九州南部の人々が上京し、隼人司に六年間上番して奉仕を行っているのだから、実態としては、「朝貢」儀礼をともなう上番とみなすべきだと考える。

この言葉の問題に関して筆者がこだわるのは、先学が注目してきた「朝貢」儀礼の重要性を認識しつつも、律令国家があえて、この儀礼に付随させて都で奉仕を行わせたことを重視しているからである。この点については、次章以降、この上番を成り立たせたシステムや奉仕を論じてから述べようと思うので、ここで一旦擱筆したい。

註

(1) 石母田正「日本古代における国際意識について―古代貴族の場合―」(同『日本古代国家論』第一部、岩波書店、一九七三年、初出は一九六二年)、同「天皇と『諸蕃』―大宝令制定の意義に関連して―」(同上、初出は一九六三年)、「古代の身分秩序」(同上)。
(2) 井上辰雄「隼人の朝貢」(同『隼人と大和政権』学生社、一九七四年)、同『熊襲と隼人』(教育社、一九七八年)。
(3) 中村明蔵a「隼人の朝貢をめぐる諸問題」(同『隼人の研究』学生社、一九七七年)、同b「天武・持統朝における隼人の朝貢」(同『隼人と律令国家』名著出版、一九九三年)。
(4) 今泉隆雄「蝦夷の朝貢と饗給」(高橋富雄編『東北古代史の研究』吉川弘文館、一九八六年)。
(5) 永山修一「天平十五年の隼人の朝貢をめぐって」(鈴木靖民『日本古代の地域社会と周縁』吉川弘文館、二〇一二年)。

（6）しかし、この永山氏の指摘に関しては、第一章でも論じたが、「朝貢」をしていない畿内・近国に住む畿内隼人が隼人と呼称されていることから賛同できない。
（7）伊藤循a「蝦夷と隼人はどこが違うか」（吉村武彦・吉岡眞之編『争点日本の歴史』三巻、新人物往来社、一九九一年）、同b「古代王権と異民族」（『歴史学研究』六六五号、一九九四年）。伊藤a論文では、隼人の「朝貢」の違いとして、①調物貢進、②風俗歌舞奏上、③上京期間中の勤務があげられている。③は違いとしてみなせるが、後述するように、①②は相違点とはできないと考えられる。
（8）永山修一「隼人の戦いと国郡制」（同『隼人と古代日本』同成社、二〇〇九年）。
（9）鈴木拓也「律令国家と夷狄」（『岩波講座　日本歴史』五巻、岩波書店、二〇一五年）。
（10）「朝貢」には、第八章でも論じるように、上京して行った上京朝貢と、国府・城柵などで行われた地方官衙朝貢の二種類があるが、本章ではとくに、前者について検証する。
（11）隼人の「朝貢」の検討時期のみ和銅期までなのは、霊亀期に隼人が「朝貢」を行ったとする記事がないためである。
（12）中村前掲註（3）b論文、今泉前掲註（4）論文。以下、本節ではとくに断らない限り、二者の見解は、この論文に依拠する。
（13）同様に、永山前掲註（8）論文も、「斉明元年（六五五）までの記事にみえる隼人の内附・帰附・内属記事をそのまま歴史的事実として考えるわけにはいかない」としている。
（14）『日本書紀』斉明天皇元年七月己卯（十一日）条。
（15）『日本書紀』朱鳥元年九月丙午（九日）条。
（16）和田萃「飛鳥・奈良時代の喪葬儀礼」（井上光貞他編『東アジア世界における日本史古代講座　第九巻　東アジアにおける儀礼と国家』学生社、一九八二年）。
（17）『日本書紀』持統天皇二年十一月己未（五日）条。
（18）『続日本紀』和銅六年四月乙未（三日）条。

(19) 中村前掲註(3)b論文、今泉前掲註(4)論文。
(20) 熊谷公男氏によれば、粛慎は「蝦夷と異なる種族」であり、七世紀頃、「オホーツク海沿岸を中心に大陸の沿海州系統の文化が広がり、独自の文化圏を形成する」とされている(『蝦夷の地と古代国家』山川出版社、二〇〇四年)。
(21) 『日本書紀』持統天皇二年十一月己未条。
(22) 今泉前掲註(4)論文。
(23) 『日本書紀』天武天皇十年八月丙戌(二十日)条、『続日本紀』文武天皇二年四月壬寅(十三日)条。
(24) 『日本古典文学大系　日本書紀』下(岩波書店、一九六五年)、補注二五の三四によると、「今のタイ国、メコン河下流の王国、ドヴァラヴァティであろう」としている。
(25) 大平聡「古代国家と南島」(『沖縄研究ノート』六、宮城学院女子大学キリスト教文化研究所、一九九七年)。
(26) 『養老令』禄令給季禄条。
(27) 九州南部の場合、『続日本紀』『日本後紀』や「天平八年度薩麻国正税帳」で確認できる郡司の姓に朝臣をもつ者はいない。
(28) 山里純一『古代の琉球弧と東アジア』(吉川弘文館、二〇一二年)。
(29) 『続日本紀』慶雲二年十一月己丑(十三日)条によると、「徴発二諸国騎兵一。為レ迎二新羅使一也。以二正五位上紀朝臣古麻呂一為二騎兵大将軍一」とあり、新羅使の迎接のために「諸国騎兵」が徴集されていたことがわかる。また、『続日本紀』和銅七年十一月乙未(十一日)条によると、「新羅国、遣二重阿飡金元静等廿余人一朝貢。差発二畿内七道騎兵合九百九十一。為レ擬二入朝儀衛一也」とあり、新羅使の「入朝儀衛」のために「畿内七道騎兵」が徴集されていたこともわかる。
(30) 永山前掲註(5)論文。
(31) なお、郡司の記載はないが、例えば前君乎佐・薩摩公鷹白・薩摩公宇志らは、「天平八年度薩麻国正税帳」によると、彼らも郡司であった。したがって、表19にみられる人物のなかには、ほかにも郡司が存在すると思われる。
(32) 永山前掲註(5)論文。
(33) 永山前掲註(5)論文。

（34）例えば『続日本紀』慶雲三年正月己卯（四日）条など。
（35）例えば『続日本紀』和銅二年五月乙亥（二十日）条など。
（36）伊藤前掲註（7）論文では、「調」と「方物」の名称について、隼人の「朝貢」の相違点としているが、以上の理由から従えない。
（37）なお、先行研究では、風俗歌舞が奏上されるようになったことも変化の一つとして考えている（永山前掲註（8）論文）。ここで問題となるのが、和銅期以前における隼人の「朝貢」にみられる「楽」である。大平聡氏は、七世紀後半から八世紀初頭にみられる「楽」の主体が朝廷側であったとし、服属儀礼において風俗歌舞を奏上していたのは隼人のみで、蝦夷・南島人は行っていなかったとしている（前掲註（25））。しかし先述したように、この条文は短すぎるため、よくわからないといわざるを得ない。
（38）『続日本紀』文武天皇二年正月甲子（三日）条、慶雲三年正月丁亥（十二日）条、養老三年閏七月癸亥（七日）条など。
（39）ただし、騎兵によって領導され、饗応を受ける存在以外で、隼人が元日朝賀に参列していた可能性はある。『延喜式』隼人司式によると、隼人は元日朝賀の際、応天門の外に陣列し、吠声を行うことが規定されていた。これがいつまでさかのぼるかは、不明であるが、仮に八世紀初頭に成立していたならば、霊亀元年の「朝貢」時隼人は、蝦夷・南島人と異なり、彼らを受け入れる側としての役割を担っていた可能性がある。
（40）『続日本紀』宝亀五年正月庚申（二十日）条。
（41）今泉前掲註（4）論文。
（42）『続日本紀』和銅二年六月癸丑（二十九日）条に、「薩摩・多祢両国司及国師僧」とあることから、遅くとも和銅二年には令制多禰島は成立していた。ただし永山修一氏は、『続日本紀』大宝二年八月丙申朔条で同じく「征討」された薩摩において、大宝二年に令制国が設置されたとしていることから、おそらく令制多禰島も、同時期に成立したと推測される（永山修一「大宝二年の隼人の反乱と薩摩国の成立について」〔『九州史学』九四号、一九八九年〕）。

第五章　隼人の「名帳」

国家が周縁領域をどのように位置づけ、その地域の住民の生活・文化に対していかなる姿勢をもって臨むかは、その国家の本質的な性格とかかわる問題である。[1]したがって、列島南端に位置する九州南部に居住し、隼人と呼称されていた人々を律令国家がどのように支配したかを検討することは、きわめて重要な意味をもっていると考えられよう。本章は、その支配のなかでも、律令国家が隼人に上京させて行わせていた奉仕、とりわけそれを成り立たせていた上番システムに光をあてようとするものである。

律令国家は、都で様々な奉仕を隼人に行わせていた。『延喜式』隼人司式によると、元日・即位・蕃客入朝等の大儀、践祚大嘗祭、御薪進上といった儀式、さらには行幸の際、「吠声」と呼ばれる隼人独自の奉仕や風俗歌舞の奏上を行わせた。またそれ以外の場では、竹製品や油絹を製作させた。[2]こうした奉仕の起源は、第一章で述べたように大化前代までさかのぼれるが、八世紀に入ると、隼人を隼人司に上番させることで成り立っていた。大隅・薩摩両国が置かれた九州南部に住んでいた本土隼人は、[3]和銅二（七〇九）年〜延暦二十（八〇一）年の間、[4]平均およそ二〇〇〜三〇〇人程度が六年交替で上番していた。一方、畿内およびその周辺諸国に移り住んでいた畿内隼人も、[5]一年交替で隼人司に上番していた。[6]このような上番をともなう奉仕を、律令国家は隼人に命じていたのである。

しかし考えてみると、以上のような長期間の上番を強いる奉仕を、律令国家はいかにして行わせていたのだろうか。

これについて従来の研究は、国司が郡司に命じ、上番者を選定していたことを指摘している。[7] しかし、上番を命じられた人々は、隼人であれば誰でもよかったわけではない。具体的にいえば、先述した奉仕を担わせるためには、それに耐えうる人材を選ばなければならない。したがって、少なくとも年齢や疾患の有無などを、前もって押さえておく必要があった。また隼人司の上番者に関する規定には、男女を区別するものがある。[8] そのため、選定する以前に性別も把握しておかなければならなかった。さらに本土隼人にしてみれば、長期にわたり居住地から遠く離れた場所での生活を強いられた。このような負担があったにもかかわらず、およそ一世紀もの間おおむね順調に、律令国家は上番者を交替させていたのである。[9] 以上を勘案すると、隼人のなかから上番者を選定し、奉仕を行わせるシステマチックな仕組みが存在したのではないだろうか。

　こうした問題意識をもって検討を試みる際、他の長期間の上番をともなう奉仕を、律令国家がどのように規定していたかが参考になるであろう。そこで代表的な例として、九州北部を中心とする西海の辺防に三年間勤務することになっていた令制の防人を取りあげたい。[10] 律令国家は、防人を諸国の軍団兵士のなかから選定・派遣することを規定していた。[11] そのため各国では、まず毎年作成する計帳をもとにして、正丁のうち「同戸之内、毎㆓三丁㆒取㆓一丁㆒」という基準で兵士を簡点した。[12] そして彼らを抽出した「歴名簿」を作成し、中央の兵部省に送付した。[13] これによって兵部省は、諸国の兵士を把握することが可能となり、防人の選定・派遣作業を円滑に実行できた。[14] そしてさらに、防人を派遣した先でも、彼らを登録した「防人名帳」を作成した。[15]

　このように、律令国家は計帳、「歴名簿」「防人名帳」といった帳簿で、二重・三重に人身を把握することにより、「公民」のなかから防人を選定し、勤務させていたのである。したがって隼人の場合も、一人ひとりをあらかじめ把握するシステムがあった可能性がある。

そこで注目したいのが、『養老令』職員令隼人司条と『令集解』賦役令没落外蕃条古記に記載がある隼人の「名帳」（以下、令の規定およびその注釈書『令義解』『令集解』に記されてある名帳という言葉を括弧つきで表記する）である。後述するように、この隼人の「名帳」については、専論がなく簡単な指摘がある程度で、その見解も一致しているとはいいがたい。また、これがどのように作成され、さらには人身支配の基礎台帳となる戸籍・計帳や、『延喜式』隼人司式計帳条にみられる「隼人計帳」とどのような関係にあったかなど、ほとんど検討されず論じ尽くされていない部分も多い。しかし、律令国家の人身支配を考えるうえで戸籍・計帳が重要視されているのと同じように、その隼人支配を考察するためには、この「名帳」を検討することが不可欠であろう。

そこで本章では、まず隼人の「名帳」の用途・作成について検討していき、そのうえで、隼人の「名帳」、さらには戸籍・計帳、「隼人計帳」なども含めた帳簿によって、律令国家がどのように隼人支配を行っていたか考えていきたい。

一　『養老令』職員令隼人司条と『令集解』賦役令没落外蕃条古記の解釈

まず、隼人の「名帳」にかかわる史料および従来の説について整理しておきたい。隼人の「名帳」は、次の二つの史料にみられるものである。

史料一『養老令』職員令隼人司条

隼人司

正一人。掌㆘検㆓校隼人㆒、及名帳、教㆓習歌儛㆒、造㆓作竹笠㆒事㆖。佑一人。令史一人。使部十人。直丁一人。隼人。

史料二『令集解』賦役令没落外蕃条「投化」古記

古記云、問、外蕃投化者復十年、未レ知、隼人・毛人赴レ化者、若為二処分一。答、隼人等其名帳已在二朝庭一、故帰命而不レ復。但毛人合レ復也。（後略）

史料一には、隼人司の職員構成とその職掌が書かれている。そして、その職掌の一つに「名帳」とあるため、隼人司でそれを作成・管理していたことがわかる。続いて史料二は、「凡没二落外蕃一得レ還者、一年以上、復三年、二年以上、復四年、三年以上、復五年。外蕃之人投レ化者、復十年。其家人・奴、被レ放附二戸貫一者、復三年」という令規定の注釈である。すなわち、「外蕃」に没落していた人が還ってきた時、「外蕃」の人が「投化」してきた時、家人・奴が良人とされた時の課役免除が規定されており、そのうち二つ目の免除規定「投化」に関する古記である。これによれば、「外蕃」の人が「投化」してきた場合、一〇年間課役を免除することになっているが、隼人や「毛人」の場合どうするのかという問いに対し、隼人は「名帳」がすでに「朝庭」にあり、「帰命」（帰順の意）[16] している存在であるため課役免除を行わないとある。つまり、古記が成立した天平十（七三八）年頃の令解釈によると、隼人は賦役令没落外蕃条の対象とされておらず、隼人の「名帳」が、それを裏づけるものと認識されていたことがわかる。

さて、この隼人の「名帳」については、次のような指摘がある。伊藤循氏は、史料一にみられる「名帳」を、国郡における戸籍支配を前提として「二次的に成立」したものであり、「隼人を検校・統括し隼人司に上番させ、宮廷儀礼に参加させたり、竹笠を造作させたりするための基本台帳」とした[17]。一方中村明蔵氏は、伊藤説に対して、史料一・二の「名帳」は区分して考える必要がある」とした。そして、史料一の「名帳」が「畿内隼人を対象とし、その戸籍から隼人司に上番している者を記載したもの」であるのに対し、史料二が九州南部で令制的戸の編成による戸籍の作成が容易に進まなかったため作られたもので、「出挙や調を賦課する名簿として、また朝貢者を選定する名簿として、さらには、編戸・班田のための準備資料としての必要から作成されたもの」とした。[18] また永山修一氏は、中村氏の史料二の理解に対し、「古記成立段階で南九州における人口調査が令制的戸への編成を残してほぼ完了していた」とは考えられないとし、「せいぜい出挙帳・賑給帳あるいは朝貢者歴名の如きもの」とした。[19]

このように先行研究では、史料一・二に記されている「名帳」について、隼人をどの程度登録していたかという点で、見解が一致しておらず、また、史料一・二をわけ、それぞれ異なる用途があったとする理解がみられる。だが、こうした史料一と二の区分については従いがたい。この理解は次の史料が根拠になっている。

史料三『令集解』職員令隼人司条「検校隼人」集解

謂、隼人者、分番上下、一年為レ限。其下番在レ家者、差二科課役一、及簡二点兵士一、一如二凡人一。釈云、畿内及諸国有二附貫一者、課二調役一、及簡二点兵士一。古記亦同レ之。朱云、凡此隼人者良人也。古辞云、薩摩・大隅等国人、初捍、後服也。諸請云、己為レ犬、奉二仕人君一者。此則名二隼人一耳。

史料三は、史料一であげた令規定のうち、「検校隼人」に関する注釈である。この史料に記載されている令釈によると、畿内および周辺諸国で作られた戸籍に登録された隼人は、「調役」を課せられ、兵士として簡点されるとあり、「公民」として扱われていたことがわかる。中村氏は、このような畿内隼人に関する記載があることから、史料一に記されている「名帳」を、畿内隼人を対象にしたものと指摘した。それに対し、史料二の「名帳」については、「公民」として扱われている畿内隼人が、賦役令没落外蕃条の対象にされていたとは考えられず、「古記の文意からしても本土隼人を対象にしているとみてよい」とした。[20]

しかしあくまで史料三は、「検校隼人」という令規定にかかる注釈であり、「名帳」について説明を加えたものではない。また、その続きには「薩摩・大隅等国人」とあるように、本土隼人の記載もある。したがって、史料一の「名帳」に登録されている隼人が、畿内隼人だけに限定されるとはいいきれない。一方、史料二は「外蕃」が「投化」してきた場合の規定で、しかも列島北部に住む「毛人」とも対比していることから、氏が指摘するように、本土隼人も対象にしていると考えられる。しかし、この注釈で隼人は帰順した存在と認識されている。そのため、畿内隼人が対象になっている可能性も否定できない。さらに、これらの「名帳」を区分して理解した場合、史料二の「名帳」は、隼人司が関与しない形で「朝庭」に存在したことになる。その場合、誰がこれを作成・管理していたか、説明できないのではないだろうか。これらを踏まえると、史料一・二を区分して考えるこれまでの理解には、十分な根拠がないと思われ、むしろ、これらの「名帳」は同じものを指すと考えられよう。

以上、史料一・二に関する従来の解釈に対して、若干の考察を加えた。すなわち、これらの史料にみられる「名帳」は同じものを指しており、その対象も、本土隼人と畿内隼人を区分していたわけではなかったと考えられる。

二　「名帳」の特徴

本節では、隼人の「名帳」の用途・作成を考察する前提として、隼人以外の「名帳」の特徴について検討していきたい。

「名帳」は次の三つの特徴をもつ。まず一つ目は、歴名とほぼ同義で用いられていたことである。軍防令兵士以上条によると、「凡兵士以上、皆造二歴名簿二通一」とあり、兵士以上の人々を登録した「歴名簿」を二通作成することが定められていた。この「歴名簿」には次のような義解がある。

史料四『令義解』軍防令兵士以上条「歴名簿」義解

　謂、校尉以下、即主帳亦同。其両毅者、是外武官。依㆓職員令㆒、別須㆑有㆓名帳㆒也。

史料四からわかるように、「兵士以上」とは校尉以下、すなわち校尉・旅帥・隊正[21]と主帳を指し、彼らがこの「歴名簿」に登録されていた。また一方で、「職員令」に従うと「外武官」である両毅（軍団に置かれていた主帳以下を率いる大毅・少毅[22]）は、別に「名帳」があるべきだと考えられていた。ここにみられる「職員令」は、職員令兵部省条を示し、この条文には「内外武官名帳」と「兵士以上名帳」が記載されている。つまり両毅は、「兵士以上」の「歴名簿」、すなわち「兵士以上名帳」ではなく「内外武官名帳」に登録すべきと考えられていたことがわかる。

　このように史料四を理解すると、軍防令兵士以上条に記されてある「兵士以上」の「歴名簿」は、職員令兵部省条の「兵士以上名帳」と対応している。したがって、令の規定にある「名帳」は、「歴名簿」とみなされていたといえよう。そもそも歴名は「名を書き連ねる」という意味をもつため[23]、「名帳」と同義で用いられていたとしても不思議ではない。

　二つ目は、令の規定にある「名帳」のほとんどが、官司に管掌されるものとして現れることである。令規定には「名帳」が一五例存在し、そのうち宮衛令奉勅夜門条を除くと、他はすべて職員令と東宮職員令で、官司に管掌されるものとして登場する。表23はそれをまとめたものである。この表にある各「名帳」の名称からわかるように、これに登録されたのは、各官司で奉仕する人々であった。つまり、令の規定にある「名帳」は、各官司の役割を遂行するために奉仕する人々を登録するものとして現れるのである。

　なお具体的に各官司では、どのように「名帳」を使用していたのだろうか。宮衛令奉勅夜門条には「凡奉㆑勅夜開㆓諸門㆒者、受㆑勅人、具録㆓須㆑開之門、并入出人名帳㆒、宣㆓送中務㆒」とあり、開ける門と入出する人を記録するために

表23 職員令・東宮職員令にみられる「名帳」

No.	名帳名	掌る官司	出　典	備　考
1	女王・内外命婦・宮人等名帳	中務卿	職員令中務省条	
2	左大舎人名帳	左大舎人頭	職員令左大舎人条	右大舎人寮もこの規定に準ずる
3	女王・内外命婦・宮人名帳	縫殿頭	職員令縫殿寮条	
4	内外文官名帳	式部卿	職員令式部省条	
5	散位名帳	散位頭	職員令散位寮条	
6	男女楽人・音声人名帳	雅楽頭	職員令雅楽寮条	
7	内外武官名帳	兵部卿	職員令兵部省条	
8	兵士以上名帳	〃	〃	
9	隼人名帳	隼人正	職員令隼人司条	
10	衛士名帳	左衛士督	職員令左衛士府条	右衛士府もこの規定に準ずる
11	左兵衛名帳	左兵衛督	職員令左兵衛府条	右兵衛府もこの規定に準ずる
12	防人名帳	防人正	職員令大宰府条	
13	宮人名帳	春宮大夫	東宮職員令春宮坊条	
14	舎人名帳	舎人正	東宮職員令舎人監条	

「名帳」が作成・使用されていたことがわかる。また『令集解』によると、他の用途もあったようで、職員令兵部省条「差発兵士」釈説に、「征防人等、依二名帳一差遣」とあり、防人を選定する時にも使われていた。このように、具体的な用途をすべて明らかにすることはできないが、少なくとも、記録や選定する時に使用されていたのは間違いないであろう。

三つ目は、すでに伊藤循氏も指摘しているように、「名帳」に登録されていた人々が、「名帳」以外の帳簿でも把握されていたことである。[24] 具体例として女王を取りあげたい。女王とは二～四世の女性皇族を指す。[25] 彼女らは、表23にあるように縫殿寮において「名帳」で把握されるだけでなく、正親司で作成された「皇親名籍」にも登録されていた。[26] この「名籍」とは「籍乃至戸籍と歴名を中心的な内容とする名帳或は計帳の総称」と考えられている。[27] このように、二～四世の女性皇族は「名帳」だけで把握されていたわけではなかった。

また、とりあえず隼人を除くとするならば、「名帳」に登録されていた他の人々も、女王と同様、「名帳」だけで把握されていたわけではなく、戸籍や計帳に登録されていることが前提となる身分であった。命婦・宮人は、畿内の諸氏や郡司の姉妹・娘などが貢進されて後宮に出仕した者を指し、[28] したがって、そもそも戸籍・計帳に記載された人々であった。このことは、内官・外官、文官・武官、職事官・散官を問わず、男性の官人も同じであった。また、舎人・兵衛といった広義の官人や、兵士・衛士・防人といった兵役に徴発された人々も同様であった。以上のようにひとまず隼人をさしおくとするならば、「名帳」で把握された人々は、もともと「名籍」や籍帳にも登録されていたといえよう。

以上、本節では「名帳」の三つの特徴を検討してきた。次節ではこの点を考慮に入れたうえで、隼人の「名帳」の用途・作成について考察していきたい。

三　隼人の「名帳」

1　用　途

隼人の「名帳」がどのように使用されていたかについて、先述した先行研究では、畿内と九州南部における用途を区別して考えている。しかし、こうした理解には部分的に問題があるように思える。そこで従来の説を再検討していきたい。

まず畿内では、隼人司に上番した隼人を登録し、彼らに都で奉仕を行わせるための基本台帳として用いられていたと考えられている[29]。これについては、官司に上番してきた人々を登録し、それをもとに彼らを使役する点において、先述した「防人名帳」の用途と同じである。したがって、令の規定にある他の「名帳」と比べても矛盾しておらず、こうした用途が隼人の「名帳」にあったことは想定可能であろう。

それに対して九州南部では、十分に浸透していない籍帳支配を補うために、出挙や調の賦課、上番者（「朝貢」者）の選定、編戸・班田のための準備、賑給など、幅広く様々な用途があったとされている[30]。しかしこの点については問題があると考えられる。

まず、令の規定に記載がある他の「名帳」と比較した場合、隼人の「名帳」が、九州南部で籍帳の代替として用いられていたとは考えにくいことである。前節で述べたように、令規定にある「名帳」のほとんどは、各官司の役割を遂行するために奉仕する人々を登録するものとして現れる。したがって、他の官司と同じように記されている隼人の「名帳」が、管掌されている隼人司の職掌と関係のないことに用いられていたとは考えられない。史料一によると、「名帳」以外の隼人司の職掌は、隼人の検校、歌舞の教習、竹笠の造作だけである。つまり、九州南部における出挙や調の賦課、上番者の選定、編戸・班田、賑給などは、隼人司の職掌の枠を越えたものといえ、これらを実施するために隼人の「名帳」が利用されたとは考えられない。

また、九州南部で籍帳支配が浸透していなかったことを前提としている点にも問題がある。すでに第三章で論じたので、その要点のみまとめると、永山修一氏は、「天平八年度薩麻国正税帳」を検討し、①計帳のもととなる手実の収集などを行う国司巡行の日数が薩摩国で少ないこと、②非隼人郡[31]である高城郡と隼人郡である河辺郡の財政規模に大きな差があること、以上の二点から、造籍が行われた範囲を「非隼人郡とそれに隣接する二～三の隼人郡にすぎない」とした[32]。しかし、永山氏が薩摩国内を巡行したと考えていた日数は高城郡のものであるため、①のようには考えられない。また②についても、両郡の性質と規模の違いを考慮に入れるとそれほど大きな差があったわけではない。つまり、籍帳支配が浸透していなかったことを積極的に示す根拠はないと考えられる。その一方で隼人郡においても、人身把握が行われていなければ実施できない賑給が行われていた。このように考えると、少なくともこの正税帳が作成された天平八（七三六）年までには、隼人郡でも部分的に籍帳支配がはじめられていたと推測できる[33]。したがって、出挙・調の賦課や賑給などはこうした籍帳をもとに行われるべきであり、隼人の「名帳」がその役割を代行したとは考えられない。

以上、隼人の「名帳」の用途について再検討してきた。令規定にみられる他の「名帳」と比べると、隼人の「名帳」は、隼人司に上番していた隼人を登録し、それによって彼らを検校したり、歌舞の奏上や竹製品の製作など様々な奏仕を行わせたりする基礎台帳として用いられていたと考えられる。

2　作成

続いて隼人の「名帳」がどのように作成されたのか考えたい。この点を検討するうえで重要な手がかりになるのが、「隼人計帳」である。そこでまず、「隼人計帳」について述べておきたい。

史料五『延喜式』隼人司式計帳条

凡隼人計帳者、五畿内并近江・丹波・紀伊等国、毎年一通附二大帳使一進レ官。官下レ司。其班田之年、亦進二田籍一。

史料五から「隼人計帳」は、隼人が居住していた五畿内および近江・丹波・紀伊等の国で作成され、毎年一通、大帳使によって太政官に送られ、その後隼人司に下されていたことがわかる。

注目されるのは、「隼人計帳」が送付される官司が、一般的な計帳と異なる点である。計帳の場合、太政官を経て、[34]民部省の被管である主計寮に送られていた。そして、予算編成作業や調庸収奪の基礎となる全国の課口数の推移を把握するために用いられていた。[35]ところが、「隼人計帳」は隼人司に下されており、主計寮で使用されていたようには読み取れない。また、一通しか送付されていない点にも注意する必要があろう。例えば戸籍の場合、太政官に二通送られていた。[36]これは、戸籍が中務省と民部省で必要とされていたからである。[37]つまりこうした帳簿は、必要とする官司の数に応じて、送付される数が決まっていたのである。したがって、一通しか送付されていない「隼人計帳」は、隼人司で用いられるために送られていたと考えるべきであろう。このことから「隼人計帳」は、一般の計帳とは使用目的が異なっていたと考えられる。

ではなぜ、史料五であげられている諸国は、「隼人計帳」を作成し、隼人司のもとへ送る必要があったのだろうか。結論からいうと、隼人居住地域に住む人がすなわち隼人であったわけではなかったことが関係すると考えられる。天平七年に作成された、いわゆる「山背国隼人計帳」には、姓が「隼人」であるものが七五名、同じく「隼人国公」が五名、「大住隼人」と「大住忌寸」がそれぞれ一名、「阿多君」が一名、以上の人物が記載されている。[38]また、天平十四年の「近江国古市郷計帳」にも、姓が「阿多隼人」であるものが四名みられる。[39]その一方で、これらの史料には、姓に「隼人」や九州南部の地名をともなわない人も含まれている。このように隼人居住地域に住む人々は、必ずしも隼人だけではなく、彼らも同じ戸籍・計帳によって把握されていた。そのため、例えば隼人司への上番者を円滑に選定するためには、あらかじめ、こうした混住・混在した人々のなかから隼人を抽出する作業が必要であった。そのため、隼人だけを集めた計帳が作成されるようになったと推測される。

ところで史料五には、九州南部の国名が含まれていない。これは、『延喜式』が成立した時期を考慮に入れる必要がある。すなわち、この規定は九～十世紀頃のものであり、とくに、大同三（八〇八）年に再置されてからの隼人司のための法体系である(40)。しかしこの頃すでに九州南部の人々は、隼人司に上番して奉仕を行わなくなっていた(41)。そのためこの規定には、九州南部の国名が記されていないのであろう。では彼らが上番していた八世紀はどうだったのだろうか。史料がないため実証しがたいが、おそらく八世紀代には、九州南部でも同様に「隼人計帳」が作成されていたのではないだろうか。畿内およびその周辺諸国と同じように、八世紀の九州南部では隼人と非隼人が混住していた。具体的にいえば、九州南部には国家によって移配された人々がいた。第二章で述べたように、大隅・薩摩両国には、周辺諸国の郡郷名と同じ地名が存在し、また実際に和銅七年には、豊前国の民二〇〇戸の移配が行われている(42)。この他にも、『類聚三代格』巻八　延暦四年十二月九日付太政官符によると、日向国の百姓が大隅・薩摩両国に「逃入」しており、他国からの浮浪・逃亡者も存在していた。つまり、九州南部においても「隼人計帳」を作成する必要があったといえる。したがって、八世紀には九州南部でも「隼人計帳」が作られていた可能性がある。

以上、「隼人計帳」について述べてきたが、ここで注目されるのがその内容である。渡辺晃宏氏によると、手実と呼ばれる各戸が提出する自己申告データにもとづいて歴名が作られ、これをもとに課税対象者の人数を集計した目録が作成されるのだが、手実をつなぎあわせた文書や、手実を整理した歴名や目録も計帳とみなされていた(43)。すなわち、計帳は歴名を中心的な内容としていたのである。したがって「隼人計帳」の内容も、隼人の歴名であったと考えられる。ここで思い出したいのが本章第二節で述べたように、「名帳」が歴名と認識されていたことである。つまり、「隼人計帳」および隼人の「名帳」は、前者が諸国に住む隼人を、後者が隼人司に上番している隼人だけを登録したものという違いがあるが、隼人の歴名を中心的な内容とする点で共通するといえよう。そのため、「隼人計帳」が隼人の「名帳」の作成に深くかかわっていた可能性は高い。

このように考えると、隼人の「名帳」は以下のように作成されたと推測できる。隼人が居住する諸国では、毎年、隼人だけを集めた「隼人計帳」を作成し、隼人司に送付する。そしてこの計帳を利用して、隼人司に隼人を上番させていたと考えられる。さらに隼人司では、上番させた隼人を「隼人計帳」から抽出し整理する。こうしてできた隼人の歴名が、隼人の「名帳」だと考えられる。

以上、隼人の「名帳」の用途・作成について検討してきた。推論に推論を重ねてきたが、従来十分に検討されてこなかった隼人の「名帳」について、わずかながらも新たな見解を提示し得たのではないかと思われる。

本章では、隼人の「名帳」の基礎的考察として、これまでの指摘を再検討し、そのうえで、その用途および作成方法について解明してきた。最後に、本章で述べてきたことをまとめつつ、律令国家が隼人の「名帳」や、戸籍・計帳、「隼人計帳」なども含めた帳簿によって、どのように隼人支配を行っていたか述べていきたい（図4）。

律令国家は、九州南部や畿内およびその周辺諸国に居住する隼人から、混住していた非隼人とともに、毎年各戸から手実を集め、それをもとに各郡で歴名を作成した。そして、この歴名をもとに毎年計帳を、六年に一度戸籍を各国で作成した。こうして「公民」と同じように、隼人を把握していた。その一方で、少なくとも九世紀以降、隼人が居住する畿内およびその周辺諸国に対し、隼人を非隼人と区別するために、計帳から隼人だけを抜き出した「隼人計帳」の作成を命じ、毎年隼人司に送付させていた。おそらく八世紀代には、九州南部に対しても同様の作業を行わせていたと推測される。そしてこの「隼人計帳」により、隼人を隼人司に上番させていたのである。さらに、上番を命じられた隼人が隼人司に到着すると、彼らを「隼人計帳」から抜き出し、『養老令』職員令隼人司条と『令集解』賦役令没落外蕃条古記に記されてある隼人の「名帳」を作らせた。そしてこの「名帳」によって、上番した彼らの検校や、都での奉仕を行わせることを可能にしたと考えられる。以上のようにみていくと、律令国家は隼人を、戸籍・計帳によって把握するだけでなく、「隼人計帳」および「名帳」に登録することで、帳簿上で二重・三重に把握しようとしていたと考えられる。

以上本章では、都で隼人に奉仕を行わせるために構築された、上番システムについて検討してきた。律令国家は、八世紀に入ると、九州南部に対して攻勢を強め、それまでの関係性や規範を修正・解体し、支配の強化を目指した。これにより首長制的支配を前提とした個別人身支配が追求され、八世紀前半には、律令制度にもとづく支配が行われはじめた。本章で述べてきた上番システムは、九州南部における、こうした支配の展開が背景にあり、構築されたといえるのである。

註

（1）　永原慶二『二〇世紀日本の歴史学』（吉川弘文館、二〇〇三年）。

（2）　隼人の製作物については、『延喜式』隼人司式の他、内蔵寮式諸司年料供進条、神祇五斎宮式年料供物条に記されてある。なおこの『延喜式』は、延喜五（九〇五）年に編纂が開始され、延長五（九二七）年に奏進されたものである。そのため、記載されてある諸規定は八世紀段階にさかのぼらない可能性があるが、次章で論証するように、隼人が行っていたとされる吠声・風俗歌舞・竹製品の製作などは、八世紀代にも行われていたと考えられる。

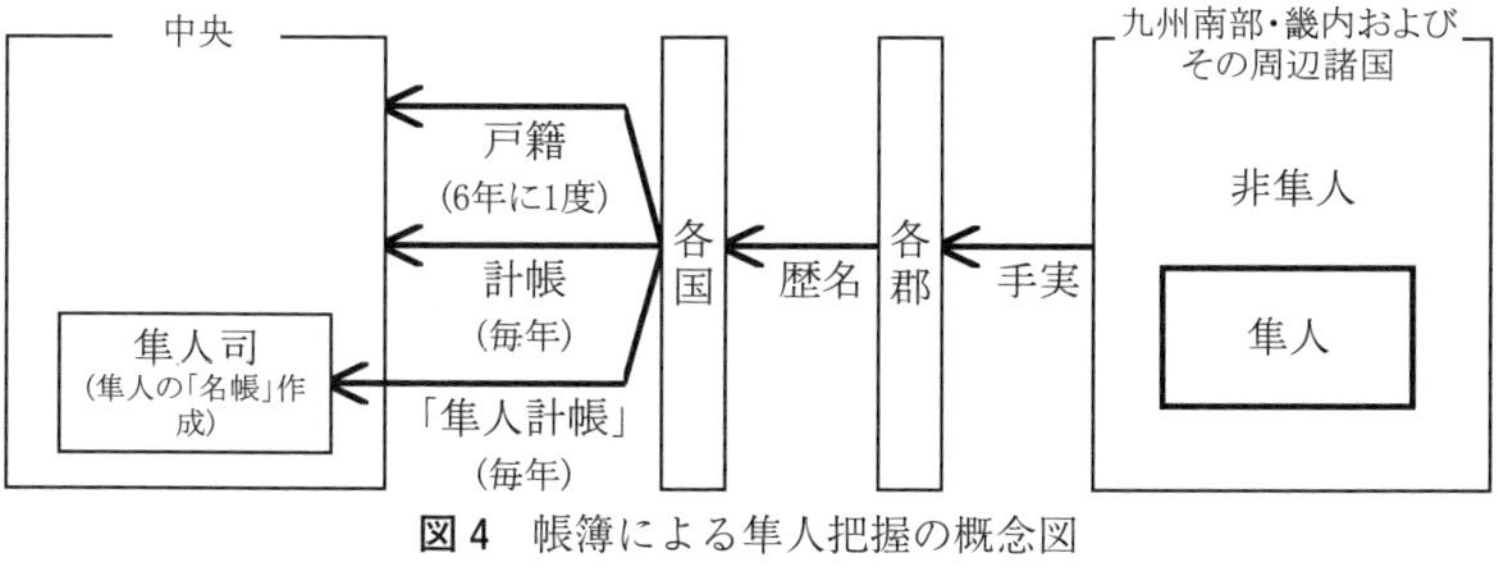

図 4　帳簿による隼人把握の概念図

（3）本章では、中村明蔵氏の区分に従って、九州南部に居住する隼人を本土隼人、畿内およびその周辺諸国に居住する隼人を畿内隼人と呼ぶことにする（中村明蔵「隼人の名義をめぐる諸問題―日本的中華国家の形成と変遷―」〔同『隼人と律令国家』名著出版、一九九三年〕）。

（4）『続日本紀』和銅二年十月戊申（二十六日）条、『類聚国史』巻一九〇　延暦二十年六月壬寅（十二日）条。

（5）『延喜式』隼人司式、『北山抄』践祚抄大嘗会事。

（6）『令義解』職員令隼人司条。なお、畿内隼人が一年交替で隼人司に上番したことを示す史料は、管見の限りこの義解しか存在しないため、こうした上番形態が八世紀にまでさかのぼるかは不明である。ただし私見では、この時期にも畿内隼人は隼人司に上番し、奉仕を行っていたと考えている。『延喜式』隼人司式には、畿内隼人のなかから選ばれ上番していた「番上隼人」の記載がある。彼らは、八世紀末期、九州南部に居住する隼人が最後に隼人司へ上番した際、畿内にそのまま抑留された「今来隼人」と奉仕内容や支給物などが区別されていた（鈴木拓也「律令国家転換期の王権と隼人政策」〔『国立歴史民俗博物館研究報告』一三四集、二〇〇七年〕）。こうした違いが、九世紀に入ってから突然成立したとは考えにくく、むしろ、八世紀における畿内隼人と九州南部から上京してきた隼人の奉仕内容が、それぞれ「番上隼人」と「今来隼人」に受け継がれていた可能性がある。したがって、八世紀にも、畿内隼人のなかから隼人司に上番し、奉仕を行っていた人々がいたと推測される。

（7）中村明蔵「隼人の朝貢をめぐる諸問題」（同『隼人の研究』学生社、一九七七年）。

（8）『類聚三代格』巻四　延暦二十四年十一月十日付太政官奏より、それまで男女それぞれ四〇人ずつの隼人が隼人司に上番していたことがわかる（この時二〇人ずつ削減）。このことは、上番させる前に、男女の別を把握しておく必要があったことを示唆すると思われる。

（9）隼人の上番者の交替は、六年に一度行われることが霊亀二年に制度化された。その後は、史料の性格上、記録に残らなかったものもあると思われるが、延暦十二年を最後に、合計一一度行われたことが知られている。実際には一～二年程度交替時期がずれたり、（記録に残っていないだけかもしれないが）大幅に遅れたりすることも二、三度あったが、巨視的にみれば、順調に交替が行われていたと考えてよいだろう。

(10)『養老令』軍防令兵士上番条、同兵士向京条。
(11)『養老令』軍防令兵士上番条。
(12)『養老令』軍防令兵士簡点条。
(13)『養老令』軍防令兵士以上条。
(14)『令集解』職員令兵部省条「差発兵士」令釈。この注釈には「名帳」によって派遣するとあるが、本章第二節で述べるように、この「名帳」は『養老令』軍防令兵士以上条にみられる「兵士以上」の「歴名簿」のことと考えられる。
(15)『養老令』職員令大宰府条。
(16)『大漢和辞典』巻六（大修館書店、一九五七年）。
(17)伊藤循「律令制と蝦夷支配」（田名網宏編『古代国家の支配と構造』東京堂出版、一九八六年）。
(18)中村明蔵「天平期の隼人」（中村前掲註（3）著書）。
(19)永山修一「隼人支配の特質」（同『隼人と古代日本』同成社、二〇〇九年）。
(20)中村前掲註（18）論文。
(21)『養老令』職員令軍団条。
(22)『養老令』職員令軍団条。
(23)前掲註（16）。
(24)この点については、伊藤循氏も「名帳で把握されるのは中央の各官司での把握であって、本来は名籍で把握され、それを前提として二次的に成立する身分の台帳」としている（伊藤前掲註（17）論文）。
(25)『養老令』継嗣令皇兄弟子条。
(26)『養老令』職員令正親司条。
(27)宮崎雅弘「僧尼名籍小考」（黛弘道編『古代国家の歴史と伝承』吉川弘文館、一九九二年）。
(28)野村忠夫『後宮と女官』（教育社、一九七八年）。

(29) 伊藤前掲註(17)論文、中村前掲註(18)論文。
(30) 中村前掲註(18)論文、永山前掲註(19)論文。
(31) 隼人郡とは、「天平八年度薩麻国正税帳」のなかで「隼人一十一郡」として登場する言葉であり、薩摩国のうち、非隼人郡である出水・高城郡を除いた一一郡のことを指す。
(32) 永山前掲註(19)論文。
(33) 以上の点について詳細は、本書第三章を参照されたい。
(34) 『養老令』戸令造計帳条。
(35) 『養老令』職員令主計寮条、賦役令計帳条。
(36) 『養老令』戸令造戸籍条。
(37) 『養老令』職員令中務省条、同民部省条。
(38) 竹内理三編『寧楽遺文』上巻(東京堂出版、一九六二年)。ただし、この史料が、『延喜式』隼人司式計帳条に記されてある「隼人計帳」と同じものかは、姓に「隼人」または九州南部の地名をともなわない人もこの計帳に含まれているため、明言を避けたい。
(39) 『大日本古文書』巻二(東京帝国大学、一九〇一年)。
(40) 鈴木前掲註(6)論文。第七章で論じるように、大同三年正月に隼人司は一旦、衛門府に併合され、その後八月に再度設置されることになった(狩野文庫本『類聚三代格』巻四 大同三年七月二十六日付太政官奏)。鈴木氏は、「隼人司式は、大同三年に再置された隼人司のための法体系として、きわめて整合的に作られていると言ってよいであろう」としている。
(41) 『類聚国史』巻一九〇 隼人 延暦二十年六月壬寅条。
(42) 『続日本紀』和銅七(七一四)年三月壬寅条。
(43) 渡辺晃宏『日本の歴史 四 平城京と木簡の世紀』(講談社、二〇〇一年)、同「籍帳制の構造」(『日本歴史』五二五号、一九九二年)、鎌田元一「計帳制度試論」(『史林』五五巻五号、一九七二年)。

第六章　畿内における隼人の奉仕

古代日本では、隼人と呼称された人々が、畿内・近国に定住または滞在し、様々な奉仕を担っていた（以下、畿内における隼人の奉仕と略記する）[1]。例えば『延喜式』隼人司式には、隼人が吠声や風俗歌舞の奏上、油絹・竹製品といった製造物の貢納などを行うことが規定されている[2]。そしてこれらは大化前代に起源があり、部分的に改変があったものの、室町時代に至っても存続していた[3]。

こうしたある集団が王権に対し、特定の役割を担うことは、古代日本では史料上散見されるものであるが、それがいかなる内容で、どのように行っていたかを検証するのは、両者の関係性の考察につながる。そのため、この畿内における隼人の奉仕についても、これまで多くの研究が行われてきており、具体的には、各内容やそれに従事した隼人の類型とその装束、あるいは意義や起源などが分析されてきた[4]。

むろん、これら先学の成果により、王権と隼人の関係性の理解が深化したのは間違いない。しかしながら、従来の研究では、ある特定の奉仕について個別的に議論することが多く、総合的に捉えようとする視点が乏しい。とくに、時代の推移にともなう奉仕内容の変化あるいは不変といった検証は、不十分であったように思える。すでに指摘があるように、長期にわたり存続した隼人の奉仕は、時代によって内容に違いがあった[5]。こうした変化は、その時代において、王権が隼人に対して求めたものとみなせる一方、逆に各時代を通じ共通して存在する特徴があるならば、それが奉仕の本質であったとも理解できる。このように、畿内における隼人の奉仕を時代別に比較することは、王権と隼人の関係性がいかに推移したかを知るうえで、示唆に富む検証になると思われる。しかし現状では、具体的にいつ、どのような点に変化があったのか、あるいはなかったのかなど、各時期における共通点・相違点がはっきり示されていない。したがって、通時代的かつ、あらゆる奉仕内容を横断的にみていき、それらを比較していく必要があると考えられる。

そこで本章では、まず、九〜十二世紀に成立した儀式書や法典、日記などに記載がある奉仕（以下、平安時代における隼人の奉仕と記す）内容と、『日本書紀』『続日本紀』といった編纂物や、令の規定とその注釈などにみられる奉仕（以下、奈良時代における隼人の奉仕と記す）内容をそれぞれ検証し、可能な限り復元する。そのうえで、第一章で論じた大化前代の伝承も取りあげ、各時代の特徴を比較することで、隼人の奉仕の本質と変遷過程を明らかにしていきたい。

一　平安時代における隼人の奉仕

平安時代に隼人が従事していた奉仕については、これまで主に『延喜式』『儀式』を使用して検討されてきた。しかし、平安時代に編纂された儀式書には、その内容にかかわる記述が他にもあるものの、抽出が十分になされていない。そこで本節では、これまでと同様、『延喜式』『儀式』を中心としながらも、『新儀式』『西宮記』『北山抄』『江家次第』といった、十世紀〜十二世紀初頭に成立した儀式書も利用しながら、平安時代における隼人の奉仕内容を検証していきたい。(6)

はじめに、平安時代に奉仕を行っていた隼人を確認しておきたい。この時代には、畿内・近国に居住する隼人（以下、畿内隼人と呼称する）が従事しており、『延喜式』隼人司式によれば、彼らは役割に応じて、大衣・番上隼人・今来隼人・白丁隼人・作手隼人とわけられていた。

まず大衣は、大隅・阿多隼人のなかから世襲で一人ずつ選ばれた、畿内隼人の指導的役割を担った隼人である。主に、隼人の教導、雑物の催造、吠声の合図・指導などを行っていた。また、『令集解』職員令隼人司条のうち、九世紀前半頃に成立した注釈とされる「教習歌儛」朱記には、「教二習歌儛一、謂隼人之中、可レ有レ師也」とあり、隼人のなかに師がいると記されてあることから、おそらく吠声だけでなく風俗歌舞も指導していたのだろう。そして儀式に参加したり、行幸に供奉したりする際には吠声を行わず、今来隼人と異なる装束を身につけていた。なお欠員が出た場合には、兵部省が太政官に申請し任命されることになっていた[7]。

続いて番上隼人は、畿内および近江・丹波・紀伊国に居住する者のなかから選ばれた、強く優れた二〇人の隼人である。儀式に参加したり行幸に供奉したりするが、大衣と同様、吠声を行わなかった。また、装束も大衣と同じで、今来隼人とは異なっていた。『令集解』職員令隼人司条「検校隼人」の集解には、「謂、隼人者、分番上下、一年為レ限。其下番在レ家者、差二科課役一、及簡二点兵士一。一如二凡人一。釈云、畿内及諸国有二附貫一者、課二調役一、及簡二点兵士一。古記亦同レ之」とあり、内容から判断して、この隼人は番上隼人を指すと推測される。すなわち、番上隼人は一年交替で上番する者と下番の者がいて、そのうち後者が、「課役」（「調役」）を負担し、兵役に服していたことがわかる。なお番上隼人には時服や食料の支給がなく、欠員が出た場合、兵部省が任命していた[8]。

次に今来隼人は、延暦年間に九州南部から上京してきた者のうち、そのまま都にとどまった隼人を指すと考えられている[9]。この今来隼人が亡くなった場合には、畿内隼人のなかから二〇人を上限として補充された。なお、彼らには時服・食料が与えられたが、その内容や量は、のちに畿内隼人から補充された隼人よりも、延暦年間に上京し都にとどまった隼人の方が優遇された。また、大衣・番上隼人とは異なる装束をまとい、儀式や行幸に参加・供奉して吠声を行っていた(10)。

白丁隼人は、大儀の際、あらかじめ太政官に申請し、臨時に畿内・近国から呼び集められた隼人のことである。彼らは、その期間のみ「間食」が支給され、吠声を行わなかったものの、今来隼人と同じ装束を身につけて儀式に参加していた(11)。

最後に作手隼人は、『延喜式』隼人司式造進用途条にみられる隼人であり、「凡毎年造進油絹六十疋（中略）調布一端二丈《一端一丈二尺作手隼人二人衣袴料、八尺巾二條料。》」とあるので、少なくとも二人が油絹の製造・貢納に携わっていたといえる。また、『延喜式』兵部省式勘籍補条には、「隼人司作手隼人廿人、省随二其解移一申レ官、勘籍補之。其考帳者、毎年送レ省」とあり、隼人司に二〇人属していたこと、兵部省が解・移に従って太政官に申請し、「勘籍」して補充されていたこと、「考帳」が毎年兵部省に送付されていたことがわかる。

ここまで『延喜式』隼人司式に記されている隼人の分類をみてきた。すでに第五章でも論じたように、彼らは、一般の「百姓」と同様、各国で戸籍・計帳に登録された一方、計帳から隼人だけを抜き出し作成された「隼人計帳」(12)でも把握されていた。隼人司では、仕える隼人に欠員が生じたり、臨時に隼人を呼集したりする場合、この「隼人計帳」を用いていたと考えられる。そして選ばれた隼人は、隼人司で作成される「名帳」に登録され、従事していたと推測される。こうして政府は、畿内隼人をシステマチックに把握することで奉仕を行わせていた。

以上、平安時代の隼人を確認してきた。続いて、奉仕内容を考察していきたい。

元日・即位・蕃客入朝の儀（大儀）における奉仕

大儀とも呼ばれる元日・即位・蕃客入朝の儀は、いずれも天皇が大極殿に出御し、朝堂院で行われる儀式である。

史料一『延喜式』隼人司式大儀条

凡元日・即位及蕃客入朝等儀、官人三人・史生二人、率二大衣二人・番上隼人廿人・今来隼人廿人・白丁隼人一百卌二人一、分陣二応天門外之左右一《蕃客入朝、天皇不レ臨レ軒者、不レ陣。》群官初入自二胡床一起、今来隼人発二吠声一三節。《蕃客入朝、不レ在二吠限一。》其官人著二当色横刀一、大衣及番上隼人著二当色横刀・白赤木綿耳形鬘一、自余隼人皆著二大横布衫《襟袖著二両面襴一。》・布袴《著二両面襴一。》・緋帛肩巾・横刀・白赤木綿耳形鬘一、《番上隼人已上、横刀私備。》執二楯槍一並坐二胡床一。

まず、儀式が行われる当日の卯刻(13)、史料一にあるように、隼人司の官人三人（正・佑・令史）(14)と史生二人(15)が、大衣二人・番上隼人二〇人・今来隼人二〇人・白丁隼人一三二人を率いて、応天門の外側で左右にわかれて並ぶ。この時の装束は、官人が位階に応じた横刀を、大衣と番上隼人が位階に応じた横刀、白赤木綿の耳形の鬘《かずら》を、今来隼人と白丁隼人が襟と袖に襴《らん》をつけた大横の布衫、襴をつけた布袴、緋帛の肩巾《ひれ》、横刀、白赤木綿の耳形の鬘をそれぞれ身につけ、楯と槍をもつことになっていた。そして、兵部丞・録による隼人の検校が行われたのち(16)、大儀に参列する官人たちが朝堂院のなかに入りはじめると、それまで胡床に座っていた隼人が立ち上がり、今来隼人が三節の吠声を発す。なお、蕃客入朝の時には吠声を行わず、加えて天皇が出御しない場合には並ばなかった。こうして官人が朝堂院に入り準備が整うと、儀式が開始されていた。

大儀における奉仕は、他にも『北山抄』践祚抄即位事に記されている。また、寛弘八（一〇一一）年の三条天皇と(17)、嘉承二（一一〇七）年の鳥羽天皇の即位の儀でも、隼人が楯をもって応天門の外で並んだことや、吠声を発したことが記録されている(18)。したがって、これらは平安時代を通じて行われていたと考えられる。

大嘗祭における奉仕

大嘗祭は、天皇が即位したのち、最初に挙行される大規模な新嘗祭であり、十一月の中または下の卯日から四日間にわたって行われた。

大嘗祭で奉仕する隼人は、九月上旬に選定される。左右衛門府が畿内・近国に申請し、大和から一〇人、河内から一二人、和泉から七人、摂津から二〇人、丹波から二四人、伊勢から七人、さらに隼人司にも催促し、合計で一〇〇人余りが集められた。十月には、禊処へ行幸があり、御禊が行われる。行幸の行列には、隼人司からも「左右各歩陣五人・騎人二人・大衣一人・官人一人」が加わっていた[19]。

卯日当日には、まず、応天門の内側にある朝集堂の前で陣列する。『儀式』巻第三によれば、「隼人司率二隼人一、分立二左右朝集堂前一、待二開門一乃発レ声（中略）供物入二応天門一、隼人百余人在二門内一、自二胡床一起、発二犬声一三節」とあり、隼人司の官人が一〇〇人を超える隼人を率い、胡床に座って並んでいたこと、開門した[20]時や応天門を通って供物が運びこまれた時、隼人が吠声を行っていたことがわかる。

その後戌刻になると、天皇が朝堂院内部、竜尾道の南側に設営された大嘗宮の廻立殿に入り、身を清め衣服を改めたのち、同宮内にある悠紀殿へ向かい神事がはじまるのだが、その前までに、官人たちは南門から朝堂院に入ることになっていた。

史料二『延喜式』隼人司式大嘗条

凡践祚大嘗日、分陣二応天門内左右一、其群官初入発レ吠、悠紀入、官人并弾琴・吹笛・撃百子・拍手・歌儛人等、《弾琴二人・吹笛一人・撃百子四人・拍手二人・歌二人・儛二人。》依二興礼門一参二‐入御在所屏外一、北向立奏二風俗歌儛一。主基入亦准レ此。

史料二によると、この時隼人は、官人が入場しはじめると、胡床から立って吠声を発す。続いて、『儀式』巻第三によれば、朝堂院で宮内官人に率いられた吉野国栖と楢笛工が古風を、悠紀国司に率いられた歌人が国風を、伴・佐伯宿禰に率いられた語部が古詞をそれぞれ奏上する。そして隼人司に率いられた隼人、すなわち史料二にみられる「弾琴二人・吹笛一人・撃百子四人・拍手二人・歌二人・儛二人」が興礼門から朝堂院に入り、大嘗宮の南側で北面して風俗歌舞を奏上していた[21]。

亥刻になると、神饌を納めた箱などを悠紀殿に運び込む神饌行立の儀、および天皇が神に食物をそなえ自らも食べる神饌親供の儀が行われる。以上の神事や芸能奏上は、主基殿においても丑〜寅刻に繰り返され、辰日の明け方に終わることになっていた。

なお、その後辰日から三日間、豊楽院で節会が行われた。『北山抄』践祚抄大嘗会事には「豊楽門内対立二隼人楯戟一」とあり、少なくとも『北山抄』が成立した十一世紀前半には、節会の際、豊楽門の内側に隼人の楯・矛を立てていたことがわかる。

以上、大嘗祭における隼人の奉仕を検討してきたが、卯日における規定は、『儀式』巻第三、『延喜式』神祇七践祚大嘗祭式班幣条・油以下事条、同隼人司式大嘗条、『西宮記』臨時七大嘗会事、同大嘗会卯日行幸、『北山抄』践祚抄大嘗会事、『江家次第』践祚下大嘗会卯日にも記述がある。また『吏部王記』には、大嘗祭の前に行われる御禊に隼人司が参列したことが[22]、『小右記』には官人が会昌門を通過する際、隼人が吠声を行ったことが記されている[23]。これらの史料から、大嘗祭以前になされる御禊への供奉と卯日における奉仕は、平安時代を通じて行われていたと考えられる。

行幸への供奉

史料三『延喜式』隼人司式駕行条

凡遠従駕行者、官人二人・史生二人、率二大衣二人・番上隼人四人及今来隼人十人一供奉。《番上已上並帯二横刀一騎レ馬。但大衣已下著二木綿鬘一。今来着二緋肩巾・木綿鬘一、帯二横刀一、執レ槍歩行。》其駕経二国界及山・川・道路之曲一、今来隼人為レ吠。

凡行幸経レ宿者、隼人発レ吠。但近幸不レ吠。

右の史料から、「遠従駕行」の際、隼人司の官人二人と史生二人が、大衣二人・番上隼人四人・今来隼人一〇人を率いて供奉したことがわかる。この時、官人・史生・大衣・番上隼人は、横刀を身につけ馬に乗って移動する。ただし彼らのなかで大衣と番上隼人は、木綿の鬘を着用することになっていた。一方今来隼人は、緋色の肩巾、木綿の鬘、横刀を身に着け、槍をもって歩行する。そして、天皇の乗った駕が国の境や山・川・道路のまがりかどを通過する時、あるいは宿泊する時に吠声を行った。

ただし、このように隼人が行幸に随行するのは「遠従駕行」の時だけであり、また、「近幸」の際には吠声を行わなかった。『西宮記』臨時五行幸においても、「城外」の項に、「二省・弾正・隼人供奉、如レ例」とあるだけで、「中院」（中和院）・「八省」（朝堂院）・「京内」の項には、隼人の供奉が記されていない。このことから、隼人は主に京外への行幸の際に、奉仕していたと推測される。

また、野行幸にも隼人は供奉していた。野行幸とは、鷹狩のために天皇が都近郊の野に行幸することであり、鷂飼・鷹飼・犬飼の他、猟道を知る親王・公卿が従い、左右衛門府の官人が猟長となり、衛府の列卒を率いて随従していた。そして野に至って天皇が猟を覧じ、あらかじめ設けられた御在所で獲物を調理して御膳に供するというものであった。(24)

野行幸の流れを最も詳細に記している『新儀式』によれば、行幸当日、天皇を乗せた輿が内裏を出発する際、隼人もその列に加わり目的地へ向う。そして「至二于野口一、外衛隼人陣及侍従、皆悉停留」とあるように、それまで行幸に随行していた隼人は、目的地の入り口に到着すると、列から離れ、そこで陣を敷くことになっていた。この野行幸への供奉については、『醍醐天皇御記』延喜十八（九一八）年十月十九日条にも記述があるため、野行幸が実施され始めた十世紀前半当初から[25]行われていたと考えられる。

御薪の儀への参加

御薪の儀は、毎年正月十五日に官人らが宮内省に参入し、主殿寮で一年間使用する燃料となる御薪を献上する儀式である。[26]御薪を貢上する官人は、義解によれば在京の文武官とあるが、『儀式』には畿内国司も進納するとあるため、義解の編纂後、畿内国司もその義務を負うようになったと考えられている。[27]瀧川政次郎氏は、この儀式について、「毎年年頭に当って、文武百官をして我れは天皇の臣僚なりという自覚を強からしめ、以て諸王諸臣の天皇に対する忠誠の念を新たならしめることを目的とした制度」と指摘している。

さて、この儀式次第を簡単にまとめると、太政官の弁・史以下と式部・兵部・宮内三省の輔以下は、当日早朝宮内省に集まり、御薪の貢進に立ち会ってその検校を行う。そして、宮内省の丞・録各一人は、史生二人を率いて、主殿寮で御薪の数や品質の検校を行い収納する。その後宴があり、粥や酒食がたまわれることになっていた。[28]

史料四『延喜式』隼人司式十五日大衣条

凡正月十五日、史生一人并大衣率二今来隼人一、就二主殿寮一発レ声一節、乃進二御薪一。

史料四によると、当日、隼人司の史生一人と大衣は、今来隼人を率いて主殿寮に参入し、今来隼人が吠声を一節発したのち、御薪を献上していた。

御薪の儀における奉仕は、『延喜式』以外の史料に規定がみられない。そのため、平安時代を通じて隼人が従事していたと断言しがたいが、少なくとも十世紀前後には行われていたと考えてよいだろう。

油絹・竹製品の製造・貢納

隼人は儀式や行幸に参加して吠声や風俗歌舞の奏上を行う以外にも、油絹（油を塗った絹布）や竹製品を製造・貢納していた。

『延喜式』隼人司式造進用途条によると、毎年内蔵寮に、緋色三〇疋・縹二五疋・白五疋、計六〇疋の油絹を、また、大嘗祭用として宮内省に、竹器熟笥《いりこ》七二口、煠籠《あぶりかご》七二口、索餅《さくべい》を乾す籠二四口、籭《み》六口を、進上することになっていた。その他、年料竹器として薫籠《たきものかご》、紙をすく簀子《すのこ》、茶籠、竹綾刺帙《ふまき》を製造していた。

また『延喜式』内蔵寮式諸司供年料条には、油絹以外にも、竹笠大・小それぞれ七枚ずつ、合計一四枚を内蔵寮へ送ることが規定されている。さらに、『延喜式』神祇五斎宮式年料供物条によると、「掃部寮作備、毎年二季供之。但簾、隼人司供之」とあり、隼人司で斎宮への年料供物の一つである簾《すだれ》が作られ送付されていた。

こうした製造・貢納品に関するまとまった記載は『延喜式』が唯一であるため、いつまで隼人がこのような奉仕を行っていたかよくわからない。ただし、『御堂関白記』にも「隼人簾」がみられるため、少なくとも十一世紀初頭までは製造されていたのであろう。[29]

御禊の準備への供奉

『西宮記』臨時七（御禊）次第司事によると、「先一日、立二標三所一。《内裏門、美福門、河原。当日改正。》隼人・京職供奉」とある。すなわち、天皇が御禊に出発する前日、標を内裏門（御出門）、美福門、河原に立てる際、隼人は京職とともに供奉していたことがわかる。この奉仕は『延喜式』に記述がないため、九世紀段階までさかのぼるとは断言しがたいが、少なくとも『西宮記』が成立した十世紀ごろには従事していたといえる。

二　奈良時代における隼人の奉仕

本節では、奈良時代における隼人の奉仕内容を検討する。ただし、この時代にはそれらを体系的に記した史料がない。そこで、『日本書紀』『続日本紀』などの編纂史料や令の規定とその注釈などから、可能な限り復元したい。

まず、従事していた奈良時代の隼人について整理しておきたい。この時代の都には、九州南部から上京してきた隼人と定住していた隼人が存在していた。前者については、すでに第四章で論じたが、霊亀二（七一六）年に制度化されて以降、[30]およそ二〇〇〜三〇〇人の隼人が、六年交替で都に滞在した。一方後者は、『寧楽遺文』に所収されている天平七（七三五）年の「山背国隼人計帳」などから確認できる。この両者が、どのように役割を分担していたかはよくわからない。ただし、『延喜式』隼人司式にみられる「番上隼人」「今来隼人」「白丁隼人」という区分が、九世紀に入ってから突然成立したとは考えにくい。むしろ、儀式における装束・内容の違いや人数を考慮すると、六年間滞在していた隼人の奉仕内容が「今来隼人」「白丁隼人」に、畿内隼人が「番上隼人」に受け継がれた可能性が高い。

次に、この時代における隼人の奉仕内容を考察したい。

風俗歌舞の奏上と竹笠の製造

史料五『養老令』職員令隼人司条

　隼人司

正一人。掌下検二-校隼人一、及名帳、教二-習歌儛一、造二-作竹笠一事上。佑一人。令史一人。使部十人。直丁一人。隼人。

史料五には、隼人司の構成と職掌が記されており、隼人司が歌舞の教習と竹笠の造作を掌っていたことがわかる。具体的に、どのような場面で隼人が風俗歌舞を奏上したのか、また、竹笠がどの程度作られ、どこに貢納されたかという点は不明である。しかし、少なくとも隼人司に属した隼人は、奈良時代に風俗歌舞を奏上し、竹笠を製造していたといえる。

行幸の供奉と吠声

史料六『令集解』宮衛令車駕出入条

凡車駕出入、諸従レ駕人当按次第、如二鹵簿図一。《（中略）古記云、当按、謂二亦次一耳。鹵簿図、謂行幸之図也。假令、行二芳野一、左右京職列レ道、次隼人司・衛門府、次左衛士府、次図書寮、如レ此諸司当次図耳。至二羅城之外一倭国列レ道、京職停止也。（後略）》（後略）

史料六は、行幸が行われる際の従駕者の配列に関する規定とその注釈である。この古記によれば、「鹵簿図」は行幸の図を指すとあり、その具体例として、平城宮から吉野への行幸をあげ、先頭から順に、左右京職、隼人司・衛門府、左衛士府、図書寮といった諸司の「当次」（当按次第、すなわち隊列の配置のこと）図を意味するとある。そして、羅城門の外に出ると、京職にかわって大和国の国司が列に加わると記されている。古記は天平十年頃の説とされているため、平城京内外をそれぞれ先導する京職・大和国司を除けば、従駕者の先頭に隼人司が並ぶと八世紀前半の明法家が認識していたことがうかがえる。なお、持統天皇から聖武天皇の時代には、しばしば吉野宮へ行幸が行われていた。したがって、おそらくこの認識は実態をともなうものであろう。

さて、史料三で確認したように、『延喜式』隼人司式には、行幸の際、隼人司の官人に率いられた隼人が吠声を行っていたとある。吠声については、『万葉集』に「隼人の名に負う夜声いちしろくわが名は告りつ妻と頼ませ」（「隼人の有名な夜声のように、はっきりと私の名は申しました。妻として信頼して下さい」という意味(31)という歌が採録され、隼人が「夜声」を発する存在として認識されていること、加えて、代々吠える狗として隼人が仕えていると『日本書紀』に記述があることから(32)、奈良時代にも行っていたと推測できる。そして、行幸に隼人司の官人のみが随行し、先頭に列して何もしていなかったとも考えにくいので、平安時代と同様、隼人も供奉し、吠声を行っていた可能性が高い。少なくとも、行幸における隼人司の供奉、そして隼人による吠声は、奈良時代においても行われていたことがわかる。

踏歌節会における奏楽

史料七『続日本紀』天平宝字七（七六三）年正月庚申（十七日）条

帝御二閤門一、饗二五位已上及蕃客・文武百官主典已上於朝堂一、作二唐・吐羅・林邑・東国・隼人等楽一、奏二内教坊踏歌一。客主主典已上次レ之。賜下供二奉踏歌一百官人及高麗蕃客綿上有レ差。（後略）

史料七は、天平宝字七年に開かれた踏歌節会の記事である。踏歌節会は、七世紀に中国より伝わった踏歌が朝儀に加えられ、正月十六日に行われる節会として整備されたものである。時代が下るが、『内裏式』上十六日踏歌式によれば、節会に蕃客が参加する場合、まず五位以上六位以下の群臣が参入したのち、治部・玄蕃寮の官人が蕃客を率いて参入し、蕃客が拝舞する。それが終わると、供食があり、勅使によって宣命が伝えられると、蕃客が拝舞・謝酒を行う。続いて、所司が御膳を益進し、主膳が東宮の饌を益供、大膳が群臣の饌を益送する。そして、「即楽官奏レ楽訖、或有レ勅令三客等奏二其国楽一、訖宮人踏歌、出二青綺門一如レ上」とあるように、雅楽寮の楽官による奏楽、勅があれば蕃客による奏楽があり、そのあとに宮人踏歌が行われるという次第であった。

天平宝字七年には、正月十七日に踏歌節会が催されたようで、官人と蕃客が朝堂で饗宴をたまわったのち、唐・吐羅・林邑・東国・隼人などの楽の奏上、内教坊の踏歌の奏上が行われ、その後、踏歌を奏した官人や蕃客に対して綿を与えたことがわかる。おそらく、史料七にみられる「唐・吐羅・林邑・東国・隼人等楽」が『内裏式』にある蕃客奏楽に、「内教坊踏歌」が宮人踏歌に相当するのであろう。

なお、「朝貢」してきた隼人が奏上する「風俗歌舞」が「方楽」と記載されることもあるため(33)、この「隼人楽」は史料五の「歌儛」と同じものを指すと考えられるのだが、こうした踏歌節会における隼人の奏楽は、天平宝字七年に限って行われたわけではない。

史料八『日本後紀』延暦二十四（八〇五）年正月乙酉（十五日）条

永停二大替隼人風俗歌舞一。（後略）

「大替」とは、先述した九州南部に居住する隼人が六年交替で隼人司に上番する制度を意味している。史料八は、その制度が延暦二十年になくなり、加えてそれまで滞在していた一部の隼人の帰郷にともなって、彼らによる風俗歌舞が停止されたことを示す記事である。

ここで注目したいのが、この記事の日付である。すなわち、この日は踏歌節会の前日にあたるが、九州南部から上京してくる隼人が不在のため、恒例化していた彼らによる風俗歌舞の奏上が停止されたと考えられる。換言すれば、延暦二十四年までは、勅があった場合、大替隼人による奏楽は行われていたと推測されよう。

宮門の警備と諸儀式への参加

奈良時代の隼人が、宮門の警備に携わっていたことは、次の二つの史料からうかがえる。まず、『養老令』職員令衛門府条には、衛門府が隼人司を管轄し、隼人を掌るとある。衛門府は、宮門の守衛を主な任務としているため、隼人もまた、門の警備にかかわっていた可能性が高い。

次に、『日本書紀』神代下第一〇段一書第二によれば、「火酢芹命苗裔、諸隼人等、至レ今不レ離二天皇宮墻之傍一、代吠狗而奉事者矣」とある。「墻」とは、一区画を限る囲いを意味するため、「天皇宮墻」は宮城を指すと考えられる。つまり、『日本書紀』が編纂された段階では、隼人は宮城のそばで、代々吠える「狗」として仕える存在と認識されていたといえよう。これらのことから、隼人が宮門の警備に従事していたと考えられる。

また特定できないものの、踏歌節会以外にも隼人は儀式に参加し、楯や剣を使用した奉仕を行っていたと推測される。まず楯については、平城宮跡から出土した、いわゆる〝隼人の楯〟が知られている。これは、一九六四年に行われた平城宮跡第一四次発掘調査において、宮域の南西隅に位置する井戸から出土した一六枚の木製の楯である(34)。発掘報告書によると、表面に墨線で逆S字形の渦文と鋸歯文が描かれ、白土・黒・赤で彩られていた。また寸法は、平均値で示すと全長一五一・一センチ、幅四八・六センチであり、厚さが最大二・三センチ、最小一・三センチであった。この楯の文様・寸法が、『延喜式』隼人司式威儀条にある規定とほぼ一致するため、隼人が儀式で使用した楯だと特定されている(35)。そして、平城宮跡の井戸の側板として使用されていたので、八世紀段階に、もともと隼人の楯として利用されていたものが、何らかの理由によって転用されたと考えられている。

一方剣については、『続日本紀』宝亀二（七七一）年三月戊辰（十一日）条に、「停二隼人帯一レ剣」とあり、少なくとも八世紀後半まで隼人が帯剣していたことがわかる(36)。

このように、隼人が楯や剣といった武具を、奈良時代に使用していたのは間違いない。着目したいのは、『延喜式』隼人司式では、大儀で応天門で陣列する時や行幸に供奉する際に、こうした武具が用いられている点である。令の規定で隼人司が衛門府の被管とされていたことをあわせて考えると、儀礼中に門の警備を行う奉仕も、八世紀代にさかのぼる可能性が高いのではないだろうか。

藤原広嗣の乱における従軍

おそらく臨時的な奉仕であったと思われるが、隼人は広嗣の乱に派遣された。

史料九『続日本紀』天平十二年九月戊子（四日）条

召二隼人廿四人於御在所一。右大臣橘宿禰諸兄宣レ勅、授レ位各有レ差。并賜二当色服一発遣。

広嗣の乱の情報が朝廷に伝わった翌日、右の史料にあるように、二四人の隼人は、位階とそれに応じた衣服が与えられ発遣された。そして九月二十二日、勅使であった佐伯常人と安倍虫麻呂に率いられた四〇〇〇人の軍士とともに、関門海峡を渡り板櫃営を攻略した(37)。その後、大将軍大野東人による十月九日付けの報告によれば、板櫃川における広嗣軍との戦いで、隼人は常人が率いていた六〇〇〇人余の軍士とともに行動していたようである(38)。なお広嗣軍の前鋒も隼人であった。そのためか、常人は「官軍」の隼人に、「官軍に抵抗すれば、本人だけでなく、罪は妻子親族に及ぶぞ」と呼びかけさせた。その結果、広嗣が率いる隼人と兵士は、矢を放つのをやめ、さらに広嗣が退却すると、広嗣軍の隼人二〇人と一〇数騎の兵士が帰順し、この戦いに勝利した。このように隼人は、広嗣の乱において勅使らとともに、最前線で従軍していたことがわかる。

三　隼人の奉仕の本質と変遷

1　隼人の奉仕の本質

以上、奈良・平安時代における隼人の奉仕内容を検証してきた。本節では、第一章で論じた大化前代の伝承も取りあげ、各時代の特徴を比較し、その共通点・相違点をみていくことで、隼人の奉仕の本質と変遷過程を明らかにしていきたい。なお、大化前代の伝承は、第一章で指摘したように、記・紀が編纂される以前の古い段階の奉仕の様相が残されたものと考えたい。

さて、最初に注目したいのが、平安時代における隼人の奉仕内容にみられる次の二つの特徴である。

一つ目は、隼人の奉仕の対象が天皇であった点である。まず、本章第一節でも触れたように、史料一によると、蕃客入朝の儀で天皇の出御がない場合、隼人も応天門の外に陣列しないと規定されている。つまり天皇の出御が、隼人の奉仕の有無を決定しているといえ、その対象が天皇であったことを示唆する。

この特徴は、平安時代における隼人の奉仕のほとんどが、天皇とかかわりが深い儀式や場面でなされている点からもうかがえる。例えば、大儀・大嘗祭・行幸が、どれも天皇が出御するものであり、それぞれ天皇と関連があるのはいうまでもない。また、天皇との君臣関係を確認したとされる御薪の儀で隼人が吠声を行っていたことについては、参加が規定されていた文武官・畿内国司だけでなく、本来その対象ではないはずの今来隼人が参加していた点に注意したい。つまり、隼人は例外的に参列していたのであり、ここから天皇と隼人の結びつきの深さが読み取れる。

さらに、隼人が製造したものを貢納した場所が、天皇にかかわる機関であったのも重要である。貢進先をみてみると、天皇の宝物や日常用品などを掌る内蔵寮や、天皇・皇室の一切の事務を掌る宮内省、未婚の内親王から卜定され、伊勢神宮で仕えた斎王の御所である斎宮であった。このうち斎宮については、斎王が天皇にかわって皇祖天照大神を祀っていたことを重視したい。つまり、斎宮もまた天皇に関連する機関に準ずると考えられよう。したがって、隼人の製造物の貢進先は、どれも天皇と結びつきが強い機関であったといえる(39)。これらのことから、少なくとも平安時代の隼人は、主に天皇に対して仕えていたと考えられよう。

続いて二つ目の特徴は、天皇が御す空間の境で従事している点である。平安時代の奉仕内容をみていくと、まず、門と結びついているのが目につく。具体的には、大儀や大嘗祭の際、天皇が出御した朝堂院の南側の境にあたる応天門の内外で隼人が並んでいたことや、大嘗祭の辰日、天皇が出御した豊楽院の南側の境である豊楽門の内側に、隼人の楯・矛が立てられていたこと、さらに、御禊が行われる前日、天皇が通過する門に標を立てる際、隼人が供奉していたこと、これらから、隼人の奉仕が門とかかわっていたのは間違いない。

他方で、隼人が仕えた場所は門だけではない。野行幸の際には、天皇が猟を覧じる「野口」で陣を敷いていた。つまり門ではないが、ここも天皇が御す空間の境といえる。また、行幸の際に隼人が吠声を行うタイミングは、天皇が「国界」や山・川・道路の曲がりかど、宿泊し日をまたぐ場合のように、異なる場所・日時に入っていく境目であった。したがって、門だけでなく、出入口、「国界」、曲がりかど、あるいは日をまたぐ時など、天皇が御す空間の様々な境で隼人は従事していたといえる。

このように、平安時代の奉仕には、その対象と行う場面に特徴があったことがうかがえるが、これらは、大化前代・奈良時代にもみられるのだろうか。

まず一つ目については、隼人の祖が天皇の祖に対して服属し、代々奉仕を行うと誓った伝承を取りあげたい(40)。この記載から、少なくとも記・紀が編纂された八世紀初頭に、隼人が天皇に対して仕えているという認識があったといえる。また、すでに第一章で論じたように、『日本書紀』には亡くなった大泊瀬天皇に対して隼人が「哀号」したり(41)、敏達天皇の殯庭で警備したりするなど(42)、隼人が「天皇」との間に従属関係を結んでいた伝承が記されている。さらに、奈良時代においても、踏歌節会や行幸のように、天皇が出御する場面で奉仕が行われている。なお、広嗣の乱における隼人の従軍は、一見、天皇と関係がないように思える。しかし、天皇にかわってその意志を伝えるために派遣された勅使とともに、隼人が行動していたことは重要であろう。そもそも従軍した隼人は二四人しかいないため、通常の戦力として派遣された可能性は低い。むしろここで隼人が派遣されたのは、天皇の代行者に供奉することが期待されていたからではないだろうか。(43)以上より一つ目の特徴は、大化前代以来、見受けられるといえる。

次に二つ目の特徴については、まず、先述したように隼人司が主に宮城諸門の守衛を担当していた衛門府の被管であり、かつ、衛門府が隼人を掌っていたことが令に規定されている。また、『日本書紀』神代下第一〇段一書には、隼人の祖が天皇家の祖に対して「汝之垣辺」を離れないと誓い、そして、その後裔である隼人が今でも「天皇宮墻之傍」を離れず奉仕しているとある。これらのことから、隼人が天皇の御す空間の門で従事するという認識が、八世紀初頭段階にあったのは間違いないであろう。さらに、第一章で述べたように、大化前代においても、敏達天皇の殯庭の「宮門」で隼人（兵衛）が警備を行った伝承がある。(44)したがって、隼人の奉仕が天皇の御す空間の境で行われるという特徴も、大化前代以来、存在していたといえよう。

以上、天皇に対して隼人が奉仕を行っていた点、そして天皇が御す空間の境で従事していた点は一貫して見受けられる。すなわちこれらの点は、時代を経ても、王権が変化を与えなかったのであり、これこそが隼人の奉仕の本質だといえるだろう。

2　隼人の奉仕内容の変遷

続いて本項では、変化した点を検証したい。時代は前後するが、先に、奈良時代と平安時代の奉仕内容を比較する。

表24は、奈良・平安時代における隼人の奉仕内容をまとめたものである。史料で存在がうかがえるものを丸印で、そうでないものを空欄で表した。なお、元日・即位・蕃客入朝の儀と大嘗祭は、奈良時代に従事していたことを史料上で確認できないものの、先述したように楯と剣の存在から、これらの儀式にも参加していた可能性があるため、三

表24　奈良・平安時代における隼人の奉仕比較表

		奈良	平安
①儀式における奉仕	元日朝賀の儀	△	○
	即位の儀	△	○
	蕃客入朝の儀	△	○
	大嘗祭	△	○
	御薪の儀		○
	踏歌節会	○	
②京外での奉仕	行幸の供奉	○	○
	御禊の準備		○
	従軍	○	
③製造物の貢納	竹製品	○	○
	油絹		○
※①②における具体的な奉仕	風俗歌舞	○	○
	吠声	○	○
	門の警備	○	○

角印を記した。

さてこの表をみていくと、いくつか違いがあることがわかる。まず、平安時代にあって、奈良時代には確認できないものがある。三角印のものを除くと、御薪の儀における奉仕と、御禊の準備、油絹の貢上があげられる。これは単純に、奈良時代に規定されていなかったとも考えられるが、隼人が従事していたものを体系的に記した史料がないことに起因する可能性も高く、行われていなかったとは一概にいいきれない。反対に、奈良時代にあって、平安時代に確認できない踏歌節会での奏楽と従軍に関しては、史料の残存状況を勘案すると、おそらく平安時代には定められていなかったのではないだろうか。

このように、奉仕内容は、両時代で全く変化がなかったわけではない。しかし全体を俯瞰してみると、両時代ともに、①儀式における奉仕、②京外での奉仕、③製造物の貢納が行われ、また、①と②で行っていた風俗歌舞、吠声、門の警備も存在する。つまり、細部に違いはあるが、これは隼人の奉仕全般の性格を転換させるようなものではなかったといえるだろう。

それでは、大化前代と奈良時代の奉仕はどうだろうか。結論からいうと、両者には大きな違いがある。第一章で論証したように、大化前代の隼人は、ある特定の「天皇」「皇子」に直接近侍し、個別人格的な従属関係を結び仕えていたと考えられる。ところが、奈良時代以降の隼人は隼人司に交替で上番し、その期間に在位する天皇に対し、主に儀式や行幸といった場面で大勢で奉仕している。

具体的にみていくと、大化前代の伝承では、特定の「皇子」を「己君」としたり、仕えている「天皇」が亡くなった際には墓のそばで号泣したり、あるいはその後も「死王」に対して従事したりしている。しかし奈良時代以降の史料には、特定の天皇・皇子と深いかかわりをもつこのような記述が存在しない。また伝承のなかで殯宮の警備を行っているように、大化前代にも儀式で仕えるケースがなかったわけではないと思われるが、少なくとも「皇子」に「近習」するといった奉仕は、令や儀式書などには規定されていない。さらに大化前代における「天皇」「皇子」に従事した隼人の人数に関しては、はかりかねる部分もあるが、瑞歯別皇子の伝承から推察するに、一〇〇人を超えるような大勢の隼人が「近習」していたとは考えにくい。

つまり以上をまとめると、大化前代における特定の「天皇」「皇子」との個別人格的な従属関係にもとづく隼人の奉仕は、奈良時代以降になると、令や儀式書のなかに制度化され、時の天皇に対し、主に儀式や行幸といった場面で、大人数で組織だって行うものに組み替えられているといえよう。

それではこうした変化はいつ頃生じたのだろうか。まず注目されるのは、第四章でも取りあげた、『日本書紀』持統天皇三（六八九）年正月壬戌（九日）条で、筑紫大宰の粟田朝臣らが一七四人に及ぶ大人数の隼人を朝廷に献上したことである。この都に連れて行かれた隼人たちは、その後、奉仕を行ったと推測される。したがって、この貢進が行われた前後には、すでに隼人の奉仕が大人数で従事する形になっていたといえ、変化時期の下限とみなせる。

さらに、その四年前にあたる天武天皇十四（六八五）年に、大隅直氏に忌寸姓が与えられたことも重要であろう。(45)この大隅直氏は、畿内に本貫地を有すると考えられる氏族とともに賜姓されているため、すでに畿内・近国に移り住んだ豪族であったと考えられている。(46)そして永山修一氏は、この措置について、天武朝に新たに畿内・近国に移住してきた隼人たちが存在し、彼らを大隅直氏に統括させるため実施されたと指摘している[47]。つまり換言すれば、天武朝後半まで、都で大人数の隼人をまとめるシステムは、まだ未完成であった可能性が高い。

このように理解し得るのであれば、天武・持統朝は隼人の奉仕を考えるうえで画期と位置づけられるのではないだろうか。すなわち、天武朝以前にも、大化前代の流れを引き継ぎ、隼人が奉仕を行う場面があったと思われる。しかし天武天皇十四年に至り、大隅直氏を中心に畿内・近国に住む隼人を統括する仕組みが整えられた。こうして大人数の隼人の受け入れが可能となり、持統天皇三年に一七四人の隼人が朝廷に献上されたのだろう。そしてこれと前後して、隼人の奉仕は制度化され、時の天皇に対し、主に儀式や行幸といった場面で、大人数で組織だって行うものに再編成されたと考えられるのではないだろうか。

以上本章では、畿内における隼人の奉仕について、まず奈良・平安時代の内容を検証し、可能な限り復元したうえで、第一章で検証した大化前代の伝承も取りあげ、各時代の特徴を比較することで、隼人の奉仕の本質と変遷過程を明らかにしてきた。本章で述べたのは以下の三点である。

① 天皇に対して隼人が奉仕を行っていた点、そして天皇が御す空間の境で従事していた点は一貫して見受けられる。すなわちこれらの点は、時代を経ても、王権は変化を与えなかったのであり、これこそが隼人の奉仕の本質といえる。

② 奈良・平安時代の内容を比較すると、細部に違いがあるが変化は少なく、これは隼人の奉仕全般の性格を転換させるようなものではなかった。

③ 大化前代における特定の「天皇」「皇子」との個別人格的な従属関係にもとづく隼人の奉仕は、天武・持統朝を画期として制度化され、時の天皇に対し、主に儀式や行幸といった場面で、大人数で組織だって行うものに組み

替えられた。

最後に筆者が改めて注目したいのは、天武・持統朝に隼人の奉仕に画期があったことである。第二章で論じたように、同時期に同一基調にある政策が列島南北端に対して恒常的に行われはじめたのも天武朝であった。したがって、列島南北端に住む人々を華夷秩序にもとづき「夷狄」として同じ扱いとした点に律令国家による「辺境」支配の成立を見出すならば、この頃にその画期があったとみなせる。そうした時期に、本章で論じたように、隼人の奉仕にも転換があったことを考えると、この変化も律令国家の「辺境」支配の形成にともない実施されたと推測できる。こうして律令国家は、大化前代以来続いてきた隼人の奉仕を、律令国家への奉仕へと作りかえていった様子がうかがえるのである。

註

（1）本章で考察対象とするのは、畿内・近国に定住、もしくは長期間滞在していた隼人が従事していたものに限定する。したがって、九州南部から上京してきた隼人が行っていた「朝貢」儀礼は、検討対象から外す。

（2）『延喜式』隼人司式習吠条に「左発二本声一、右発二末声一、惣大声十遍、小声一遍、訖一人更発二細声一二遍」とあるように、吠声は、様々な発声方法を駆使し行われていた。

（3）丸山裕之「中世後期朝廷官司運営の一断面―行幸における雑隼人供奉儀礼と隼人正―」（『駿台史学』一四三号、二〇一一年）。

（4）井上辰雄「隼人の鎮魂と呪能」「畿内隼人の特殊技能」（同ａ『隼人と大和政権』学生社、一九七四年）、同「近習隼人」「畿内隼人」（同ｂ『熊襲と隼人』教育社、一九七八年）、中村明蔵「隼人司の成立とその役割」（同『熊襲・隼人の社会史研究』名著出版、一九八六年）、鈴木拓也「律令国家転換期の王権と隼人政策」（『国立歴史民俗博物館研究報告』一三四集、二〇〇

七年)、武田佐知子「日本古代における民族と衣服」(『日本の社会史　第八巻　生活感覚と社会』岩波書店、一九八七年)、林屋辰三郎『中世芸能史の研究―古代からの継承と創造―』(岩波書店、一九六〇年)、平間充子「隼人と国栖の芸能奏上―場の論理から奏楽の脈絡を読む―」(『桐朋学園大学研究紀要』三六号、二〇一〇年)、宮島正人「『狗人』考―隼人と葬送儀礼―」(『古事記年報』二八号、一九八六年)、前川明久「隼人狗吠伝承の成立」(同『日本古代氏族と王権の研究』法政大学出版局、一九八六年)、伊藤循「延喜式における隼人の天皇守護と『隼人＝夷狄論』批判」(『人文学報　歴史学編』四〇号、二〇一二年)、小林行雄「隼人造籠考」(三品彰英編『日本書記研究』一冊、塙書房、一九六四年)、福島千賀子「隼人の呪力についての一試論―領巾・赤色・竹を中心に―」(中村啓信他編『神田秀夫先生喜寿記念　古事記・日本書紀論集』続群書類従完成会、一九八九年)。

(5) 永山修一「隼人と律令制」(下篠信行他編『新版古代の日本　第三巻　九州・沖縄』角川書店、一九九一年)。

(6) 本章で用いる史料の編纂時期は以下のように考えられている。『儀式』、貞観十四年(八七二)十二月以降に編纂。『延喜式』、延喜五(九〇五)年に編纂開始、延長五(九二七)年に奏進。『新儀式』、応和三(九六三)年以降成立。『西宮記』、十世紀中頃~後半成立。『北山抄』、長和・寛仁年間(一〇一二~二一年)成立。『江家次第』、十二世紀初頭成立。なお、本章で用いる史料以外に、『内裏式』『内裏儀式』からも抽出を試みたが、管見の限り、隼人の奉仕につながる記述は見当たらなかった。

(7) 『延喜式』隼人司式大儀条、同駕行条、同習吠条、同十五日大衣条。

(8) 『延喜式』隼人司式大儀条、同駕行条、同番上条。

(9) 鈴木前掲註(4)論文。

(10) 『延喜式』隼人司式大儀条、同駕行条、同十五日大衣条、同今来時服条、同死亡条。

(11) 『延喜式』隼人司式大儀条、同喚集条。

(12) 『延喜式』隼人司式計帳条。

(13) 『儀式』巻第六。なお、これは元日朝賀の儀に関する規定であるが、即位・蕃客入朝の際にもほぼ同じことを行うため、それらの儀式でも、卯刻に集まっていた可能性が高い。
(14)『養老令』職員令隼人司条。
(15)令の規定にはないが、大同四（八〇九）年に二人置かれた（『日本後紀』大同四年三月己未〈十四日〉条）。
(16)『延喜式』兵部省式元日条。前掲註（13）と同様、この検校も、即位・蕃客入朝の際に行われていた可能性が高い。
(17)『権記』寛弘八年十月十六日条。
(18)『殿暦』嘉承二年十二月一日条。
(19)『北山抄』践祚抄大嘗会事、『儀式』巻第二。
(20)その他にも、『延喜式』神祇七践祚大嘗祭式班幣条、『西宮記』臨時七大嘗会事に同様の記載がある。
(21)先学の研究では、国栖が「古風」を奏上する場で、隼人も風俗歌舞を奏上している点に注目し、王権が彼らを対比的に扱っていたと考える説が多い。たとえば林屋辰三郎氏は、「国栖と隼人を対比すると、それらが統一過程の始終の両極に位するとも、大いに意味ある点ではなかろうか」とし、国栖と隼人を、それぞれ最初と最後に統一した「異民族」として捉えたために与えられた役割とした（林屋前掲註（4）著書）。また、平間充子氏は、「国栖は山の、そして隼人は海の民として認識されていた」と述べ、彼らの奏上を「山海之政」を体現するために与えられた役割とした（平間前掲註（4）論文）。しかしながら、「古風」や風俗歌舞を奏上するタイミングに注意すると、こうした見解には賛同できない。『儀式』巻第三を参照すると、まず、国栖と隼人が入場してくる場面が異なっていることがわかる。むしろ国栖は、歌人を率いた悠紀・主基国司や、語部を率いた伴宿禰・佐伯宿禰とともに朝堂院のなかに入ってくる。そして、隼人は、彼らがそれぞれ、「古風」「国風」「古詞」を奏上したのちに、ようやく参入してくる。そのため、隼人が風俗歌舞を奏上するタイミングも異なっている。なお、この時、隼人が興礼門から入場してくるのに対し、国栖が「左腋門」（章徳門のことか）から入っており、そうした違いにも注意すべきであろう。このように、儀式次第を注視していくと、王権が隼人と国栖を対比的に捉えていたとする従来の理解には賛同できない。
(22)『吏部王記』承平二（九三二）年十月二十五日条、天慶九（九四六）年十月二十八日条。

(23)『小右記』長和元（一〇一二）年十一月二十二日条。ただしこの時は、「諸卿入レ自二会昌門一、隼人不レ発二吠声一、諸卿一両相催、纔吠。不レ似二例声一」とあるように、藤原実資によれば、規定通りできていなかったようである。
(24) 榎村寛之「野行幸の成立―古代の王権儀礼としての狩猟の変質―」（『ヒストリア』一四一号、一九九三年）。
(25) 榎村前掲註（24）論文。
(26)『令義解』雑令文武官人条、同進薪条、『儀式』巻第九。
(27) 瀧川政次郎「百官進薪の制と飛鳥浄見原令」（『法制史論叢 第一冊 律令格式の研究』角川書店、一九六七年）。
(28)『延喜式』宮内省式御薪条、『儀式』巻第九。
(29)『御堂関白記』長和元年四月二十四日条。
(30)『続日本紀』霊亀二年五月辛卯（十六日）条。
(31)『万葉集』巻一一 二四九七（『新日本古典文学大系 万葉集』三巻、岩波書店、二〇〇二年）。
(32)『日本書紀』神代下第一〇段一書第二。
(33)『続日本紀』天平七年八月辛卯（八日）条。
(34) 奈良国立文化財研究所編・刊『平城宮発掘調査報告Ⅸ』（一九七八年）、中村明蔵「隼人の楯 隼人と赤色―その服属儀礼と呪術に関連して―」（同『古代隼人社会の構造と展開』岩田書院、一九九八年）、同『隼人の楯』（学生社、一九七八年）。
(35)『延喜式』隼人司式威儀条には、「凡威儀所レ須横刀一百八十口、楯一百八十枚、《枚別長五尺、広一尺八寸、厚一寸、頭編二著馬髪一、以二赤白土墨一画二鈎形一》」という規定がある。ここから、隼人が使用していた楯は、長さが五尺、広さが一尺八寸、厚さが一寸で、楯の頭部に馬髪が編まれており、赤白土の墨で鈎形が画かれていたことがわかる。『養老令』雑令度十分条によると一尺が一〇寸であり、また、唐尺一尺が約二九・七センチなので、これを楯の長さ五尺、広さ一尺八寸、厚さ一寸に乗じると、それぞれ約一五〇センチ、約五四センチ、約三センチとなる。したがって寸法については、出土品と多少の差異があるものの、ほぼ一致しているといえる。さらに、「鈎」とは、「鉤」の略字でかぎを意味するため、渦文の説明と理解できる。これらのことから、この出土品は隼人の楯と特定されている。

（36）なお隼人がなぜ帯剣を停止されたかについては、永山氏が隼人の軍事的無力化をはかったものと理解している（永山修一「隼人の『消滅』」〔同『隼人と古代日本』同成社、二〇〇九年〕）。しかし、その後も隼人は軍事力と無縁の存在ではなかった。例えば隼人司は、九世紀初頭の平城朝における諸官司の整理・統合のなかで、大同三年正月に、一旦、衛門府に併合される形で廃止されたのだが、その半年後、衛門府も廃止されたために、兵部省のもとで再置された（狩野文庫本『類聚三代格』巻四　大同三年七月二十六日付太政官奏）。兵部省は、軍政一般、とくに武官人事を担当する官司（『養老令』職員令兵部省条）であり、そのもとに置かれた隼人司が、軍事と関係なかったとはいいきれない。また本章第一節で論じたように、法典・儀式書にみられる隼人が、横刀・楯・矛をもって奉仕を行っていることから考えても、宝亀二年の記事から隼人の軍事的任務が「光仁朝に至って姿を消す」とは想定しにくい。むしろ「帯剣」の停止という点に着目し、「六国史・『延喜式』の帯剣・帯刀に関する記事をみると、帯刀は舎人（資人）がほとんどであり、帯剣は上級貴族・皇族に認められることが多い。帯剣は身分の上位者の表象であったため、隼人の帯剣は認められなくなり、帯刀に転換された」という伊藤循氏の指摘（伊藤前掲註（4）論文）に従えば、この記事は単に隼人の装束に変更を加えたものと評価できる。記事自体があまりに短いため断言しにくいが、本書では以上のように考えたい。

（37）『続日本紀』天平十二年九月戊申（二十四日）条。

（38）『続日本紀』天平十二年十月壬戌（九日）条。

（39）他にも、隼人司が斎王に対して奉仕を行っている点が注目される。斎王は天皇即位のはじめに未婚の内親王のなかから卜定され、三年間潔斎につとめ、九月に伊勢に群行することになっていた。『延喜式』神祇五斎宮式によると、三年目の四月上旬に装束司が任命され、そのうち雑工四〇人は、「《簡二取内匠・木工・隼人等寮司長上以下諸部等一為レ之》」とあるように、隼人司の長上以下の諸部らも対象とされていた。隼人自身が装束司の雑工に任命されるわけではないが、彼らを掌る官司が天皇の代行として皇祖天照大神を祀る斎王に仕えていたのは、隼人が天皇に対して奉仕を行う存在と認識されていたことを示唆するのではないだろうか。

（40）『日本書紀』神代下第一〇段一書第二。

(41)『日本書紀』清寧天皇元年十月辛丑（九日）条。
(42)『日本書紀』敏達天皇十四年八月己亥（十五日）条。
(43)なお、広嗣軍の前鋒も隼人であった。ただし、ここに記されてある隼人の奉仕は、事件の経緯からみても、元来隼人が行うべきものであったとは考えにくい。そのため例外中の例外であったと考えたい。
(44)『日本書紀』敏達天皇十四年八月己亥条、用明天皇元年五月条。隼人と兵衛の言い換えについては、第一章で論じた。
(45)『日本書紀』天武天皇十四年六月甲午（二十日）条。
(46)井上辰雄「畿内隼人の成立」（井上前掲註（4）a著書）など。
(47)永山修一「隼人の登場」（永山前掲註（36）著書）。

第七章　桓武・平城朝における対隼人政策の諸問題

律令国家が隋・唐を模倣し、「東夷の小帝国」として帝国型国家を志向していたことはすでに知られている。すなわち律令国家は、天皇の王化・教化の及ぶ範囲の内を「化内」、外を「化外」とわけ、そのうち後者を、唐を示す「隣国」、朝鮮諸国を指す「諸蕃」、列島内に居住しながら王化の及んでいない諸種族である「夷狄」に区分していた。(1) そして、これら「諸蕃」「夷狄」の上に帝国として君臨しようとしていたと考えられている。(2) 以上の理解については、部分的な修正も試みられているが、(3) 少なくともある時期にこうした構想があった点は間違いないと思われる。本章はそのなかでも、列島内における帝国構造を検討していくものである。

通説によれば、日本列島に存在した王権は、七世紀後半に律令にもとづく新たな国家体制を構築していくなかで、その「辺境」にあたる地域に居住する人々、つまり、東北に居住する蝦夷（・蝦狄）、九州南部の隼人、南西諸島の南島人を、「夷狄」として組み込んでいったと考えられている。(4) その後の推移は、研究者によって若干の違いがみられるが、八世紀後半～九世紀初頭に、列島内における帝国構造が変質し、清算されていく点については、おおむね共通認識になっているといえよう。(5)

この構想の変質・清算の大きな根拠の一つになっているのが、八世紀最末期～九世紀初頭における隼人および九州南部に対する諸政策（本章では便宜上、桓武・平城朝における対隼人政策と呼ぶ）の変化である。具体的には、この時期、それまで行われていなかった班田が九州南部で開始されたこと、[6] 名目上、大宰府によってなされていた九州南部に居住する隼人の貢進停止、[7] 隼人司が管掌する隼人の人員が削減されたり、[8] 隼人司が衛門府に併合されたりするなど、[9] 隼人司が変容したことがあげられる。そして、九州南部の人々が東北の人々とともに「公民」とされ、「東夷の小帝国」は変質していったと考えられている。[10]

しかしこうした理解について、問題がないわけではない。一つは、上記した対隼人政策が、蝦夷・俘囚および東北北部に対する政策（本章では便宜上、対蝦夷政策と呼ぶ。また、東北北部を出身とする、蝦夷・俘囚・夷俘・俘夷などを総称する場合、蝦夷と表記する）と安易に同一視されている点である。もう一つは、後述するように、桓武・平城朝に散見する対隼人政策にかかわる基礎的な事実の理解に問題がみられることである。したがって、桓武・平城朝における対隼人政策を具体的に検証し、ひいてはそれを根拠にした列島内における帝国構造に関する従来の理解を再検討する必要があろう。

以上のような関心のもと、本章では、まず、桓武・平城朝における対隼人・蝦夷政策を比較し、従来の理解の根拠を検討する。続いて、同時期に起こった対隼人政策の変化を検証する。そしてこれらを踏まえたうえで、列島内における帝国構造について再検討していきたい。

一　桓武・平城朝における対隼人・蝦夷政策の比較

本節では、桓武・平城朝における対隼人・蝦夷政策を比較し、従来の理解の根拠を検討していきたい。まず、これまでの研究で述べられてきたことを確認しておきたい。

坂上康俊氏は、新羅・渤海の日本への貢調や、唐使迎接儀礼における屈辱をきっかけとして、日本が唐帝国の埒外に自らの天下を構想しようとしたため、国内に「異民族」を抱えるという体裁をとる必要がなくなり、九州南部や東北北部といった列島内における帝国構造が清算されはじめたとしている。[11] また、永山修一氏は、東北で対蝦夷戦争が順調に推移するなか、延暦十九（八〇〇）年前後に、俘囚・夷俘に対して、乗田や口分田の班給、調庸賦課の開始など、「公民化」をはかる政策が行われていることから、対隼人政策と同一基調にあると考え、南北両「辺境」支配の進展に応じて、政府が共通の政策適用を目指したとしている。[12]

しかしながら、こうした理解には問題があると思われる。第一に、両地域に対する政策が変化した時期のタイムラグをほとんど顧慮していない点である。坂上氏がきっかけとして考えた、新羅[13]・渤海[14]の貢調使や唐使[15]の来朝は、宝亀十（七七九）年のことである。ただし蝦夷は、八世紀初頭以降、元日朝賀への参列をともなう「朝貢」儀礼を行っていたのだが[16]、宝亀五年に入朝が停止された。[17] そのため、従来の理解に沿って考えるならば、むしろ貢調使や唐使の来朝よりも先に、帝国構造の清算がはじまっていたとするべきだろう。ところが、従来の研究で対比されてきた、大宰府による隼人の貢進停止は、延暦二十年のことであり[18]、蝦夷の入朝停止から二五年以上の歳月が経っている。そのうえ隼人の場合、宝亀五年以降も、同七年・延暦二年と、ほぼ規定通り上京し、「朝貢」儀礼を行っていた。[19] 加えて、上京する時期が乱れた延暦十一年には、「隼人之調」の催促が行われているので[20]、政府がいまだ隼人による「朝貢」儀礼の実施を放棄していなかったことが読み取れる。したがって、蝦夷の場合と異なり、隼人は宝亀年間以降も入朝が求められていた。このように考えると、隼人に対する政策の変化は、約四半世紀も遅れており、これらは同一視できないといえる。

第二に、対蝦夷政策と共通の政策適用が行われていたとする説についてだが、この理解には史料解釈に問題がある。

まず、この根拠となっている、次の三つの史料を検討したい。

史料一『類聚三代格』巻一七　延暦十七年四月十六日付太政官符

太政官符

応レ免二俘囚調庸一事

右得二大宰府解一偁、所管諸国解偁、件俘囚等、恒存二旧俗一、未レ改二野心一、狩漁為レ業、不レ知二養蚕一。加以居住不レ定、浮遊如レ雲。至レ徴二調庸一、逃二‐散山野一。未進之累、職此之由。望請、免レ徴二正身一、至二于蕃息一、始徴二課役一。然則俘囚漸習二花俗一、国司永絶二後煩一者。府加二覆検一、所レ陳有レ理。謹請二　官裁一者。大納言従三位神王宣、奉レ勅、依レ請者。諸国准レ此。

延暦十七年四月十六日

史料二『類聚国史』巻一九〇　延暦十九年三月己亥朔条

出雲国介従五位下石川朝臣清主言、俘囚等冬衣服、依レ例須二絹布混給一。而清主改二承前例一、皆以レ絹賜。又毎レ人給二乗田一町一。即使二富民佃一レ之。新到俘囚六十余人、寒節遠来、事須二優賞一。因各給二絹一疋・綿一屯一、隔二五・六日一、給レ饗賜レ禄。毎レ至二朔日一、常加二存問一。又召二‐発百姓一、令レ耕二其園圃一者。勅、撫二‐慰俘囚一、先既立レ例。而清主任レ意失レ旨、饗賜多レ費、耕佃増レ煩。皆非二朝制一。又夷之為レ性、貪同二浮壑一。若不二常厚一、定動二怨心一。自今以後、不レ得二更然一。

史料三『類聚国史』巻八三　弘仁七（八一六）年十月辛丑（十日）条

勅、延暦廿年格云、荒服之徒未レ練二風俗一、狎馴之間不レ収二田租一。其徴収限待二後詔一者。今夷俘等、帰化年久、漸染二華風一。宜下授二口分田一、経二六年已上一者、従収中田租上。

まず史料一を検討したい。この史料は、西海道諸国から申し出を受けた大宰府が、俘囚の調庸免除を申請したものである。これによれば、西海道諸国の国司らは、移配された俘囚から調庸を徴収しようとすると山野に逃散するため、その未進が累積していると報告したうえで、俘囚本人からの徴収を免じ、子孫が増えてから課役を賦課するよう要望している。つまり、この史料に記されている西海道に移配された俘囚は、むしろ延暦十七年まで調庸徴収の対象とされていた。したがって、少なくともこの史料から、この時点で調庸賦課が開始されたとはできない。

続いて史料二である。この記事からは、出雲国介である石川清主が、同国に移配されてきた俘囚に対して行った慰撫が読み取れる。清主は、俘囚等の冬の衣服として、絹・布混合の先例を改め、すべて絹で下賜した。また、乗田一町を与えて富民に耕作させた。さらに、新たに移配された俘囚に対して絹一疋・綿一屯を給付し、五・六日ごとに饗宴を開いて禄をたまい、毎月一日には慰問し、加えて、百姓を招集して彼らの園圃を耕作させたことがわかる。以上から、永山氏が述べるように、乗田の班給は行われていた。しかし勅によれば、これらの清主の行為は、「任ㇾ意失ㇾ旨」とあるように、勝手な判断とされている。したがって、乗田の班給は清主の独断なのであり、これを俘囚に対する政策の転換として一般化はできない。

最後に史料三である。この史料には延暦二十年の格が引かれている。これによれば、降伏した夷俘が風俗になれるまで田租を納めさせず、徴収の開始について後詔を待つように指示があったことがわかる。そして、弘仁七年に至って、口分田が班給されて六年以上経過した者から、田租の徴収が行われるようになった。つまり、延暦二十年の格は田租の免除を規定しただけであり、口分田がこの時点で班給されはじめたかは判断がつかない。

このように、永山氏が根拠とした史料からは、延暦十九年前後に俘囚・夷俘に対して「公民化」政策が行われたと断言できず、南北両「辺境」支配の進展に応じて、共通の政策適用を目指したとは評価できないと考えられる。

以上、桓武・平城朝における対隼人・蝦夷政策を比較していき、これまでの理解の根拠を検討してきた。従来、桓武・平城朝における対隼人政策の変化は、宝亀年間頃に生じはじめた、帝国構造の転換のなかで説明されてきた。しかし、その転換からおよそ四半世紀が経過していることは看過できない。また、八世紀最末期~九世紀初頭にかけて、対隼人政策が、蝦夷と共通の政策適用が行われていたとする説には、史料解釈に問題がみられる。したがって、従来の理解には十分な根拠があるとはいえないのである。

二　九州南部における班田制の実施について

表25にあげたように、桓武・平城朝、とくに延暦年間後半~大同年間にかけて、対隼人政策には多くの変化がみられる。そこで本節では、そのなかでもまず、九州南部で班田制が実施されたことについて検証していきたい。なお、すでに第三章で論じた点もあるが、説明の都合上、再述する。

史料四『続日本紀』天平二（七三〇）年三月辛卯（七日）条

大宰府言、大隅・薩摩両国百姓、建㆑国以来、未㆓曾班㆑田。其所㆑有田悉是墾田。相承為㆑佃、不㆑願㆓改動㆒。若従㆓班授㆒、恐多㆓喧訴㆒。於㆑是随㆑旧不㆑動、各令㆓自佃㆒焉。

史料五『類聚国史』巻一五九　延暦十九年十二月辛未（七日）条

収㆓大隅・薩摩両国百姓墾田㆒、便授㆓口分㆒。

史料四からわかるように、大隅・薩摩両国では、「百姓」が「墾田」を所有していたが、建国以来班田がなされていなかった。そして天平二年、「百姓」が「墾田」を改め動かすことを願っておらず、「喧訴」を起こす可能性が高かったため、班田の実施が見送られた。こうしてそれ以降も、班田が行われなかったが、史料五にあるように、延暦十九年に至ってようやく、「百姓」の「墾田」が収公され、班田が実現した。ここに記されてある「墾田」とは、班田収授法の適用を受ける以前の「百姓」の耕作田であり、新開発を意味する「墾田」とは区別されるものである。(21)また「百姓」とは、もともと九州南部に居住しており、国家から「隼人」と呼称された人々だけでなく、国家によって周辺諸国から移配された者(22)(「柵戸」を含む)(23)も指すと考えられる。

ところで通説では、史料五を転換点として、隼人を「編戸民」「調庸民」とし、「公民」としたと理解している。(24)しかしこの記事をもって、隼人が「公民」になったという理解は成り立たないと思われる。

第一に、班田とは、国家が把握し管理して

表 25　桓武・平城朝における対隼人政策の変化

和暦	西暦	月	日	条	内　容	出典
延暦 14 年	795	7	10		隼人司の使部を 10 人から 6 人に削減する。	『類聚三代格』
延暦 19 年	800	12	7	辛未	大隅・薩摩両国の百姓の墾田を収め、口分田を授ける。	『類聚国史』
延暦 20 年	801	6	12	壬寅	大宰府の隼人貢進を停止する。	『類聚国史』『日本紀略』
延暦 24 年	805	1	15	乙酉	永く大替隼人の風俗歌舞を停止する。	『日本後紀』
		11	10		隼人司の隼人男女各 40 人のうち、20 人ずつを減らす。	『類聚三代格』『日本後紀』(同.12.7.壬寅)
大同 3 年	808	1	20	壬寅	隼人司を衛門府に併合する。	『類聚国史』
		7	26		隼人司を再置して兵部省の被管とする。隼人佑を廃止する。隼人司の使部を 4 人に削減する。	『類聚三代格』『日本後紀』(同.8.1.庚戌朔)
		12	5	壬子	定額隼人に欠員があるときは、京畿隼人から補うことにし、衣服・粮料を衛士に準じてたまうことにする。ただし、女性は補任しない。	『日本後紀』『類聚三代格』(大同 4.1.7)
大同 4 年	809	3	14	己未	隼人司に 2 員史生を置く。	『日本後紀』

いる列島の耕地を、国家が把握した民衆に給することで、彼らの移動を抑えこみ、課税を確実にするために行われたものであった[25]。つまり、「墾田」を所有して、すでに移動を行っていなかった大隅・薩摩両国の人々には、あえて無理をして班田を行う必要がなかったと考えられるのである。換言すれば、班田が実施されていないからといって、それがすなわち、「公民」ではなかったことを意味するわけではない。

第二に、史料四・五の対象が「百姓」と記されている点である。繰り返しになるが、「百姓」とはあくまで、国家から「隼人」と呼称された人々だけでなく、国家によって周辺諸国から移配された者も指すと推測される。つまり、「隼人」だけを対象にした政策ではない。

第三に、八世紀代においても、大隅・薩摩両国では人身・土地の把握が行われる地域が広がっていたと考えられる点である。通説では、両国のなかでも非隼人郡[26]とそれに隣接する二〜三の隼人郡のみ、人身把握・課役の賦課が行われたと理解されてきた[27]。確かに、両国は令制国として編成されるのが遅れた地域であったため[28]、八世紀初頭から律令制度にもとづく支配が貫徹されていたわけではなかった。しかし、すでに第三章で論証したように、「天平八年度薩麻国正税帳」の記載や史料四の日付などから、八世紀半ば頃になると、隼人郡においても人身・土地の把握が行われる地域が広がっていたと推測される。

以上から、史料五で班田が実施されたからといって、即座にそれが隼人の「編戸民」「調庸民」化=「公民化」を意味するとはいえない。むしろ史料四で、「百姓」に対して「墾田」を「令㆓自佃㆒」と記されてあることを素直に解釈すれば、すでに八世紀前半には、政府は「墾田」耕作の指示を行っていたと理解できるのではないだろうか。こうした人民と土地の把握が進んでいたからこそ、政府は無理に班田を行わず、延暦年間まで実施しなかったと推測される。つまり（都で理念的にどのように位置づけられていたかは別として）実態としては、もともと九州南部に居住しており、国家から「隼人」と呼称された人々は、八世紀代を通じて、徐々に「公民」と同様の政策を受ける人々が増加していったと考えられる。

三　大宰府による隼人の貢進停止について

続いて本節では、大宰府による隼人の貢進が停止されたことについて検証していきたい。

史料六『類聚国史』巻一九〇　延暦二十年六月壬寅（十二日）条

　停㆔大宰府進㆓隼人㆒。

史料七『日本後紀』延暦二十四年正月乙酉（十五日）条

　永停㆓大替隼人風俗歌舞㆒。

九州南部に居住する隼人と呼称された人々は、理念的に「異民族」と認識され[29]、七～八世紀代にかけて、都に上京して貢ぎ物を差し出す「朝貢」儀礼を行っており、それに対して天皇から禄・饗宴などをたまわっていた。第四章で述べたように、こうした服属儀礼は、当初、蝦夷や南島人と同様、不定期に実施されていたが、霊亀二（七一六）年、「朝貢」儀礼を行った人々がそのまま六年間在京し、都で隼人独自の奉仕を行うことが制度化された[30]。このように実態としては、九州南部の隼人を長期間かつ定期的に隼人司に補充し、奉仕を行わせる上番システムが構築され、それまでなされていた「朝貢」儀礼が、そのなかに包摂されるようになった。ただ、この「朝貢」儀礼をともなう上番は、史料六からわかるように、名目上、大宰府による貢進という形をとっていた。

　さて史料六は、右で述べたような大宰府による隼人貢進が停止されたものである。また史料七は、都に滞在していた最後の隼人[31]の一部が帰郷する期日になったのだが、史料六の停止措置によって新たに隼人が上京しなくなったため、「大替隼人」（九州南部と都を行き来する隼人）による風俗歌舞が停廃された記事である。

このような変化についても、先学は隼人の「公民化」として捉え、律令国家の帝国構造の変質・清算の根拠としている[32]。また、この貢進が停止されることにより、それまで行われていた隼人の奉仕が畿内・近国に住む隼人によって担われたため、停止後の奉仕について「南九州と無縁の形」で継承されるようになったと考えている[33]。

しかしこうした見解は、上京した隼人が行っていたことのうち、「朝貢」儀礼のみに焦点をあてたものであり、その後六年間彼らが都で従事していた奉仕を軽視していないだろうか。確かに、九州南部に居住する人々は上京しなくなる。しかし、都に滞在していた最後の隼人の一部は、「今来隼人」としてそのまま畿内に残り[34]、『延喜式』隼人司式に記載があるような奉仕を行っていた。つまり延暦二十年以降も、律令国家は隼人に対し、服属儀礼を行うことを強要し続けたのである。また、この畿内・近国に残った「今来隼人」たちが存命していた間、大隅・薩摩両国出身の隼人によって奉仕はなされたのであり、延暦二十年をもって、「南九州と無縁の形」になったとする理解にも問題がある。

さらに、『延喜式』民部式下大宰所進条に「凡大宰府毎年調絹三千疋附㆓貢綿使㆒進之。又隼人調布、除㆓府家三箇年雑用料㆒之外、付㆑使進上」という規定があるのは重要である。すなわち、九世紀以降も「隼人調布」が大宰府に献上され、そのうち大宰府で利用する三年間の「雑用料」以外が朝廷に送付されていた。『延喜式』主計式上によれば、大隅・薩摩両国は布を調として輸していた。おそらく、この布を「隼人調布」と置き換えて認識したのであろう。つまり、九州南部の人々が上京することはなかったが、貢ぎ物は依然として差し出されていたといえる。

このように考えていくと、延暦二十年の大宰府による隼人貢進停止とは、九州南部の隼人とされた人々が上京しなくなっただけであり、都における奉仕や貢ぎ物の進上は、九世紀に至っても依然として引き継がれていたのである。

四　隼人司の変容について

本節では、桓武・平城朝で生じた、隼人を管轄する隼人司の変容を論じていきたい。ここではまず、その改変について、時系列をおって整理していく。この時期に起こった変化は、次の五点である。

一つ目は、隼人司の管掌する使部の人数が減らされたことである。

史料八『類聚三代格』巻四　延暦十四年七月十日付太政官符

太政官符

応レ定二諸司使部一事。

衛門府廿人　隼人司六人　左衛士府六十人　右衛士府六十人
左兵衛府廿人　右兵衛府廿人　主馬寮十人　左兵庫六人
右兵庫六人　内兵庫六人　近衛府廿人　中衛府廿人

以前、被二右大臣宣一偁、奉レ勅、諸司使部、徒満二其数一、無レ用二官司一、宜下改二張格令一、依レ件為上定。但左右衛士両府者、職掌別二他府一、亦宜レ宛二中等位子一者。省宜二承知一、自レ今以後、永為二恒例一。

延暦十四年七月十日

令の規定によると、隼人司の使部は一〇人と定められていた[35]。しかし延暦十四年、無益に使部の数を満たしているので、六人に減らされたことが史料八からわかる。使部とは、律令官制における下級職員の一つであり、散位のうち「身才劣弱」で職務に堪えられない者[36]、もしくは、内六位~八位までの官人の嫡子で、二一歳以上で現任でない者のうち、「身材劣弱」で文算を理解せず下等と判定された者が、式部判補で採用された[37]。なお、この時同時に、衛門府・左右兵衛府・主馬寮・左右兵庫・内兵庫・近衛府・中衛府に属する使部も減らされた。このように使部の減員は、隼人司だけで実施されたわけではなかった。

二つ目は、隼人司に属する隼人の人数が減らされたことである。

史料九『類聚三代格』巻四　延暦二十四年十一月十日付太政官奏

太政官謹奏

応レ停二減雑色等一事

隼人八十人《減二卌人一定二卌人一》　男卌人《減二廿人一定二廿人一》　女卌人《減二廿人一定二廿人一》

以前伏奉二　勅旨一、頃年営造未レ已、黎民或レ弊。念二彼勤労一、事須二矜恤一。加以時遭二災疫一、頗損二農業一。今雖レ有レ年、未レ聞レ復レ業。宜二量レ事優矜、令レ得二存済一者。官議商量、具件如レ前、具録二事状一、伏聴二　天裁一。謹以申聞謹奏。

延暦廿四年十一月十日

聞。

史料九からわかるように、それまで隼人司には男女それぞれ四〇人ずつ、計八〇人の隼人が属していた。しかし、当時行われていた平安京の造営や災疫により、民が疲弊していたので、官司内の雑務に従事した「雑色」の停減がはかられ、その一貫として隼人司の隼人も減らされた。ただしこの時も、同時に仕丁が停止され、衛門府・左右衛士府の衛士、雅楽寮の歌女、仕女も削減されており[38]、使部の減員と同様、隼人司だけで行われたわけではなかった。

三つ目は、隼人司の一時的廃止とその再置である。

史料一〇狩野文庫本『類聚三代格』巻四　大同三年七月二十六日付太政官奏

太政官謹奏

　隼人司

　　正一員、令史一員、使部四員、直丁一人、大衣二人、隼人卌人。《男廿人、女廿人。》

右、准二今年正月廿五日詔書一、廃-省件司一、併二衛門府一。而今廃二衛門府一、混二於左右衛士府一。夫衛士府者、所レ掌惟劇、不レ須二兼領一。伏請、更置二件司一、隷二兵部省一。其隼人者、延暦廿四年十二月七日格、減-省旧数一、依レ件定レ之。又延暦十四年閏（ママ）七月十日格、減-定使部六人一、凡十羊九牧、已非二政道一。亦請レ省-除佑員一、使部准レ此減定。臣等商量所レ定、具件如レ前、謹録二事状一、伏聴二天裁一。謹以申聞、謹奏。

　　大同三年七月廿六日

聞。

史料一〇には、大同三年に行われた隼人司の廃止(39)から再置までの経過が記されている。これによれば、隼人司は正月に廃止され、衛門府にその機能を吸収された。ところが、七月に衛門府も左右衛士府に併合されたため(40)、再度兵部省のもとで再置された(41)。ただし、この際、令の規定で定められていた佑が廃止され、使部も六人から四人に減らされた。なお、この時あまりにも官員を削減しすぎたのか、佑については、その後元慶元（八七七）年に再び置かれた(42)。

四つ目は、隼人司に属する「定額隼人」の欠員に対する規定が定められたことである(43)。

史料一一『日本後紀』大同三年十二月壬子（五日）条

勅、定額隼人、若有レ闕者、宜下以二京畿隼人一、随レ闕便補上之。但衣服粮料、莫レ同二旧人一、特准二衛士一給レ之。其女者不レ在二補限一。

「定額隼人」とは、『延喜式』隼人司式に登場する「今来隼人」のことで、とくにここでは、最後に隼人司に上番し、そのまま都にとどまった隼人を指す。[44] 史料一一では、もし「定額隼人」に欠員が出た場合、「京畿隼人」(畿内に居住する畿内隼人)のなかから補うこと、その際、衣服粮料を衛士に準じて与えること、女性の隼人を補わないことが定められた。この規定の詳細は、鈴木拓也氏が明らかにしたように、次の史料に記されている。

史料一二『延喜式』隼人司式今来時服条・死亡条

凡今来隼人給㆓時服及塩㆒、春夏男別絹一尺、《袴腰料、》布二端、《二丈一尺朝服一領料、一端衣二領料、二丈一尺袴三腰料、》庸布一段、《履直、》絲三銖、《縫㆓衣袴㆒料、》塩一斗、《漬㆑菜料、》女絹三丈、《下裙料、》布二端三丈、《三丈衣二領料、一端表裙二腰料、一端下裙二腰料、》庸布一段、《履直、》絲三銖。《縫㆓衣裙㆒料。》秋冬男絹一疋一尺、綿三屯、布二端、庸布一段、絲三銖、塩一斗。女絹一疋、綿三屯、布二端三丈、庸布一段、絲三銖。其粮毎月一給、男日黒米三升、塩三勺、女日黒米二升、塩二勺。其三年一給㆓布衾及鋪設㆒、人別調布一端、綿十三屯、席一枚、折薦二枚、《女同、》並限㆓一身㆒。若有㆑死者、給㆓賻物㆒、人別絁一疋、調布二端、庸布一段、白米五斗、酒一斗、腊一斗五升、塩三升。

凡今来隼人身亡者、択㆓取畿内隼人㆒充之、廿人為㆑限。其時服春夏人別庸布一段、秋冬庸布二段、庸綿三屯。粮人別日黒米二升、塩二勺。亦三年一度給㆓布衾㆒、人別調布一端、綿十三屯。

右の史料には、今来隼人に対する支給物の決まりが二つ記されている。すなわち、一つ目の条文は、時服・米・塩の待遇がよく、男女の区別があるのに対し、二つ目は相対的に冷遇した内容で、女性に対する規定がない。鈴木氏は、前者が、史料一一に記載がある「旧人」(最後に上番し、そのまま都にとどまった「今来隼人」)に対して適用されていたが、「旧人」が亡くなった場合、畿内隼人から新たに「今来隼人」が補填され、後者が適用されたとした。このように、史料一一と一二はセットで考える必要があるのだが、ここで重要なのは、新たに補填した隼人に対し、「旧人」よりも支給物の量を減らしている点である。つまり、史料一一の規定は、補填した「今来隼人」を相対的に冷遇することを定めたものと評価できよう。

最後に五つ目は、大同四年、令の規定では置かれていなかった史生が、隼人司にはじめて設置されたことである(45)。史生とは、律令官制における下級書記的な職員であり、公文書を浄書し、文案に四等官らの署名を取ることを職掌にしていた(46)。なおこの際同時に、左右兵庫寮、内薬司、造兵司、鼓吹司、囚獄司、織部司、内膳司、主水司で、隼人司と同様、新たに史生が置かれた。また、左右弁官、内蔵寮、陰陽寮、兵部省、大蔵省、大膳職、主殿寮、左右馬寮で史生が加増された一方、内記、内匠寮、散位寮、雅楽寮、木工寮、園池司、弾正台、東西市司で削減された。

以上のように、延暦年間後半〜大同年間には、隼人司に対して様々な改変が行われた。ただし注意しておきたいのは、次の二点である。一つは、こうした変化が隼人司に限ったことではない点である。すなわち、使部や雑色の削減、史生の設置は、隼人司だけで実施されたわけではない。また、この時期には、中央官司・官人の削減・廃止の事例もきわめて多い(47)。つまり、隼人司の変容は、その他多くの中央官司・官人にも共通するものだったといえる。もう一つは、隼人司の縮小化が延暦十四年の段階で起きている点である。永山修一氏は、隼人司が変化した要因の一つとして、延暦二十年の大宰府による隼人の貢進停止をあげている(48)。こうした側面があったこと自体を否定するつもりはないが、その六年前に使部が減らされていたのは注目に値する。つまり延暦十四年の時点で、すでに隼人司は整理の対象とされていたのである。したがって、縮小化の決定的要因は貢進停止ではないと考えられる。

五　桓武・平城朝における対隼人政策の変化

以上、桓武・平城朝における対隼人政策について具体的に検討してきた。従来指摘されてきたように、この時期、大隅・薩摩国で班田がはじめられ、大宰府による隼人貢進が停止され、隼人司が変容していったのは間違いない。しかし次の三点は、これまで見落とされてきたと考えられる。

①　延暦十九年に大隅・薩摩両国で班田が開始されたのは事実であるが、この班田によって、そこに居住する隼人が突然「公民化」されたわけではない。

②　延暦二十年に大宰府による隼人貢進が停止されたため、九州南部の隼人が上京することがなくなった。しかし、最後に隼人司に上番していた隼人の一部が畿内・近国に残り、その後も都で奉仕していた。また九世紀以降も、大隅・薩摩両国から大宰府を経由して朝廷に「隼人調布」が貢納されていた。

③　桓武・平城朝において、隼人司には様々な変化があったが、これは、隼人司だけでなく、その他多くの中央官司・官人にもみられるものであった。また、隼人司はすでに延暦十四年の段階で整理対象とされていたのであり、縮小化の決定的要因は大宰府による隼人の貢進停止ではない。

この三点を踏まえつつ、最後に桓武・平城朝において生じた対隼人政策の変化を検証していきたい。

まず、対隼人政策が変容していった延暦年間後半〜大同年間における政治状況を確認しておきたい。よく知られているように、桓武天皇は母が百済系の下級氏族の娘、高野新笠であったがゆえに、血統が比較的低いというコンプレックスをもっており、中国の皇帝像に接近することでその正当性を確保しようとした(49)。そして、こうした背景のもと、対蝦夷戦争と長岡・平安遷都という二大事業が展開された。その結果、政府は軍事と造作の財源を捻出することが求められた一方、負担の増大により貧窮した民衆を救済する必要があった。また、大宝律令が施行されてからほぼ一世紀が経過し、社会的・経済的な発展が加速するなか、大規模な構造改革を行っていくことも求められた。このような課題を克服するため、この時期に様々な改革が断行されたことは、すでに多くの指摘がある[50]。

ではこうした状況のなかで、なぜ対隼人政策に変化が起こったのだろうか。まず、大隅・薩摩両国における班田制の開始について考えたい。延暦十九年に班田が実施された要因の一つに、この年が班年であったことがあるのは間違いない。しかし、明確な理由は史料に記されていないため、不明といわざるをえない。ただし、史料四で班田を実施しえなかった理由が、所有する「墾田」を改め動かすことを「百姓」が望まなかったと記されてあるのは重要であろう。つまり、天平二年段階の「百姓」と「墾田」の関係が解消された場合、班田が実現可能かつ必要となるのである。

この点に着目して、延暦十九年に班田が実施された要因を考えるならば、まず、七〇年が経過し、天平二年段階の「百姓」と「墾田」の関係がなくなりつつあった状況が想像される。八世紀の九州南部では、疫病の蔓延や災害の発生が珍しくなく[51]、そうしたなか、「墾田」を所有する「百姓」が死亡したり、「墾田」が耕作不能となったりしたことは、想像に難くない。史料五の段階で「喧訴」が起こらなかったのは、おそらくこうした背景があったからであろう。

また先述したように、大隅・薩摩両国には周辺諸国の人々が移配されていたが[52]、彼らの生活を保証するために、土地を分配する必要があった。繰り返しになるが、この人々もまた「百姓」であり、史料四・五を整合的に理解するならば、八世紀の間、彼らに対しても『養老令』田令口分条にもとづく班田が行われていなかったとみるべきである。すでに第三章でも指摘したが、おそらくそのかわりとして、防人と同じように、『養老令』田令荒廃条に規定されてあるような空閑地の分配が行われたのではないだろうか。つまり、延暦十九年以前からすでに政府は、校田を行った際に所有者がいない空閑地や「百姓」が放棄した「墾田」を収公しており、移配された人々には、こうした土地を与えていた可能性がある。そして、延暦十九年に至るまでには、大隅・薩摩両国全域で班田を行いうる土地の面積に達したのであろう。

このように、延暦十九年段階で班田を行いうる条件が整ったことが、まずあったと想像される。そしてそれに加えて、天平二年段階の「百姓」と「墾田」の関係の相対的解消が認められるのであれば、政府は班田を実施する必要にも迫られていた可能性が高い。なぜならば、本章第二節で述べたように、天平二年に班田を強行しなかったのは、大隅・薩摩両国の「百姓」が「墾田」を所有し、移動を行っていなかったからである。つまり論理的には、「百姓」と「墾田」の関係がなくなればなくなるほど、「百姓」が移動し、彼らを把握しえなくなる状況が生み出される確率が高まるのである。軍事と造作のための資金を必要としていた政府にとって、おそらくこうした事態は、見過ごせなかったのではないだろうか。

史料が限られているため、あくまで仮説とはなるが、延暦十九年までの間に、天平二年段階の「百姓」と「墾田」の関係が解消されつつあり、また、すでに土地の収公と分配が部分的に実施され、班田を行いうる土地の面積に達していたことに加え、「墾田」との関係を失いつつあった「百姓」たちの移動を抑制するために、政府は班田実施に踏み切ったと考えておきたい。

続いて、大宰府による隼人貢進停止と隼人司の変容の要因を考えたい。このうち、貢進停止の要因について鈴木拓也氏は、都で行われていた隼人の奉仕が、その後畿内・近国に居住する隼人によって担われること、そしてこのような「辺境と切り離された状態の夷狄が、天皇の権威を飾る役割を果たす」点が、九世紀における移配蝦夷の儀式参加と共通することから、日本型中華思想の変質の一環として理解している。(53)

鈴木氏が指摘するように、九世紀以降、畿内・近国に居住する隼人や移配蝦夷が、奉仕したり、儀礼に参加したりするようになったのは間違いない。しかし問題なのは、こうした変化が、隼人や移配蝦夷に限られたものであったのかという点である。とくに注目されるのが、采女貢進との共通性である。

後宮の女官である采女は、令の規定によると、各国の郡を三つにわけ、そのうち三分の一の郡から貢進されることになっており、郡司少領以上の姉妹、もしくは娘のうち、容姿が端正な者が選ばれていた(54)。しかし大同二年、諸国からの貢進が停止されるとともに、すでに都に滞在していた者のうち、高齢で労があった四二人が選ばれて終身勤務することになった(55)。隼人の場合と比較すると、貢進が停止された点、そしてすでに都にいた人のなかから数十名が選ばれ、終身奉仕するようになった点が共通する。さらに、采女を管掌していた采女司は、その翌年正月、縫殿寮に併合されるかたちで、一時的に廃止された(56)。これは隼人司と同日に実施されており、この点も共通しているといえる。このように、従来注目されてきた貢進停止とそれにともなう畿内・近国に居住する人々による儀礼への参加代行は、隼人や移配蝦夷に限られたものではない。

また隼人司の変容も、すでに前節で確認したように、その他多くの中央官司・官人に対しても行われた政策と共通するのであり、隼人司の変化だけを切り取り、それを説明する従来の理解には問題がある。むしろ、大宰府による隼人貢進停止や隼人司の変容が、当時の政策と共通するのであれば、これらはその枠組みのなかで変化の要因を考えるべきではないだろうか。

すなわち、前述したように、当時は軍事と造作の財源の捻出、貧窮する民衆への負担軽減、時代的な変化にともなう構造改革などが求められ、そうした改革が実施された時期にあたる。このような政策基調と連動して、対隼人政策が変容したのは見逃せない。そもそも、長期間にわたる都での奉仕をともなう上番システムは、従事していた九州南部に居住する隼人にとって大変な重荷であった一方、政府にとっても財政的な負担が大きいものであった。つまり前者にとっては、「公民」と異なり田租や調庸などが免除され、都における生活が保障されていたと思われるもの[57]、六年もの間、郷里を離れなければならず、ましてや現在と異なり、都までの道程が「道路遥隔、去来不レ便[58]」という状況であったのを鑑みれば、大きな負担であったと容易に想像できる。また後者にとっては、上京してくる二〇〇～三〇〇人程度の人々の生活を保障する必要があり、さらに、「朝貢」儀礼が行われる際、授位・賜禄も行っていた。当時の国家的課題を遂行していくなかで、こうしたシステムに対し、わざわざ九州南部から呼び寄せるよりも、都周辺に居住させた隼人に奉仕を行わせた方が合理的と、当時の政府が考えた可能性は十分あるのではないだろうか。また、隼人司の変容についても、史生の設置を除けば、隼人司に属する人員の削減、隼人司の一時的廃止、補填した隼人への相対的冷遇など、これらを行うことで、財政的な負担が少なくなるのは明らかであり、先述した当時の国家的な改革方針と矛盾しない。

以上のように考えると、大宰府による隼人貢進停止と隼人司の変容の要因は、桓武・平城朝が断行しようとしていた改革の一部と評価できると考えられる。ただし、この変化は制度的改変なのであり、隼人に対し、「異民族」的役割を求めなくなったわけではない。だからこそ、九世紀の王権は、都で行われていた隼人の奉仕や、九州南部からの「隼人調布」の貢納をその後も継続させたのである。

本章では、まず、同時期の対隼人・蝦夷政策を比較することで、従来の理解の根拠が不十分であることを確認し、また、対隼人政策の変化の理解についても、部分的に問題があると指摘したうえで、桓武・平城朝における対隼人政策を再検討してきた。最後に、列島内における帝国構造について考えたい。

従来の列島内における帝国構造に関する理解では、八世紀と九世紀の間の断絶面が強調されてきた。確かに変化が全くなかったわけではない。例えば、蝦夷との戦争停止はその最たるものであるし、本章で述べてきたように対隼人政策も変容していた。しかしながら、こうした変化を一括りにした帝国構造の変質・清算という従来の理解は、実態とは異なるのではないだろうか。

この考え方の根本的な問題は、次の二つが考えられる。一つは、この時期の対隼人政策の改変について、九州南部という地理的条件のみに注目が集まり、律令国家の「辺境」であることを前提とした理解がなされている点である。それゆえに、当該期における、「辺境」以外に対する政策との共通性に対し、目を向けてこなかった感が否めない。

もう一つは、帝国構造をあまりにも固定的に考えていないかという点である。蝦夷・隼人らを「夷狄」（「異民族」的）身分と位置づけ、服属儀礼を強制していたのは確かかと思われるが、八世紀段階においても、彼らに対する政策や扱い方には少なからず変化があった。例えば、七世紀後半～八世紀前半に行われた南島人の「朝貢」儀礼は、八世紀中頃以降みられなくなるし[59]、和銅三（七一〇）年に隼人は蝦夷とともに元日朝賀で「朝貢」儀礼を行っていたが[60]、その後の史料では確認できなくなるなど、八世紀の間にも変化がみられる。このように考えられるのであれば、桓武・平城朝における対隼人政策の変容もまた、八世紀に起こっていた理念の変更をともなわない制度的な改変の一つといえるのであり、ことさら帝国構造の変質・転換と考える必要はないのではないだろうか。

このように、これまでほぼ通説化していた列島内における帝国構造の理解は、今後もう一度検討していく余地があると考えられるのである。

註

（1）華夷思想にもとづき「異民族」と認識された身分で、位階と姓の国家的秩序から除外され、「公民」としての税負担を課されず天皇の徳化の及ぶ範囲外に位置する、独自の国家をもたない「化外民」のこと（田中聡「蝦夷と隼人・南島の社会」〈歴史学研究会・日本史研究会編『日本史講座　第一巻　東アジアにおける国家の形成』東京大学出版会、二〇〇四年〉）。

（2）石母田正「日本古代における国際意識について―古代貴族の場合―」（同『日本古代国家論』第一部、岩波書店、一九七三年、初出は一九六二年）、同「天皇と『諸蕃』―大宝令制定の意義に関連して―」（同上、初出は一九六三年）、同「古代の身分秩序」（同上）。

（3）大高広和「大宝律令の制定と『蕃』『夷』」（『史学雑誌』一二二編一二号、二〇一三年）、朴昔順「日本古代国家の対『蕃』認識」（『日本歴史』六三七号、二〇〇一年）、今泉隆雄「律令における化外人・外蕃人と夷狄」（羽下徳彦編『中世の政治と宗教』吉川弘文館、一九九四年）、平野邦雄「国際関係における〝帰化〟と〝外蕃〟」（同『大化前代政治過程の研究』吉川弘文館、一九八五年）など。

（4）田中前掲註（1）論文、河内春人「日本古代における礼的秩序の成立―華夷秩序の構造と方位認識―」（『明治大学人文科学研究所紀要』四三冊、一九九七年）。ただし、隼人を「夷狄」として捉えず、蝦夷・蝦狄・南島人（・新羅）とする説もある（伊藤循「古代王権と異民族」〈『歴史学研究』六六五号、一九九四年〉）。

（5）鈴木拓也ａ「律令国家と夷狄」（『岩波講座　日本歴史』五巻、岩波書店、二〇一五年）、同『戦争の日本史　三　蝦夷と東北戦争』（吉川弘文館、二〇〇八年）、同ｂ「律令国家転換期の王権と隼人政策」（『国立歴史民俗博物館研究報告』一三四集、二〇〇七年）、永山修一「隼人の『消滅』」（同『隼人と古代日本』同成社、二〇〇九年）、坂上康俊「帝国の再編」（同『日本の歴史　五　律令国家の転換と『日本』』講談社、二〇〇一年）、石上英一「古代国家と対外関係」（歴史学研究会・日本史研究会編『講座日本歴史　二　古代二』東京大学出版会、一九八四年）。

（6）『類聚国史』巻一五九　延暦十九年十二月辛未条。

（7）『類聚国史』巻一九〇　延暦二十年六月壬寅条。後掲するように、この記事には、「大宰府に隼人を『進』めさせる（貢進させる）のを『停』める」とあるが、一般的に、隼人の「朝貢」停止と呼ぶことが多い。確かに、九州南部に住む隼人とされた人々は、少なくとも七世紀後半～八世紀にかけて、入朝し、貢ぎ物を献上する「朝貢」儀礼を行っていたので、この儀礼を九州南部の隼人が行わなくなったという意味に限定して「隼人の『朝貢』停止」と表記するならば問題ないと思われる。しかし第四章で論じたように、養老年間以降は、「朝貢」儀礼だけでなく、六年間の在京勤務が加わるため、仮に上京から帰郷までを指し示す場合には、「朝貢」という言葉を用いるのは不適切で、実態としては、「朝貢」儀礼をともなう（隼人司への）上番とみなすべきである。ただ、史料上の表記に「大宰府進隼人」とあることからわかるように、名目上は、大宰府が隼人を貢進するという形式をとっていたようである。そこで本章では、延暦二十年六月壬寅条を用い、九州南部の隼人が「朝貢」儀礼をともなう上番が停止されたことを指す場合、この記事に即して、大宰府による隼人の貢進停止と表記する。

（8）『類聚三代格』巻四　延暦二十四年十一月十日付太政官奏、『日本後紀』延暦二十四年十二月壬寅（七日）条。

（9）『類聚国史』巻一〇七　大同三年正月壬寅（二十日）条。

（10）鈴木前掲註（5）論文・著書、永山同論文、坂上同論文、石上同論文。

（11）坂上前掲註（5）論文。

（12）永山前掲註（5）論文。

（13）『続日本紀』宝亀十年十月己巳条。

（14）『続日本紀』宝亀十年九月庚辰（十四日）条。

（15）『続日本紀』宝亀十年五月癸卯（三日）条。

（16）今泉隆雄「蝦夷の朝貢と饗給」（高橋富雄編『東北古代史の研究』吉川弘文館、一九八六年）。

（17）『続日本紀』宝亀五年正月庚申（二十日）条。

（18）前掲註（7）。

（19）『続日本紀』宝亀七年二月丙寅（八日）条、延暦二年正月乙巳（二十八日）条。宝亀七年の「朝貢」儀礼は、約三ヶ月、延

暦二年は約一一ヶ月遅れているが、この程度の遅延は、他にもみられるため、規定通り行われていたと考えてよいと思われる。
(20)『類聚国史』巻一九〇　延暦十一年八月壬寅（二十日）条。
(21)菊地康明「律令制土地政策と土地所有」（同『日本古代土地所有の研究』東京大学出版会、一九六九年）。
(22)大隅・薩摩両国に周辺諸国の郡名と同じ郷名があることや、『続日本紀』和銅七年三月壬寅（十五日）条から、両国には少なくとも肥後・豊前・豊後国から移配が行われていた（井上辰雄『火の国』学生社、一九七〇年）。
(23)『続日本紀』天平神護二（七六六）年六月丁亥（三日）条。
(24)鈴木前掲註（5）論文・著書、永山同論文、坂上同論文、石上同論文など。
(25)西別府元日「『公民』制と土地緊縛」（同『律令国家の展開と地域支配』思文閣出版、二〇〇二年）。
(26)非隼人郡とは、薩摩国にある一三郡のうち、「天平八年度薩麻国正税帳」のなかに表記がある「隼人一十一郡」を除いた出水・高城両郡を指す。
(27)永山修一「隼人支配の特質」（永山前掲註（5）著書）、中村明蔵『隼人の研究』（学生社、一九七七年）。
(28)『続日本紀』大宝二（七〇二）年八月丙申朔条、和銅六年四月乙未（三日）条。
(29)九世紀に入っても九州南部に居住する人々は「野族」と認識されていた（『文徳天皇実録』仁寿三〈八五三〉年七月丙辰〈二十七日〉条）。
(30)『続日本紀』霊亀二年五月辛卯（十六日）条。
(31)史料上で確認できる最後の「朝貢」儀礼は、延暦十二年であるが（『類聚国史』巻一九〇　延暦十二年二月己未〈十日〉条）、永山修一氏は、延暦十二～二十四年の記事までがちょうど一二年で、六年相替の原則からいうと二巡目の年にあたっていること、延暦十九年に班田制が導入され、その翌年に大宰府による隼人貢進が停止されたことから、延暦十九年の直前の延暦十八年頃に「朝貢」儀礼が行われた可能性が高いとしている（永山修一「天平十五年の隼人の朝貢をめぐって」〈鈴木靖民編『日本古代の地域社会と周縁』吉川弘文館、二〇一二年〉）。

(32)　坂上前掲註（5）著書、石上同論文など。
(33)　鈴木前掲註（5）著書、永山同著書。
(34)　鈴木前掲註（5）b論文。
(35)　『養老令』職員令隼人司条。
(36)　『養老令』選叙令散位身才条。
(37)　『養老令』軍防令内六位条。
(38)　『日本後紀』延暦二十四年十二月壬寅条。
(39)　前掲註（9）にも記されている。
(40)　『日本後紀』大同三年七月壬寅（二十二日）条。
(41)　同様の内容は、『日本後紀』大同三年八月庚戌朔条にも記載がある。
(42)　『類聚国史』巻一〇七　元慶元年十二月十七日癸未条。
(43)　同様の内容は、『類聚三代格』巻四・六　大同四年正月七日付太政官符にも記載がある。
(44)　鈴木前掲註（5）b論文。
(45)　『日本後紀』大同四年三月己未（十四日）条。
(46)　『養老令』職員令太政官条。
(47)　春名宏昭『平城天皇』（吉川弘文館、二〇〇九年）。
(48)　永山前掲註（5）論文。
(49)　川尻秋生『平安京遷都』（岩波書店、二〇一一年）。
(50)　西本昌弘『桓武天皇』（山川出版社、二〇一三年）、春名前掲註（47）著書、井上満郎『桓武天皇』（ミネルヴァ書房、二〇〇六年）、林陸朗『桓武朝論』（雄山閣、一九九四年）、村尾次郎『桓武天皇』（吉川弘文館、一九六三年）。
(51)　とくに大規模な疫病・災害の発生として、疱瘡（『続日本紀』天平七年八月丙午〈二十三日〉条）、噴火・地震（『同』天平

十四年十一月壬子〈十一日〉条、天平宝字八〈七六四〉年十二月是月条、天平神護二年六月己丑〈五日〉条、延暦七年七月己酉〈四日〉条)、大風・風雨(『同』天平神護二年六月丁亥条、宝亀六年十一月丁酉〈七日〉条)、飢饉(『同』延暦十年五月辛未〈十一日〉条)などがあげられる。
(52)前掲註(22)。
(53)鈴木前掲註(5)b論文。
(54)『養老令』後宮職員令氏女采女条、軍防令兵衛条。
(55)『類聚国史』巻四〇 大同二年五月癸卯(十六日)条、同十一月辛丑(十八日)条。
(56)『類聚国史』巻一〇七 大同三年正月壬寅(二十日)条、『日本後紀』弘仁三年二月庚戌(二十一日)条。
(57)『令集解』職員令隼人司条によると、畿内隼人は、隼人司に上番すると、税が免除されていた。端的に示す史料がないため、断言できないものの、九州南部から上番した人々も免除された可能性が高い。また、先述したように『延喜式』隼人司式には、「今来隼人」に対する支給物が記されている。九世紀段階になってから突然、「今来隼人」に対して支給されるようになったとは考えにくいため、八世紀に九州南部から上番してきた人々に対しても行われていたと推測される。
(58)『続日本紀』霊亀二年五月辛卯条。
(59)南島人は神亀四(七二七)年に一三二人が来朝して以降(『続日本紀』神亀四年十一月乙巳〈八日〉条)、「朝貢」儀礼を行ったことが史料上に記されていない。
(60)『続日本紀』和銅三年正月壬子朔条、同丁卯(十六日)条。

第八章　律令国家の「夷狄」支配の特質

律令国家は列島南北端に居住する人々を、それぞれ蝦夷（蝦狄）、隼人、南島人と呼んで「公民」とは区別し、「夷狄」と位置づけた。そして、朝鮮諸国を指す「諸蕃」とともに「朝貢」を行わせ、両者の上に君臨する小帝国として唐と隣好を結ぶ地位獲得を目指した。こうした小帝国体制は、大宝律令の制定をもって完成された(1)。石母田正氏が提示した以上の「東夷の小帝国」論は、「夷狄」研究の通説として長きに渡り君臨し続けてきた。しかし九〇年代以降、研究の精緻化にともない、律令国家の各「夷狄」支配のなかで、とくに隼人に対する支配に違いがあったことが注目を集めるようになり、これをどのように理解するかが一つの論点になっている。

伊藤循氏は、この違いを主な論拠としながら、「飛鳥浄御原令」の制定によって「夷狄」身分が創出されたのち、蝦夷・南島人が「夷狄」に、隼人が「化内人」に位置づけられたと論じた(2)。

また中村明蔵氏は、蝦夷・隼人に対する律令国家の政策の違いについて、両者の服属時期の差とともに支配観念の差異があり、隼人には四神思想にもとづく観念がみられるのに対し、蝦夷には華夷思想にもとづく支配観念があったとした(3)。

さらに永山修一氏は、伊藤氏の見解に対し、「飛鳥浄御原令」制定時点で「隼人は基本的に化内人として位置付けられた」ものの、「隼人が、蝦夷・南島人と明らかに区別される扱いを受けるようになるのは和銅三年（七一〇）から養老元年（七一七）の間」であるため、「大宝律令が制定された時点で、隼人は夷狄ではなかったとは言い切れない」とし、「実態としての隼人の位置付けに変化が現れるのは、和銅三年（七一〇）から養老元年（七一七）の間と考えられる」と指摘した(4)。

このように近年では、石母田説を批判的に継承する理解が支持を集めつつある。その一方で鈴木拓也氏は、「隼人が蝦夷と異なることは、直ちに隼人が夷狄ではないとする根拠にはならない」とし、こうした違いは「夷狄」の多様性であり、彼らがそれぞれの方法で服属を誓約し、異なった役割で王権に奉仕することが、王権を荘厳するうえで意味があったとした(5)。

以上のように、律令国家の各「夷狄」支配の相違については様々な理解がなされている。しかしながら、これらの指摘にはそれぞれ以下のような問題があると思える。

まず、これまで支配の違いが注目されてきたものの、具体的にどこが異なるのかという点に共通認識があるとはいいがたく、それを整理する必要がある。また関連して、相違の定義を明確にすべきではないだろうか。例えば、九州南部では八世紀前半以降、武力衝突が史料上みられなくなるのに対し、東北では九世紀に入っても起こり続けている。確かにこの点は違いではあるが、大局的にみれば早期に統治できたか、できなかったのかというものであり、最終的に国家の支配領域に組み込もうとした点は共通するため、本質的な差異とはいえない。したがって、同じ支配を各「夷狄」に対して行うこと、あるいは行わせることが可能な状態にありながらもあえてそれを実施しなかった点、意図的に差を設けていた点、これを〝違い〟とすべきであろう。

さらに、差異が生じた理由をいまだ論証しきれていない点にも問題があろう。伊藤氏・中村氏・永山氏らの理解では、七世紀後半から八世紀初頭にかけて、律令国家の蝦夷・隼人支配には相違点と共通点が混在していた事実を十分に説明できない。他方で、違いが直ちに隼人が「夷狄」ではないとする根拠にはならないと述べた鈴木氏の指摘には説得力があるが、それならばなぜ「多様性」があったのかを考察する必要があるのではないだろうか。

そこで本章では、まず、大化改新後から「夷狄」支配に変化が生じるとされる桓武朝までの律令国家の蝦夷・南島人支配を概観し、隼人の場合と比較することで、どの点が異なるのかを検証する（【付表】、章末に掲載）。そのうえで、明らかとなった違いが何に起因するかを考察し、律令国家における「夷狄」支配の特質について論じていきたい。なお一部、律令国家形成期の検討も含まれるが、本章では便宜上、律令国家の支配と記すことにする。

一　律令国家の蝦夷・南島人支配

1　律令国家の蝦夷支配

本項では、律令国家の蝦夷支配について、主に今泉隆雄氏、熊谷公男氏、鈴木拓也氏ら先学の成果を参考にしつつ、概観していきたい(6)。なお本章で蝦夷と表記する場合、東北を出身とする「蝦夷」「俘囚」「夷俘」(7)などと史料上で呼称された人々を総称する言葉として用いる。

蝦夷が居住したとされる現在の新潟市─米沢盆地─仙台平野を結んだ線以北は、国造制が施行されず、また大化改新後、全国的に実施された評の設置も、その全域で行われたわけではなかった。さらに八世紀に入ってからも郡に編成されず、編戸がなされていない領域が存在し続けた。律令国家はこの場所も陸奥・出羽両国の支配下にあると認識するとともに(8)、そこに存在する部族的集団の集落を「村」（以下、蝦夷村と表記する）とし(9)、それを公的組織として認めたが、時によっては「賊」の集落とみなす場合もあった(10)。

律令国家は、七世紀後半から九世紀に至るまで、この一帯への支配拡大を志向していた。そこでまず行ったのが、城柵の建設である。大化三（六四七）年とその翌年、越国に渟足柵・磐舟柵（各々現在の新潟市王瀬・村上市岩船付近に比定）[11]を相次いで造営した。[12]またこの時期、日本海側だけでなく太平洋側でも同様の施設を作っていたことが、仙台市郡山遺跡など考古学的検証によって明らかにされている。この城柵は軍事的かつ官衙的機能を備えるもので、城司と呼ばれる国司が赴任するとともに、主に北陸・東海・東山道諸国の人々を柵戸としてその付近に移り住まわせ経営された（表26）。そして以後、九世紀初頭の徳丹城の設置[13]まで約一六〇年間にわたり、新潟市―米沢盆地―仙台平野以北で作られ続けた。律令国家はこの城柵を拠点としながら、主に「饗給」「征討」「斥候」という陸奥・出羽・越後国司に定めた規定に沿って[14]、蝦夷を国家支配の枠組みに取り込もうとした。

まず「斥候」とは、使者を派遣し蝦夷の動静を探ることである。『常陸国風土記』香島郡項によれば、「淡海之世、擬レ遣二覓国一」とあり、天智朝において覓国使を遣わしたのがわかる。また熊谷公男氏によれば、後述する斉明朝に派遣した阿倍比羅夫[15]も、覓国使と呼ばれるような使節であったとされている。[16]

続いて「饗給」（『大宝令』では「撫慰」）は、饗応し禄や位爵を授けることを指す。都や国府・城柵でなされた蝦夷の「朝貢」（以後、蝦夷が都へ上京して行った「朝貢」を上京朝貢、国府・城柵で行ったものを地方官衙朝貢と呼ぶ）に対して、あるいは蝦夷の懐柔策として行った。この時支給した禄は、上京朝貢の場合、絁・綿・布[17]、地方官衙朝貢の場合、狭布[18]などであった。また、その他にも、帰降した蝦夷に対して食料を与えることもあった。[19]

一方位爵については、「俘囚」と「蝦夷」を区別し、前者には律令制的な位階を、後者には蝦夷爵と呼ばれる第一～六等まで続く令制外の特殊な位階を授けたと考えられている。[20]なお近年、この蝦夷爵に関して、中央への奏聞を経ずに陸奥・出羽両国の現地官人の裁量によって蝦夷に与えた位階との指摘がなされている。[21]しかし、朝堂で陸奥蝦夷に

表 26　7 世紀後半〜8 世紀における東北への移配関連記事

和　暦	西　暦	月	条	移配された人々	移配地など	典拠
大化 4 年	648		是歳	越・信濃の民	磐舟柵	書記
和銅 7 年	714	10	丙辰	尾張・上野・信濃・越後等国の民 200 戸	出羽柵	続紀
霊亀元年	715	5	庚戌	相摸・上総・常陸・上野・武蔵・下野国の富民 1,000 戸	陸奥	続紀
霊亀 2 年	716	9	乙未	信濃、上野、越前、越後国の百姓各 100 戸	出羽国	続紀
養老元年	717	2	丁酉	信濃、上野、越前、越後国の百姓各 100 戸	出羽柵	続紀
養老 3 年	719	7	丙申	東海・東山・北陸道民 200 戸	出羽柵	続紀
養老 6 年	722	8	丁卯	諸国から 1,000 人	陸奥鎮所	続紀
天平宝字元年	757	4	辛巳	不孝・不恭・不友・不順の者	陸奥国桃生・出羽国雄勝	続紀
		7	戊午	橘奈良麻呂らの謀反に荷担した人々	出羽国雄勝村の柵	続紀
天平宝字 2 年	758	10	甲子	陸奥国浮浪人	桃生城	続紀
天平宝字 3 年	759	7	庚辰	勅書を偽造した中臣楫取	出羽国の柵	続紀
		9	庚寅	坂東八国と越前・能登・越後国などの浮浪人 2,000 人	雄勝柵	続紀
天平宝字 4 年	760	3	辛未	没官奴 233 人・婢 277 人	雄勝柵	続紀
		12	戊寅	殺人を犯した僧華達	桃生柵	続紀
天平宝字 6 年	762	閏 12	丁亥	乞索児 100 人	陸奥国	続紀
天平宝字 7 年	763	9	庚申	母を殺した河内国丹比郡の尋来津関麻呂	雄勝柵	続紀
神護景雲元年	767	11	丙寅	私鋳銭を行った王清麿ら 40 人	出羽国	続紀
神護景雲 2 年	768	12	丙辰	陸奥国管内・他国の百姓の希望者	桃生・伊治	続紀
神護景雲 3 年	769	1	己亥	陸奥国・他国の希望者	桃生・伊治城	続紀
		2	丙辰	坂東八国の百姓の希望者	桃生・伊治城	続紀
		6	丁未	浮浪人 2,500 余人	陸奥国伊治村	続紀
宝亀 7 年	776	12	丁酉	陸奥国諸郡の百姓の希望者	奥郡	続紀
宝亀 11 年	780	2	甲子	天平宝字元年、殺人を犯した伊刀王（この時、罪を許す）	陸奥国	続紀
延暦元年	782	5	甲午	百姓の希望者	奥郡	続紀
延暦 14 年	795	12	己丑	軍から逃亡した諸国の軍士 340 人	陸奥国の柵	紀略
延暦 15 年	796	11	戊申	相模・武蔵・上総・常陸・上野・下野・出羽・越後国の民 9,000 人	伊治城	後紀

※典拠のうち、書紀は『日本書紀』、続紀は『続日本紀』、紀略は『日本紀略』、後紀は『日本後紀』を示す。

「蝦夷爵」を与えた例があるため、この理解は成り立たないように思える。むしろ、蝦夷爵を有する蝦夷が、郡に編成されていない蝦夷村出身者と推測される事例が多いので、私見では編戸されず「百姓」とされていない蝦夷に対して与えたものが蝦夷爵であったと考えている(22)。

最後に「征討」は蝦夷への武力行使を示す。大化改新後、『日本書紀』に記されている東北での最初の交戦は、斉明天皇四（六五八）年から三度にわたり実施した阿倍比羅夫の「遠征」である(23)。その後しばらくの間、武力行使をともなう支配の維持・拡大は、第二章で述べたように東アジア情勢の緊迫化により姿を消した。しかし律令国家は、文武天皇二（六九八）年・同四年に磐舟柵を修繕し準備を整えると、慶雲二（七〇五）年(24)、和銅二年(25)、養老四年(26)、神亀元（七二四）年(27)と、八世紀前半を通じて立て続けに交戦した。その後一旦、大規模な戦闘が生じておらず、支配の安定化に成功したとみられるが、宝亀五（七七四）年に至り、海道蝦夷による桃生城攻撃を端に発した(28)、いわゆる三八年戦争の勃発により、これ以降東北では武力衝突が頻発した。鈴木拓也氏は、交戦の契機について、蝦夷の「反乱」によるものと、国家の政策的な意図にもとづき事前に準備したうえで行われるものがあり、前者が養老四年、神亀元年、宝亀五年、同十一年、弘仁四（八一三）年の五回のみで全体の三割にも満たないため、基本的には後者のように蝦夷の抵抗によって新たな城柵と郡の設置が困難な場合に、それに先行して行われることが多いとしている。

このように、城柵を拠点として「斥候」を行い、その視察を経て「饗給」「征討」といういわばアメとムチの政策を実行することで、律令国家は蝦夷を支配の枠組みに取り込もうとした。そして、ある程度彼らを服属させるのに成功すると、次に国・郡（評）の設置、地方官人の任命、戸口調査を行った。

表27は、阿倍比羅夫の「遠征」記事をまとめたものである。注目したいのは、すでに評（「齶田郡」「渟代郡」「津軽郡」）や「政所」などを置いている点と、蝦夷の族長と思われる者を饗応したのち、彼らを官人（「郡領」「大領」「少

表27　阿倍比羅夫の「遠征」記事

条	主な内容
斉明天皇四年四月条	阿倍臣が船師一八〇艘を率いて蝦夷と交戦する。**「齶田・渟代二郡」**の蝦夷、恐れて降服する。齶田蝦夷恩荷が齶田浦の神に朝廷への服属を誓う。恩荷に小乙上を授け、**「渟代・津軽二郡々領」を定める。**有間浜に渡嶋蝦夷らを集めて饗応して帰る。
斉明天皇四年七月甲申条	蝦夷二〇〇人余りが来朝して貢献する。通常より盛大に饗応・賜物する。柵養蝦夷、**「渟代郡大領」「少領」**、**「津軽郡大領」「少領」**、勇健者、都岐沙羅柵造、渟足柵造らに対し授位・賜物を行う。**「渟代郡大領」に蝦夷戸口と虜戸口の調査を命じる。**
斉明天皇四年是歳条	越国守阿倍引田臣比羅夫が粛慎と交戦し、生羆二頭と羆皮七〇枚を献上する。
斉明天皇五年是月条	阿倍臣が船師一八〇艘を率いて蝦夷国と交戦する。**「飽田・渟代二郡」**の蝦夷・虜と**「津軽郡」**の蝦夷・虜、胆振鉏蝦夷を集めて饗応し、禄を与える。また彼の地の神を祭る。肉入籠に至ったとき、問菟の蝦夷が後方羊蹄を**「政所」**とすべきことを進言する。それにしたがって**「郡領」を置いて**帰る。道奥・越国司に位二階、**「郡領」「主政」**に各一階を授ける。或本いわく、阿倍引田臣比羅夫が粛慎と戦って帰り、虜四九人を献上する。
斉明天皇六年三月条	阿倍臣が船師二〇〇艘を率いて粛慎国と交戦する。阿倍臣が陸奥蝦夷を船に乗せ大河の側に到ると、渡嶋蝦夷一〇〇〇人余りが下降の対岸に屯営していた。営中の二人が「粛慎の船師が襲来して我らを殺そうとするので、川を渡って服属したい」と言った。そこで阿倍臣は使者をやったり、海畔に絹・武器・鉄などを積んだりして粛慎と接触を図ろうとするが失敗する。遂に戦闘となり、粛慎は柵にたてこもって戦った。このとき、能登臣馬身龍が戦死した。まもなく粛慎が敗れ、自分たちの妻子を殺した。
斉明天皇六年五月条	阿倍引田臣が夷五〇余人を献上する。石上池の辺りに須弥山を作り、粛慎四七人を饗応する。

※出典は『日本書紀』。

表28　8世紀東北における国郡設置・分置・併合などの事例

和暦	西暦	月	条	内　容
大宝2年	702	3	甲申	越中国から4郡をわけて、越後国に属させる。
和銅元年	708	9	丙戌	越後国に出羽郡を新たに設置する。
和銅5年	712	9	己丑	出羽国を設置する。
		10	丁酉朔	陸奥国の最上・置賜郡を出羽国に編入する。
和銅6年	713	12	辛卯	陸奥国に丹取郡を新たに設置する。
霊亀元年	715	10	丁丑	陸奥国の香河・閉村の地に郡を設置する。
霊亀2年	716	9	乙未	陸奥国置賜・最上2郡を出羽国に編入する。
養老2年	718	5	乙未	陸奥国の石城・標葉・行方・宇太・曰理5郡と常陸国の菊多郡をわけて石城国を、また陸奥国の白河・石背・会津・安積・信夫5郡をわけて石背国を設置する。常陸国多珂郡の一部を菊多郡とし、石城国に編入する。
養老5年	721	10	戊子	陸奥国柴田郡の2郷をわけて苅田郡を設置する。
天平2年	730	1	辛亥	陸奥国の田夷村に郡を設置する。
天平5年	733	12	己未	出羽国雄勝村に郡を設置する。
天平15年	743	2	辛巳	佐渡国を越後国に併合する。
天平勝宝4年	752	11	乙巳	佐渡国を越後国から再び分置する。
天平宝字3年	759	9	己丑	出羽国に雄勝・平鹿郡を設置する。
神護景雲元年	767	11	己巳	陸奥国に栗原郡を設置する。
延暦4年	785	4	辛未	仮に設置した陸奥国の多賀・階上郡を正規の郡とする。
延暦18年	799	3	辛亥	陸奥国富田郡を色麻郡に、讃馬郡を新田郡に、登米郡を小田郡に併合する（『日本後紀』）

※とくに断らない限り出典は『続日本紀』

領」「主政」）に任命し、戸口の調査を命じている点である。この記事は、阿倍氏の家記を主たる材料として記述されたため、事実を客観的に伝えたものとはいいがたい(29)。しかし、七世紀後半には東北北部のうち、重要な拠点となりうる場所に「飛び石」的（「点的」）に評を設置して政治的関係を結ぶとともに、現地の有力者を官人とし戸口調査を行わせることで、蝦夷支配が前進したのは事実であろう。ただし熊谷公男氏によると、この段階の「点的」な支配は多分に互酬的な性格をもったため、流動的で不安定なものであったと理解されている。

その後八世紀代に入ると、律令国家は主に東北南部から順に、城柵に属する移民を主体とした郡を設置し、「面的」な支配を目指した。表28にあげたように、日本海側では和銅元年に出羽郡を、同五年には出羽国を成立させた。また太平洋側でも和銅六年の丹取郡の設置を皮切りに、神亀五年頃に黒川以北一〇郡（牡鹿・小田・新田・長岡・志田・玉造・富田・色麻・賀美・黒川）と呼ばれる小規模な郡を一斉に置いた(30)。このような建郡は、その後もしばしばあり、九世紀に入っても、延暦二十三（八〇四）年に秋田郡を、弘仁二年に和我・薭縫・斯波郡を設置した(31)。

これら柵戸を中心とする令制郡には、帰降した蝦夷も居住していたが、それとは別に、東北北部では七世紀後半と同様「点的」に、蝦夷の申請に応じて郡を設けた。ただし、これらの郡は一般の令制郡とは異なる特徴をもっていた（以後、蝦夷郡と呼ぶ）。

史料一『続日本紀』霊亀元（七一五）年十月丁丑（二十九日）条

陸奥蝦夷第三等邑良志別君宇蘇弥奈等言、親族死亡、子孫数人、常恐レ被二狄徒抄略一乎。請、於二香河村一、造-建二郡家一、為二編戸民一、永保二安堵一。又蝦夷須賀君古麻比留等言、先祖以来、貢-献二昆布一。常採二此地一、年時不レ闕。今国府郭下、相去道遠、往還累レ旬、甚多二辛苦一。請、於二閇村一、便建二郡家一、同二於百姓一、共率二親族一、永不レ闕レ貢。並許レ之。

史料二『続日本紀』天平二（七三〇）年正月辛亥（二十六日）条

陸奥国言、部下田夷村蝦夷等、永悛二賊心一、既従二教喩一。請、建二郡家于田夷村一、同為二百姓一者。許レ之。

史料一・二で設置された郡は蝦夷郡で、このうち「閇村」が現在の岩手県宮古市付近に、のちの「遠田郡」(32)を指すとされる「田夷村」が宮城県遠田郡美里町付近に比定されている。これらは蝦夷本来の部族的集団をもとに郡が置かれ、その族長が郡司に任命されたと考えられている。ここで重要なのは、郡家の建設とともに「為二編戸民一」「同二於百姓一」「同為二百姓一」と記述されている点である。つまり、建郡と編戸、そして居住する人々の「百姓」化は、多少の時期差はあったと思われるが、基本的にはセットで行われたと推測される。この理解が成り立つならば、『続日本紀』和銅三年四月辛丑（二十一日）条に、「陸奥蝦夷等、請下賜二君姓一同中於編戸上、許レ之」とあるが、これも蝦夷郡の設置とかかわる可能性が高い。編戸を行う際、無姓者がいれば賜姓も行ったのだろう。

このようにして、蝦夷郡に居住する人々は「百姓」とされたが、しかし、これは「公民」化を意味するものではない。

史料三『日本後紀』弘仁三年九月戊午（三日）条

陸奥国遠田郡人勲七等竹城公金弓等三百九十六人言、己等未レ脱二田夷之姓一、永貽二子孫之恥一。伏請改二本姓一為二公民一、被レ停レ給レ禄、永奉二課役一者。勅可。唯卒従二課役一、難レ勧二遺類一。宜レ免二一身之役一。（後略）

史料四『続日本紀』宝亀元年四月癸巳朔条

（前略）陸奥国黒川・賀美等一十郡俘囚三千九百廿人言曰、己等父祖本是王民。而為レ夷所レ略、遂成二賤隷一。今既殺レ敵帰降、子孫蕃息。伏願、除二俘囚之名一、輸二調庸之貢一。許レ之。

史料三から、遠田郡の竹城公金弓らは、禄の支給停止、律令制的な「課役」の賦課を条件に、「田夷之姓」を改め「公民」となすよう求めたことがわかる。また史料四にあるように、令制郡に居住する「俘囚」も同様に、「帰降」しても「俘囚之名」をもち、調庸を徴収されなかった。つまり、編戸され「百姓」とされたのちも、蝦夷は夷姓をもち続け、禄が支給されて調庸を負担しておらず、「公民」とは区別されていた。

なお、この蝦夷の「公民」化は、史料では八世紀後半以降にみられる。その要因として、『続日本紀』が編纂された時、前半部の削除・圧縮がなされたため[33]、八世紀前半における事例が欠落した可能性が考えられる。ただし、それまで散発的であった改賜姓記事が天平神護～宝亀年間頃にかけて盛んにみられるようになり[34]、そのなかで蝦夷の「公民」

化の記述が登場する点、[35]また、すでに帰降した蝦夷が「夷俘」として凌辱されたり、[36]それを恥じたりしている点を勘案すると、[37]八世紀後半以降、「公民」とそうでない者を姓ではっきり区別する動きがあり、蝦夷の「公民」化が促進されたのは確かではないだろうか。

以上のように律令国家は、新潟平野―米沢盆地―仙台平野以北に国郡（評）を設置し、そこに居住する人々を「百姓」とし、支配領域を拡大した。さらにその後彼らが国家に対する恭順性を高めると、姓を改め禄の支給を停止し、調庸を課すことで彼らを「公民」とする場合があった。

しかし一方で、国家支配の進展に対して抵抗し続ける蝦夷も存在した。律令国家は、交戦時に彼らを捕虜とすると、その一部を列島各地へ移配した（以後、諸国移配と呼ぶ）[38]。そして九世紀前半頃になると、移配先では、故郷に帰ることを希望しないよう、毎年時服・禄物を与え、資糧が尽きれば優恤し、[39]また口分田を授けたが、授与から六年経過するまで田租を免じ、移配された本人からの調庸を免除する、以上のことが、全国で画一的に実施されるようになった[40]。これにより、制裁措置として遠隔地で隔離し在地の蝦夷社会の分断をはかるとともに、[41]移配先で蝦夷独自の生活文化を改めさせ、「公民」と同化させようとした[42]。

こうして律令国家は東北へ支配を拡大し、律令制度にもとづく政策を施行しはじめた。ただし、全国的なものとは必ずしも一致せず、東北独自の政策・制度があった。そのなかでも、特徴的な以下の三つについて触れておきたい。

第一に陸奥按察使（陸奥出羽按察使）制度である。按察使制度自体は、養老三年に全国で発足されており、特定の国守を按察使に任じて周辺の三、四ヶ国を統括させるものであった[43]。しかし、諸国では巡察使が復活する神亀四年にはその実質が失われたが、東北では交戦時など、陸奥・出羽両国にまたがる大事業を行う際、按察使がもつ広域管轄権が必要とされたため、その後も存続した。

第二に鎮兵制と鎮守府の創設である。鎮兵とは、主に東国の軍団兵士のなかから選ばれて陸奥に派遣された人々を指す。軍団兵士の勤務が年間六〇日程度であるのに対し、数年間にわたって交替なしで勤務する長上の専門兵である点に特色がある。彼らの統括を主な任務として創設されたのが鎮守府であり、その成立は神亀元年頃と推定されている。

第三に調庸制の停止である。養老六年、陸奥按察使管内では調庸の収取を停止して勧農と軍事訓練を行い、かわりに調庸布の四分の一の大きさの布を税として徴収した(44)。これは養老四年の蝦夷との大規模な武力衝突後、疲弊した民衆の税負担を軽減するとともに、訓練を行って軍事力の向上をはかり、かつ蝦夷に支給する禄の財源を増やすために行われた。なお、この新税制は、天平十八年頃、調庸制の復活にともなって停止されたと考えられている。

このように、律令国家が進出し支配が浸透した地域では、東北独自の政策がとられる場合があった。しかし、いずれも混乱する東北情勢を収束させるために行われたものであり、その志向性は律令国家による支配の実現という点で一貫している。

以上、律令国家が蝦夷に、あるいは東北で直接的に実施した政策を概観してきたが、他方で蝦夷に対して行わせていたこともあった。

まず律令国家は、蝦夷に「朝貢」するよう求めた。先述したように「朝貢」には上京朝貢と地方官衙朝貢があり、前者については、七世紀半ば頃には毎年行うことを原則としたと考えられている(45)。そして第四章で述べたように、七世紀後半には、主に飛鳥寺の西方の広場で、蝦夷に貢ぎ物を進上させ、それに対し饗応を行った。しかし八世紀に入り『大宝令』を施行すると、場所を大極殿・朝堂に移し、朝廷の行事である朝賀・正月節宴のなかに蝦夷の「朝貢」儀礼を組み込んだ。そしてこうした形態の「朝貢」を、宝亀五年に停止するまで行わせ続けた(46)。

一方後者は、前者が政治的セレモニーとしての性格が濃厚であったのに対し、記事に現れることが少ないものの、むしろ基本的・恒常的な「朝貢」であったと考えられている。先掲した史料一で、蝦夷須賀君古麻比留らが先祖以来、毎年昆布を献上していると述べた点からも明らかなように、この「朝貢」も毎年恒例で、少なくとも七世紀代から行わせていた。

さらに律令国家は、帰降した蝦夷に、城柵の造営や軍事的な奉仕を行わせていた。『続日本紀』からうかがえる蝦夷の奉仕関連記事を表29にまとめた。このうち№6・7では、宝亀九年に唐使が来日した際、儀衛のため蝦夷に平城京の羅城門外で唐使を出迎えさせている。鈴木拓也氏が指摘したように、この奉仕は、蝦夷男女二人を帯同させていた斉明朝の遣唐使が、唐皇帝に謁見した際、「蝦夷国」の蝦夷が毎年「朝貢」していると述べたのがきっかけと思われるが(47)、換言すれば、日本が「夷狄」を従えていると唐に対して明示する役割を蝦夷に期待していたといえよう。

以上、律令国家の蝦夷支配について概観してきた。論点を整理するために、律令国家が蝦夷に、あるいは東北で直接的に行ったこと（A）と、蝦夷に行わせていたこと（B）にわけ、その支配のあり方をまと

表29　8世紀における蝦夷の奉仕関連記事

No.	和暦	西暦	月	条	内　容
1	天平9年	737	4	戊午	奥羽直路開削で、鎮守将軍大野東人が「帰服狄俘」249人を、出羽国守田辺難波が「帰服狄」140人を率いる。
2	天平宝字2年	758	6	辛亥	「帰降夷俘」1690余人を、天平10（738）年の勅に従い、「辺軍」にあてる。
3	天平宝字2年	758	12	丙午	「夷俘」などを動員して、桃生城と雄勝柵を造営する。
4	天平宝字4年	760	1	丙寅	雄勝城・桃生柵造営において、「蝦夷・俘囚」などのなかで功績のある者を報告させる。
5	神護景雲元年	767	10	辛卯	伊治城造営において、「蝦夷・俘囚」などのなかで功績のある者を報告させる。
6	宝亀9年	778	12	戊戌	唐使入朝の「儀衛」を行わせるため、「蝦夷」20人を陸奥・出羽国から上京させる。
7	宝亀10年	779	4	庚子	「蝦夷」20人らが、入京する唐使を羅城門外の三橋で迎接する。
8	宝亀11年	780	3	丁亥	伊治呰麻呂の乱の際、「俘軍」が編成される。

※出典は『続日本紀』

めておきたい。

まず、Aについては、

①　律令国家は新潟平野—米沢盆地—仙台平野以北に城柵を造営（a）し、周辺諸国の人々を柵戸として城柵付近に移配した（b）。

②　城柵を拠点としながら、蝦夷の視察を行い（c）、饗応し位・禄などを与えた（d）一方、武力をもって制圧することで（e）、彼らを国家支配の枠組みに取り込もうとした。

③　①・②を実行し、新たに国・郡（評）を設置した（f）。そして、現地の有力者を官人に任命し（g）、その地域の戸口調査を命じて編戸し、居住する人々を「百姓」となすことで（h）、支配領域の拡大を目指した。

④　服属した蝦夷に対し、直ちに「公民」と同じ扱いをしたわけではなく、大抵の場合、夷姓を与えて「公民」と区別するとともに、税を免除し、禄を与えた。しかし、一定の期間を置き、国家に服属したと認めると、夷姓を改め、禄の支給を停止し、さらに調庸を課すことで「公民」とした（i）。

⑤　④とは逆に、国家に抵抗し続けた者のうち、交戦時に捕虜とした「俘囚」の一部を、諸国へ移配した（j）。

続いてBについては、

⑥　上京朝貢と地方官衙朝貢を、原則として毎年行わせた（k）。

⑦　帰順した蝦夷には、城柵の造営や軍事的な奉仕にあたらせた。また、日本が「夷狄」を従えていることを唐にアピールする役割も期待していた（l）。

2　律令国家の南島人支配

次に、律令国家の南島人支配を概観したい（付表）。なお、本章で南島人と表記する場合、多禰・掖玖・阿麻弥（奄美）・度感・信覚・球美島といった南西諸島に住む人々を総称する言葉として用いる。

律令国家は、東北と異なり、南西諸島には城柵を置かず、柵戸の移配も実施しなかった。ただし、後述する文武朝の交戦直前に、西海道諸国に点在する大野・基肄・鞠智・三野・稲積城を修繕している。そのため、(48)これらの城が南島人支配にかかわっていた可能性はある。

また東北では、陸奥・出羽・越後国司の職掌として「饗給」「征討」「斥候」を定め、それに沿って蝦夷を国家支配の枠組みに取り込もうとしていたが、少なくとも『養老令』職員令大国条による限り、多禰島司にはこれらの役割を与えなかった。ただし実際には、「饗給」「征討」「斥候」とほぼ同様の政策を行い、南島人を組み込もうとした。

まず天武～文武朝にかけて、使節の派遣を行った。(49)使者に多禰国図を持ち帰らせ、島の様子を伝え聞いていること(50)や、「蛮」の居所を求めるため遣わしたとあることから、(51)この派遣は、南島の調査を目的の一つとしていた。さらに、使節の帰還直後、多禰島人が来朝したケースがあるので、(52)現地の人々を連れて来る場合もあったと考えられる。

また、都や大宰府で南島人を饗応し、位や禄などを与え懐柔する一方、(53)文武天皇四年には筑紫総領に命じて「決罰」を、(54)大宝二年には大宰府の組織を主体として「征討」を行うなど、(55)武力をもって制圧した。

こうして、ある程度彼らを服属させるのに成功すると、律令国家は多禰島でも戸口調査を行いはじめ、官人を任命し、(56)令制多禰島を設置した。(57)その後すぐに律令制的な支配を貫徹したわけではなかったが、和銅七年には多禰島に印鑑を与えており、文書行政を実施するようになったことがうかがえる。(58)また、次の史料は、多禰島における支配の浸透を知るうえで重要である。

史料五『続日本紀』天平五年六月丁酉（二日）条

多褹嶋熊毛郡大領外従七位下安志託等十一人賜二多褹後国造姓一、益救郡大領外従六位下加理伽等一百卅六人多褹直、能満郡少領外従八位上粟麿等九百六十九人因レ居賜二直姓一。（後略）

右の記事から、多禰島の熊毛・益救・能満三郡の合計一一一六人に対して姓を与えたことがわかる。ここで次の二点に注目したい。一つ目は、安志託・加理伽・粟麿のような郡司も含めた多禰島の人々が、天平五年まで無姓であった点である。これを先述した蝦夷郡の設置、とくに『続日本紀』和銅三年四月辛丑条とあわせて考えると、この頃まで、この三郡の領域では、蝦夷村のように編戸が完了できていなかったと推測される。

二つ目は、各郡で実施した賜姓の人数にばらつきが大きい点である。ここから、この三郡における支配の浸透度合いに差があったと読み取れるが、結論からいえば、おそらく能満郡が最も統治が進んでいたと考えられる。ポイントになるのは、能満郡では少領以下に対して賜姓を行っていることである。『養老令』職員令大郡条から小郡条によると、下郡以上の場合、大領・少領一名以上が任じられるため、能満郡には大領がいたはずである。つまり、記事にはないが、大領のみ姓を授けなかったとは考えにくい。したがって能満郡ではすでに大領に姓を与えていたのだと考えられる。一方他の郡では賜姓を行いはじめたばかりで、とくに熊毛郡の人数が少ないのは、まだ有力者しか完了できていなかったからであろう。少なくともこの記事から、多禰島でも東北と同様、無姓者に姓を与え、おそらく編戸も開始することで、律令制度にもとづく支配を徐々に進めていたといえる。

以上、律令国家が南島人に、あるいは南西諸島で直接的に行った政策を概観してきたが、その一方で、律令国家は南島人に対しても「朝貢」を行うよう求めていた。まず上京朝貢については、第四章でも取りあげたように、『大宝令』施行前には、南島人に「方物」を貢上させ、主に飛鳥寺の西方で饗応した[59]。施行後に行わせた霊亀元年の「朝貢」では、蝦夷とともに朝賀・正月節宴に参列させ、「朝貢」儀礼を行わせた。[60]このように、「朝貢」儀礼の場において、律令国家は南島人を蝦夷と同じように扱っていた。ただし、南島人による上京朝貢は、神亀四年以降、史料上から姿を消した。[61]

また地方官衙朝貢については、史料に残っていないためよくわからない。しかし、慶雲四年に大宰府に使者を遣わし、南島人に位を与えていることや、[62]奈良時代前半のものと推定される「俺美嶋」「伊藍嶋」と記された木簡が福岡県太宰府市大字観世音寺不庁地区で出土していることから、蝦夷に城柵で行わせていたように、南島人に大宰府へ「朝貢」させていた可能性が高い。

以上、南島人支配について概観してきた。蝦夷の場合と比べると、南島人にかかわる史料は少ないため、よくわからない部分もあるが、前項と同じように支配のあり方をまとめておきたい。

まず、Aについては、

①　南西諸島では、城柵の設置（a）、柵戸の移配（b）を史料上で確認できない。ただし、七世紀最末期に修繕された西海道諸国に点在する城が、南島人支配にもかかわっていた可能性がある。

②　律令国家は南西諸島に対しても、使者（覓国使）を派遣して視察を行い（c）、饗応し、位・禄などを与えた（d）一方、武力をもって制圧した（e）。

③　大宝年間の交戦の結果、令制多褹島を設置するとともに（f）、現地の有力者を官人に任命し（g）、戸口調査を開始した（h）。そして遅くとも天平五年までには熊毛・益救・能満三郡を置き（f）、居住する人々に姓を与え編戸しはじめたと考えられる（h）。

続いてBについては、

④ 南島人に対し、上京朝貢を行わせた。また、大宰府に「朝貢」を行わせていた可能性が高い（k）。

律令国家の南島人支配は、蝦夷の場合と比べると、八世紀前半以降、史料上からほとんど姿を消す点が特徴的である。また、「公民」化政策がみられない点（i）、捕虜が移配されていない点（j）、軍事的な奉仕や外交儀礼で「異民族」としての振る舞いを求められなかった点（l）などが異なるが、それ以外については、基本的に蝦夷支配と相似的だったといえよう。

二　律令国家の「夷狄」支配の相違について

1　律令国家の隼人支配との比較

本項では、前節で確認してきた律令国家の蝦夷・南島人支配（a）〜（l）を、隼人支配と比較することで、どこが異なるかを明らかにしていく（付表）。まず、Aについて確認していきたい。

（a）（b）城柵設置・柵戸移配

西海道では、文武天皇二年に大野・基肄・鞠智城、その翌年に三野・稲積城の修繕を行った[63]。第二章で論証したように、このうち大野・基肄城が、その直後に実施された列島南部への武力制圧の中心となった大宰府を防衛する城であり、それとほぼ同時に他の三つの城を修理しているので、交戦の準備のために修築を行ったと考えられる。さらに大宝二年にも、薩摩・多禰を「征討」したのち、薩摩国司などを指すとみられる「唱更国司」が国内の要地に柵を置いた[64]。この七世紀最末期〜八世紀初頭に実施した城の修理と制圧後の新たな柵の設置は、東北における文武天皇二年・同四年の磐船柵の修繕や、神亀元年の交戦後の多賀城の設置と共通性が高い。

柵戸についても、日向・大隅・薩摩国には八世紀後半まで存在していた[65]。また、少なくとも大隅国には豊前・豊後国から、薩摩国には肥後国から移配を行っていた[66]。九州南部の場合、城柵設置や柵戸移配に関する記事が八世紀前半までしか確認できないが、基本的には東北と同じ政策がとられていたといえる。

（c）使者（覓国使）の派遣

大化改新後、律令国家が九州南部に使者を派遣したことをうかがわせる史料として、次の記事があげられる。

史料六『続日本紀』文武天皇四年六月庚辰（三日）条

薩末比売・久売・波豆、衣評督衣君県・助督衣君弖自美、又肝衝難波、従二肥人等一持レ兵剽二劫覓国使刑部真木等一。於レ是勅二竺志惣領一、准レ犯決罰。

右の史料には、文武天皇二年に南島へ派遣した覓国使のうち[67]、刑部真木が薩末比売らに襲われたとある。覓国使の任務の主要な目的が、九州南部の調査であったか否かはひとまず置き、「剽劫」した人名から判断すると、真木らが南九州西海岸沿いを訪れたのは確実であろう[68]。また史料六には「衣評」（のちの薩摩国頴娃郡に比定）とある。東北に派遣され、評を設置し官人を任命した阿倍比羅夫の事例を参考にするならば、史料は残っていないものの、七世紀代に薩摩半島南端に使者を派遣していた可能性は高い。

（d）饗給・授位・賜禄物

隼人に対する饗給・授位・賜禄物記事は、表30にまとめたように、天武天皇十一（六八二）年を初見として二〇件あり、隼人を蝦夷・南島人と同じように饗応していたのがわかる。ただし隼人の場合、史料上ではすべて都でたまわっており、この点が蝦夷・南島人と異なる。しかし、大宰府の職掌として「饗讌」がある点[69]、また後述するように、南島と同様、大隅・薩摩両国から大宰府へ貢納物があったことを示す木簡が出土している点[70]から、記事にないだけで、

内　容	饗応	授位（爵）	賜禄物	出典
隼人を飛鳥寺の西方で饗応する。奏楽し、禄を与える。	●		●	『日本書紀』
大隅・阿多隼人魁帥ら337人を賞賜する。			●	『日本書紀』
大隅隼人を饗応する。	●			『日本書紀』
踏歌節会において、隼人・蝦夷らに位を授け、禄を与える。		●	●	『続日本紀』
功績のあった日向隼人曾君細麻呂に位を授ける。		●		『続日本紀』
大隅・薩摩隼人が来朝し、風俗歌舞を奏上する。位を授け、禄を与える。		●	●	『続日本紀』
隼人を饗応する。風俗歌舞が奏上され、酋帥34人に位を授け、禄を与える。	●	●	●	『続日本紀』
隼人に位を授け、禄を与える。		●	●	『続日本紀』
大隅隼人姶孋郡少領加志君和多利らに、位を授け、禄を与える。		●	●	『続日本紀』
隼人382人に爵を授け、禄を与える。		●	●	『続日本紀』
広嗣の乱に派遣する24人の隼人に対して位を授ける。		●		『続日本紀』
広嗣の乱で功績のあった曾乃君多理志佐に位を授ける。		●		『続日本紀』
隼人を饗応する。曾乃君多利志佐らに位を授ける。	●	●		『続日本紀』
曾乃君多利志佐らに位を授ける。		●		『続日本紀』
大隅・薩摩隼人が来朝し、前公乎佐らに位を授ける。		●		『続日本紀』
隼人司の隼人116人に、爵を授ける。		●		『続日本紀』
大隅・薩摩隼人が俗伎を奏上する。薩摩公鷹白らに位を授ける。その他の隼人に物を与える。		●	●	『続日本紀』
大住忌寸三行らに位を授ける。		●		『続日本紀』
朝堂において大隅・薩摩隼人らを饗応する。位を授け、物を与える。	●	●	●	『続日本紀』
大隅国曾於郡大領曾乃君牛養らが来朝し、位を授ける。		●		『類聚国史』

表 30　隼人に対する饗応・授位・賜禄物の事例

No.	和暦	西暦	月	日	条
1	天武天皇 11 年	682	7	27	戊午
2	持統天皇元年	687	7	9	辛未
3	持統天皇 9 年	695	5	13	己未
4	和銅 3 年	710	1	16	丁卯
5	和銅 3 年	710	1	29	庚辰
6	養老元年	717	4	25	甲午
7	養老 7 年	723	5	20	甲申
8	天平元年	729	6	25	甲申
9	天平元年	729	7	22	辛亥
10	天平 7 年	735	8	9	壬辰
11	天平 12 年	740	9	4	戊子
12	天平 13 年	741	閏 3	5	乙夘
13	天平 15 年	743	7	3	庚子
14	天平勝宝元年	749	8	22	癸未
15	天平宝字 8 年	764	1	18	丙辰
16	神護景雲元年	767	9	12	己未
17	神護景雲 3 年	769	11	26	庚寅
18	宝亀 7 年	776	2	10	戊辰
19	延暦 2 年	783	1	28	乙巳
20	延暦 12 年	793	2	10	己未

隼人も大宰府で饗応していた可能性が高い。

ただし隼人には、史料上、蝦夷爵のような令制外の特殊な位階を授けることがなかったようで、九州南部出身と思われる有位者はことごとく、律令制的な位階をもっている(71)。これは一見、蝦夷に対し独自の政策を行っていたようにもみえる。しかし先述したように、この爵は、郡に編成されていない地域に居住する「百姓」とされていない蝦夷に対し与えられたと推測される。九州南部の場合、大隅国菱刈郡の領域を除くと、天平年間までにそのほとんどで郡制を敷いていた(72)。したがってこの違いは、蝦夷と隼人を区別したというよりも、単に郡制を早期に施行できたか否かに起因すると考えられる。

（e） 武力制圧

律令国家が九州南部で交戦したことを示す記事は、文武(73)・大宝(74)・和銅(75)・養老年間(76)にある。このうち、文武天皇四年と養老四年の武力衝突は、それぞれ覓国使の「剽劫」、隼人による大隅国守殺害を契機としているが、その他は国家の政策的な意図にもとづき、事前に準備したうえで行ったものと考えられる。九州南部の場合、東北と異なり、八世紀前半以降、交戦にかかわる史料がなくなるが、この政策も共通しているといえよう。

（f）（g）（h） 国郡（評）設置、官人任命、戸口調査

先掲した史料六にあるように、七世紀代には評を設置し、現地の有力者と思われる衣君県と衣君弖自美を、それぞれ「評督」「助督」に任じていた。しかし、衣君県・衣君弖自美が覓国使を「剽却」したことから明らかなように、衣評は同時期の東北北部と同様、「点的」に設置した流動的で不安定なものであったと推測される。したがって、当時は、九州南部の「面的」支配を実現できていなかった。

しかし、その後八世紀に入ると、律令国家は九州南部への進出を強め、大宝二年の薩摩・多褹「征討」後、戸口の調査をはじめ、官人を任命した(77)。こうして東北と同じように、「面的」支配を目指し、大宝二年頃に薩摩国を(78)、和銅六年に大隅国を置いた(79)。その後大隅国に対しては、和銅七年に命じた豊前・豊後国からの移民を主体として桑原郡を、天平勝宝七歳にはそれまで郡に編成されていなかった「大隅国菱刈村」の領域に菱刈郡を設置した(80)。なお、「大隅国菱刈村」のように、郡に編成されていない「村」へ郡を新設した事例は、管見の限り東北以外ではみられない。

東北では九世紀に入っても建郡していたが、九州南部では八世紀半ばには『倭名類聚抄』に記載があるすべての郡の設置を終えている。そのため、律令制的支配の浸透度合いには両地域で差があったと思われる。しかし、「点的」に評を置いたこと、八世紀前半に令制国を設置したこと、郡に編成していない「村」へ郡を新設したことなど、九州南

部支配は東北ときわめて同じ特徴を有している。

(i)「公民」化

東北では夷姓を改め、禄の支給を打ち切り、調庸を課すことで、蝦夷を「公民」としていた。しかし九州南部では、隼人自身が「公民」となすよう求める史料が存在しない。また、改賜姓や禄の支給についても、やや様相が異なっている。

まず九州南部を出身とした人物に対する改賜姓は、本節で検証する期間に限定すると、天武天皇十四年に行った大隅直氏への忌寸賜姓しか存在しない(81)。しかもこの大隅直氏は、第四章で述べたように畿内居住者と推定されるため、主に東北で改賜姓がなされた蝦夷と比べ異質である。

また隼人に対する禄の支給については、「朝貢」儀礼を行ったことに対するもの以外に、次のような史料がある。

史料七『続日本紀』神亀五年四月辛巳（十五日）条

太政官奏曰、（中略）又諸国司言、運レ調行程遥遠、百姓労弊極多。望請、外位々禄、割二留入レ京之物一、便給二当土一者。臣等商量、並依レ所レ請。伏聴二天裁一。奏可之。是時、諸国郡司及隼人等授二外五位一、所三以位禄便給二当土一也。

右の記事は、諸国に居住する外五位の位禄について、本来ならば都に送られ、大蔵省に収納されている調庸物から支給すべきところ、その一部を当地にとどめ置き、それを官人の位禄に充てることを決めたものである。そして最後に、『続日本紀』の編纂者が、諸国の郡司と隼人で外五位を授かる者に対し、位禄を居住地でたまう理由であると記している。ここから、外五位を有する九州南部に居住する隼人には、現地で位禄を支給していたことがわかる。しかし先述したように、東北では養老六年に調庸を停止し「狭布」の徴収を行うなど、禄の財源確保に苦心していたが、九州南部ではそうした様子がうかがえない。

この違いをどのように理解すべきか判断しがたいが、前節で指摘したように、蝦夷の「公民」化記事は、『続日本紀』の史料的性格もあって八世紀後半以降に集中する。逆にいえば、八世紀前半の記事には、こうした内容が残りにくいのであり、九州南部ではすでにこの段階で、一部の隼人とされていた人々に対し、改賜姓や禄の停止、さらには調庸の賦課を開始していた可能性がある。[82] つまり九州南部では、八世紀の早い段階で「公民」化政策が実施されはじめ、それが進展していたので、八世紀後半段階において、隼人自身が「公民」となすよう求める記事が存在しないのではないだろうか。このことは、(e)〜(h)で述べてきた、九州南部における交戦記事が八世紀前半以降にない点や、八世紀半ばには『倭名類聚抄』に記されてある郡がすべて成立している点を勘案しても矛盾しない。

このように、「公民」化については、異質な面があるものの、これは九州南部が東北と比べ支配の浸透が早かったことに起因するもので、本質的な違いではないといえる。

(j) 捕虜の移配

律令国家が隼人を捕虜として扱うことは、養老四年に起きた交戦後、征隼人副将軍笠御室らが都へ帰還した時の報告に、「斬首・獲虜合千四百余人」とあるため確実である。[83] しかし、蝦夷と同様の諸国移配策は、隼人にはとらなかった。[84]

この違いを考えるうえで鍵になるのが、蝦夷を移配するタイミングである。熊谷公男氏によれば、奈良時代における蝦夷の諸国移配の実例はいずれも交戦直後であり、これは当時の移配が、戦闘の際に帰降してきた蝦夷を主体としたものであったことを示すとしている。[85] つまり、この理解を隼人の場合にも当てはめ得るならば、諸国移配の例がないのは、養老年間以降に限定すると、九州南部で大規模な武力衝突が起こらなかったことに起因するといえよう。

それでは八世紀前半に生じた九州南部での交戦時には、隼人の諸国移配を行っていたのだろうか。蝦夷と同様、隼人も「虜」としていたので、その可能性は否定できない。しかし、蝦夷の諸国移配の初見は神亀二年で[86]、それを恒常的に行うようになるのは三八年戦争が起こったあとである。つまり、九州南部で交戦していた時期には、蝦夷を諸国へ移配したことを示す史料はない。それが、実態として行っていなかったのか、あるいは史料が残っていないだけなのかは判断しにくいが、少なくとも、八世紀初頭に隼人の諸国移配記事が存在しないのは、蝦夷と同じ傾向を示している。要するに、隼人の諸国移配を示す史料がないのは、蝦夷移配の初見以降、九州南部で大規模な交戦が起きなかったことが最大の要因と考えられる。したがってこの違いも、支配の進展に応じて表出したといえる。

以上Aについて検討してきたが、律令国家による城柵・郡の設置や柵戸移配、武力制圧などが行われた期間、あるいは令制外の特殊な位階や、八世紀後半における「公民」化政策、捕虜の諸国移配の有無など、隼人支配は蝦夷と比べ違いがある。しかしながら、これらはいずれも支配の進展によって生じたものであり、また方法は違えども、最終的に律令国家が統治し、居住する人々を同化させようとする政策の方向性は共通している。したがって本質的な違いとはいえない。

それでは次にBについて検証したい。

（k）「朝貢」

「朝貢」については、すでに第四章で比較を行ったため、ここではその要点だけまとめたい。七世紀後半、隼人は蝦夷・南島人と同様、飛鳥寺の西方で個別に、「方物」の貢上など「朝貢」儀礼を行い、それに対して王権側からの饗応を受けた。また八世紀に入っても、和銅三年には、大極殿・朝堂で行われた元日朝賀の儀と踏歌節会に蝦夷とともに参列し、「朝貢」儀礼を行った例があり、少なくとも入朝し貢納を行う点は、蝦夷・南島人と共通する。

しかし隼人の「朝貢」は、養老年間以降、形態が変容した。そのため、同様の変化がなかった蝦夷・南島人の「朝貢」とは異なる次の二つの特徴をもつようになった。

一つは、正月儀礼に参加しなくなった点である。これは、大隅・薩摩両国と同時期に令制国に編成された多禰島の人々も正月儀礼に参列しなくなるので、国家の枠組みに組み込まれたことに起因していると推察される。つまりこの点は、国家支配の進展に応じて表出した違いと考えられる。

もう一つは、長期間の在京をともなう六年に一度の定期的な「朝貢」になった点である。この変化は、①畿内における隼人の奉仕が、天武・持統朝頃に組み替えられたため、九州南部に居住する隼人を長期間、かつ定期的に都に補充するよう求められたこと、②九州南部で国家支配が徐々に整いはじめ、定期的で、長期間の在京をともなう「朝貢」が可能になったこと、以上が要因と考えられる。したがって、この点も一見、国家支配の進展度合いに応じた違いにみえる。しかし、隼人に対し六年定期制と在京勤務制を義務化したのは霊亀二年である。この時期には、多禰島や東北南部は、すでに九州南部と同様、国家支配が浸透しはじめていた。ところが、そこに住む彼らには、こうした制度が規定されなかった。

なお、養老年間以降の隼人は、「朝貢」儀礼を終えると隼人司に上番し、奉仕を行っていたと考えられる。一方で、蝦夷・南島人の場合、この隼人司に対応するような中央官司は置かれなかった。隼人司の設置の下限は、『令集解』職員令隼人司条に古記があるため、遅くとも『大宝令』制定時であるが、この時期は、列島南北端で交戦が生じていた頃にあたる。つまり、国家支配の進展状況はさほど変わらなかったにもかかわらず、隼人にだけ彼らを管轄する中央官司が設けられたのである。

このように、隼人の「朝貢」は蝦夷・南島人と比べ、異なる特徴がある。とくに、六年に一度の定期性と「朝貢」

儀礼を行ったのちの長期間の在京、また関連して、隼人司のような中央官司の有無にも違いがあり、これらは政府が意図的に差を設けていたといえよう。

(l) 奉仕

八世紀代に隼人が都で行っていた奉仕については、第六章で論じたように、風俗歌舞の奏上と竹笠の製造、行幸の供奉と吠声、踏歌節会における奏楽、宮門の警備と諸儀式への参加、藤原広嗣の乱における従軍があげられる。これらと蝦夷の奉仕を比べてみると、共通しそうなのが隼人の藤原広嗣への従軍である。しかし派遣された隼人は二四名のみで、また、勅使と常に行動をともにしていたことから(87)、通常の戦力として奉仕していたとは考えにくい。したがって、「辺軍」として活動したり、城柵の造営に携わったりする蝦夷の奉仕とは質が異なる。

さらに『延喜式』隼人司式によると、大儀（元日・即位・蕃客入朝の儀）の際、隼人は応天門の外に整列し、官人たちが朝堂院のなかに入りはじめるタイミングで吠声するよう規定されていた(88)。ところが、蕃客入朝の儀だけは吠声をせず、加えて天皇が出御しない場合には、整列すらしないことになっていた。これは蝦夷が、斉明朝の遣唐使に随行したことや、唐使が来朝した際に儀衛した事実と比べると対照的である。すなわち、対外的な場面では、蝦夷は積極的に従事させられる傾向があるのに対し、隼人の場合、むしろ奉仕が制限されている。

このように、隼人と蝦夷の奉仕、さらにはそもそもこうしたことを行っていない南島人を比べると、彼らに求められていた役割には違いがあったといえる。

以上Bを比べてきたが、「朝貢」や奉仕を行う点は共通する。しかし、その内実に違いがある。とくに隼人の場合、①六年ごとに定期的に「朝貢」する点、②「朝貢」儀礼後に長期間在京する点、③中央官司の存在、④奉仕内容、以上四点は明確に異なる。

注目したいのは、これらの相違点すべてが、畿内における隼人の奉仕に関連していることである。まず①の規定は、奉仕する隼人を九州南部から定期的に召集する点でかかわりがある。また②は、隼人を都にとどめ、実際に奉仕を行わせた点とつながりがある。③は、従事する隼人が上番する中央官司であるとともに、彼らの奉仕を監督する点が関連する。④については、いうまでもないだろう。したがって、奉仕にかかわる点に、律令国家は意図的に差を設けていたといえるのである。

2　律令国家の「夷狄」支配の相違について

前項では律令国家の「夷狄」支配を比較してきた。そして、支配の進展に応じて表出したものを除くと、その本質的な違いとは、奉仕にかかわる点にあったと論じてきた。それではこうした差異はなぜ生じたのか。この問題の答えは、史料に記されていないため、いつからこの違いがあったのかという点から考察したい。そこで取りあげてみたいのが、大化前代の神話・伝承である。すなわち、本章で明らかにしてきた相違点が、大化前代にすでに存在するのであれば、律令国家が成立する以前の王権と、蝦夷・隼人・南島人それぞれの間に培われていた関係性が、その違いに影響を及ぼしている可能性がある。

そこで本項では、蝦夷・隼人・南島人が登場する大化前代の『日本書紀』の神話・伝承をみていきたい。なおこの三者の神話・伝承は、編纂段階の認識が混ざったり、手が加えられていたりする可能性もあり、即事実として受け入れることができない。しかし、例えば敏達天皇十年閏二月条にある蝦夷の魁帥綾糟による服属の誓約方法は、律令国家の段階では全くみられないため、六世紀後半段階で実際に行われていた姿を伝えたものと考えられている(89)。また第一章で明らかにしたように、隼人に関する記述も、八世紀頃の認識をそのまま反映させていたわけではない。したがって、『日本書紀』が編纂される以前の古い段階の様相が残されたものと理解して検討する。

『日本書紀』にある大化前代の蝦夷・隼人・南島人の神話・伝承をまとめたものが表31である。まず隼人については、すでに第一章で論じたように、帰服すべき集団（№16・17）および奉仕を行う存在（№2・14・15・19）という二つの隼人観がある。そして後者には、「天皇」または「皇子」に対する奉仕であったこと、宮都に常駐していたこと、ある特定の「天皇」「皇子」に対して直接近侍し、個別人格的な従属関係があったこと、以上三つの特徴がある。

続いて蝦夷をみていきたい。まず注目されるのは、蝦夷が隼人とともに「内附」「帰附」していることである（№16・17）。つまり、少なくとも『日本書紀』編纂時、蝦夷と隼人が同じような異集団であり、帰服すべき存在として認識されていたのは間違いない。

一方で違いもある。まず、「反乱」した蝦夷と交戦する伝承が多数みられる点である（№3・5・6～8・10・12・13・18）。とくに次の伝承は、隼人と比べて「天皇」に対する忠誠心に明らかな差がある。

史料八『日本書紀』雄略天皇二十三年八月丙子（七日）条

天皇疾弥甚。（中略）是時、征新羅将軍吉備臣尾代、行至㆓吉備国㆒過㆑家。後所㆑率五百蝦夷等、聞㆓天皇崩㆒、乃相謂之曰、領㆓制吾国㆒天皇既崩。時不㆑可㆑失也。乃相聚結、侵㆓寇傍郡㆒。於㆑是、尾代従㆑家来、会㆓蝦夷於娑婆水門㆒、合戦而射。（後略）

右の伝承には、雄略天皇が亡くなった際、「征新羅将軍」であった吉備尾代に率いられていた蝦夷が、絶好の機会として「侵寇」したとある。これは№15の隼人と比較すると、「天皇」の死に対して、対照的な反応を示しているといえる。

表31　『日本書紀』にみられる主な大化前代の神話・伝承・記事

内　容	蝦夷	隼人	南島人
瓊瓊杵尊が鹿葦津姫を召し、隼人の始祖である火闌降命、天皇家の祖である彦火火出見尊らが産まれたとされる。		●	
火闌降命が彦火火出見尊に対し、「俳人」（「狗人」）となり、代々「天皇」の宮城の垣のそばを離れず、吠える狗として、また「俳優之民」として奉仕することを誓って服属したとされる。		●	
道臣命が大来目部を率いて、忍坂邑で八十梟帥の残党を破り、「エミシは百人力というが手向かいもしなかった」という戦勝歌を歌ったとされる。	●		
武内宿祢を派遣して、北陸と「東方諸国」の地形と人々の暮らしぶりを視察させたとされる。	●		
武内宿祢が東国から帰還して、「東夷」のうち「日高見国」の「蝦夷」と交戦することを進言したとされる。	●		
「東夷」が反乱を起こしたとされる。	●		
「東国」で「蝦夷」が「叛」し、人民を侵略しているため、それを日本武尊に平定するよう命じたとされる。	●		
日本武尊が陸奥国に入って「日高見国」に至り、「竹水門」で蝦夷の首領を服属させたとされる。また「俘」とした蝦夷は伊勢神宮に献上されたとされる。	●		
伊勢神宮に献上した蝦夷が騒動を起こすので、大和の御諸山の麓に移し、さらに畿外に移すが、それが播磨・讃岐・伊予・安芸・阿波五国の佐伯部の祖となったとされる。	●		
御諸別王が蝦夷の「騒動」を平定したとされる。	●		
「朝貢」してきた蝦夷を使役して、廐坂道を作ったとされる。	●		
田道に蝦夷をうたせたが、田道は敗死したとされる。	●		
征新羅将軍吉備尾代配下の蝦夷が吉備で「侵寇」し、尾代に丹波国浦掛水門で制圧されたとされる。	●		
瑞歯別皇子（のちの反正天皇）が、兄の仲皇子に近習する隼人刺領巾を誘い、仲皇子を殺害するよう命じる。刺領巾はそれを実行するが、「己君」に慈しみがないとされ、殺されたとされる。		●	
雄略天皇が葬られた高鷲原陵のそばで、隼人が泣き崩れ、食べることもしなかったので7日後に死亡する。その後、陵の北側に隼人の墓が作られ葬られたとされる。		●	
蝦夷、隼人ともに「内附」したとされる。	●	●	
蝦夷、隼人ともに、衆を率いて「帰附」する。	●	●	
「辺境」を侵した蝦夷の首領綾糟らを召し、綾糟が泊瀬川に入り、三輪山に向かって朝廷への忠誠を誓う。	●		
敏達天皇の殯宮への穴穂部皇子の侵入を拒むため、敏達天皇の寵臣であった三輪君逆が隼人に命じて、殯庭を警備させる。		●	
近江満を東山道に派遣して蝦夷国の境を、阿倍臣を北陸道に派遣して越などの国の境を視察させる。	●		
掖玖人3人が「帰化」する。			●
掖玖人7人が来朝する。			●
掖玖人20人が来朝し、前後あわせて計30人を朴井に安置するが、帰郷を待たず、全員死亡する。			●
掖玖人2人が伊豆島に漂着する。			●
田部連を掖玖に派遣する。			●
田部連が掖玖から帰還する。			●
掖玖人が「帰化」する。			●
蝦夷がそむいて来朝しなかったため、上毛野形名が「将軍」となり、蝦夷をうたせる。またうった蝦夷を「虜」とする。	●		
越の蝦夷数千が「内附」する。	●		
蝦夷を饗応する。	●		
蘇我蝦夷が、蝦夷を自邸に招いて饗応する。	●		

No.	和暦	月	条
1	（神代下第9段本文）		
2	（神代下第10段一書第2・4）		
3	（神武天皇即位前紀）	10	癸巳朔
4	景行天皇25年	7	壬午
5	景行天皇27年	2	壬子
6	景行天皇40年	6	
7		7	戊戌
8			是歳
9	景行天皇51年	8	壬子
10	景行天皇56年	8	
11	応神天皇3年	10	癸酉
12	仁徳天皇55年		
13	雄略天皇23年	8	丙子
14	（履中天皇即位前紀）		
15	清寧天皇元年	10	辛丑
16	清寧天皇4年	8	癸丑
17	欽明天皇元年	3	
18	敏達天皇10年	閏2	
19	敏達天皇14年	8	己亥
20	崇峻天皇2年	7	壬辰
21	推古天皇24年	3	
22		5	
23		7	
24	推古天皇28年	8	
25	舒明天皇元年	4	辛未朔
26	舒明天皇2年	9	是月
27	舒明天皇3年	2	庚子
28	舒明天皇9年		是歳
29	皇極天皇元年	9	癸酉
30		10	甲午
31			丁酉

また、史料八では、蝦夷が「征新羅将軍」に率いられているので、彼らは新羅との交戦に従軍する存在とみなされている。その他にも、「朝貢」してきた蝦夷に対して道を造作させた伝承もある（No.11）。したがって、『日本書紀』編纂期には、蝦夷が奉仕することが、それほど不思議だと思われていなかったと推察される。ただし、隼人とは異なり、「天皇」に対する奉仕ではなく、また宮都に常駐し恒常的に行うものでもない。

最後に南島人を取りあげたい。大まかに整理すると、掖玖人の来朝・「帰化」（No.21～23・27）、掖玖への派遣（No.25・26）にわけられる。ここから南島人も、帰順すべき存在という点は共通する。しかし、隼人や蝦夷のように奉仕にかかわる伝承は存在しない。

以上、蝦夷・隼人・南島人が登場する大化前代の『日本書紀』の神話・伝承を比較してきた。ここからわかるように、三者は王権に帰服すべき異集団という点に共通項があったものの、その間で結ばれていた関係性には差があり、王権が彼らに求めていた奉仕には違いがあった。

そして重要なのが、こうした違いが、律令国家の「夷狄」支配のなかにも取り込まれている点である。第六章で論じたように、隼人の場合、天武・持統朝を画期として、制度化され、時の天皇に対し、主に儀式や行幸といった場面で、大人数で組織だって行うものに組み替えられたが、その一方で天皇に対して奉仕する点、天皇が御す空間の境で従事する点は一貫していた。

つまり、律令国家の隼人支配には、大化前代に構築されていた王権との関係性の残滓が、改変をともないながらも保たれていた。一方で、蝦夷・南島人には、隼人と同質の恒常的な奉仕がもともと求められていなかった。したがって、律令国家の「夷狄」支配には奉仕にかかわる点に違いが生じたのだと考えられるのである。

本章では、律令国家の蝦夷・南島人支配を概観し、隼人支配と比較することで、従来注目を集めながらも共通認識があるとはいいがたかった、支配の違いを検証し、その要因について考察してきた。本章で明らかにしたのは次の二点である。

① 支配の進展に応じて表出した差異を除くと、律令国家の隼人と蝦夷・南島人支配の違いは、奉仕にかかわる点にある。

② この相違点は、大化前代に培われていた王権と蝦夷・隼人・南島人各集団の関係の差が、律令国家の「夷狄」支配のなかに取り込まれたことに起因する。

以上の結論から浮かび上がる律令国家の「夷狄」支配の特質を指摘するならば、まず、律令国家は、それまでの王権が列島南北端に住む諸集団との間に形成していた各関係性を均質化し、彼らを「夷狄」として同じように扱おうとしたことが読み取れる。したがって、大化前代の神話・伝承の内容に違いがある彼らに対し、七世紀後半以降、共通の政策をとるようになった。しかし一方で、律令国家は、大化前代の関係性をすべてリセットしたわけではなく、部分的にそれを包摂していた。そのため、律令国家の「夷狄」支配のなかで、隼人に対する支配に違いが表出したのだと考えられる。

本章の冒頭で述べたように、近年、この隼人支配の違いを論点とし、隼人が蝦夷・南島人と異なる位置づけにあったとする理解が支持を集めつつある。しかし、鈴木拓也氏も指摘するように、三者には相違点だけでなく共通性も存在するのであり[90]、律令国家期において彼らが全く異なる位置づけで扱われていたとは考えられない。本章で論じてきたように、律令国家の「夷狄」支配には、前代からの断絶面と連続面があったのであり、この特質を念頭に置かなければ、その違いは説明しえないのではないだろうか。

【付表】東北・南島・九州南部に対する主な政策

西暦	年号	東北（対蝦夷）	南島（対南島人）	九州南部（対隼人）
六四五	大化　元	8東国国司が武器収公を命じるにあたり、蝦夷との境では、武器を登録してから持ち主に預けるよう指示する。		
六四六	二	1蝦夷が「親附」する。		
六四七	三	この年、越国に渟足柵を造営し柵戸を置く。		
六四八	四	この年、磐舟柵を造営し、越と信濃の人々を柵戸とする。		
六五三	白雉　四	この年、多珂国造石城美夜部・石城評造部志許赤らが惣領高向大夫に申請し、多珂を分割して石城評を設置する（『常陸国風土記』多珂郡項）。		

六五五	斉明　元	7難波宮で越・陸奥蝦夷を饗応し、柵養蝦夷と津軽蝦夷に冠位を授ける。この年、蝦夷・隼人が多くの人々を率いて「内属」し朝貢する。		この年、蝦夷・隼人が多くの人々を率いて「内属」し朝貢する。
六五八	四	4阿倍比羅夫が軍船を率いて蝦夷と戦い、齶田・渟代蝦夷を服属させ、齶田蝦夷恩荷を渟代・津軽の「郡領」とし、有間浜で渡嶋蝦夷を饗応する。7朝貢した蝦夷を饗応し、柵養蝦夷らに位を授け、武器・武具を与える。また、「渟代郡大領」沙尼具那に、蝦夷と虜の戸口の検校を行わせる。この年、越国守阿倍引田比羅夫が粛慎と戦い羆と羆の毛皮を献上する。		
	五	3甘檮丘の東の河原に須弥山を作り、陸奥・越蝦夷を饗応する。阿倍比羅夫は蝦夷と戦い、「飽田郡」「渟代郡」「津軽郡」胆振鉏の蝦夷を饗応し、後方羊蹄に「政所」を設置、「郡領」を定めて帰還する。また、道奥・越国司と「郡領」「主政」に授位。7唐皇帝と面会させるため、遣唐使が蝦夷男女二人を同道し、出発する。閏10唐の皇帝が遣唐使の使者に蝦夷の風俗を問う（「伊吉連博徳書」）。		

六六〇	六	3阿倍比羅夫、渡嶋蝦夷の救援要請を受けて粛慎と戦う。5阿倍比羅夫が夷を献上する。石上池のほとりに須弥山を作って粛慎を饗応する。		
六六八	天智 七	7蝦夷を饗応する。		
六七一	十	8蝦夷を饗応する。		
	天智年間	この頃、覓国使を派遣するため、陸奥国石城の船造りに船を造らせる（『常陸国風土記』香島郡項）。		
六七七	天武 六		2多禰島人らを飛鳥寺の西の槻下で饗応する。	
六七九	八		11倭馬飼部造連らを多禰嶋に派遣する。	
六八一	十		8遣多禰島使らが多禰国図を持ち帰り多禰島の様子を伝える。9多禰嶋人らを飛鳥寺の西の河辺で饗応し奏楽する。	
六八二	十一	3陸奥蝦夷に爵位を授ける。4越蝦夷伊高岐那らの申請により、俘人七〇戸で一郡を置く。	7多禰人・掖玖人・阿麻弥人に禄を与える。	7隼人が来朝し方物を進上する。大隅・阿多隼人が朝廷で相撲をとり大隅隼人が勝つ。隼人を飛鳥寺の西方で饗応する。奏楽し禄を与える。
六八三	十二		3遣多禰使人らが帰還する。	
六八五	十四			6大隅直らに忌寸姓をたまう。
六八六	朱鳥 元			9大隅・阿多隼人らが天武天皇の殯宮で誄を行う。

六八七	持統	元			5大隅・阿多隼人を率いた魁帥らが天武天皇の殯宮で誄を行う。7大隅・阿多隼人魁帥ら三三七人を賞賜する。
六八八		二	11天武天皇の殯宮で蝦夷が調を背負って誄を行う。12蝦夷の男女を飛鳥寺西の槻木のもとで饗応し、冠位を授け、物を与える。		
六八九		三	1「陸奥国優嶋曇郡」城養蝦夷の出家を許す。越蝦夷の僧道信に仏像・幡・鉢などを与える。7陸奥蝦夷の僧自得に仏像・鐘・香炉・幡などを与える。越蝦夷の八釣魚らに物を与える。		1筑紫大宰粟田朝臣らが隼人一七四人・布五〇常・牛皮六枚・鹿皮五〇枚を献上する。
六九二		六			閏5筑紫大宰率河内王らが僧侶を大隅・阿多に派遣して仏教を伝えることを申請する。
六九五		九		3文博勢・下訳語諸田らを多禰に派遣し蛮の居所を調べさせる。	5大隅隼人を饗応する。飛鳥寺の西方の槻の下で隼人相撲を観覧する。
六九六		十	3越渡嶋蝦夷と粛慎に物を与える。		
六九七	文武	元	10陸奥蝦夷が方物を進上する。12越後蝦狄に物を与える。		
六九八		二	6越後国蝦狄が方物を進上する。10陸奥蝦夷が方物を進上する。12越後国に磐舟柵を修理させる。	4文博士ら八人を南嶋に派遣し覓国させる。5大宰府に大野・基肄・鞠智城を修繕させる。	5大宰府に大野・基肄・鞠智城を修繕させる。

六九九	三	4越後蝦狄一〇六人に爵を授ける。	7多禰・夜久・菴美・度感等人、朝宰に従い来て方物を進上する。授位・賜物あり。8南嶋の貢進物を伊勢大神宮及諸社に奉る。11文博士・刑部真木らが南嶋から帰還、授位あり。12大宰府に三野・稲積城を修繕させる。	12大宰府に三野・稲積城を修繕させる。
七〇〇	四	2越後・佐渡国に磐舟柵を修理させる。	6薩末比売・久売・波豆、衣評督衣県・助督衣弖自美、肝衝難波が肥人等を従え、覓国使らを脅かしたため、筑紫惣領に勅し、犯に准じて決罰させる。	6薩末比売・久売・波豆、衣評督衣県・助督衣弖自美、肝衝難波が肥人等を従え、覓国使らを脅かしたため、筑紫惣領に勅し、犯に准じて決罰させる。
七〇二	大宝　二	3越中国から四郡をわけて、越後国に属させる。	8薩摩・多禰と戦い、戸口の検校、官司の任命を行う。この頃、令制多禰島が成立する（永山修一説）。	8薩摩・多禰と戦い、戸口の検校・官司の任命を行う。9薩摩隼人と戦った軍士に勲位を授ける。10薩摩隼人と戦った時に祈祷した神社に幣帛を奉る。「唱更国司」が国内の要害の地に柵を建て、戍を置くことを申請する（永山修一説）。この頃薩摩国が成立する
七〇五	慶雲　二	この年、武蔵国の軍士が陸奥蝦夷と戦うため、陸奥国に赴く（『日本文徳天皇実録』）。		
七〇七	四		7使を大宰府に派遣し、南嶋人に授位・賜物を行う。	
七〇八	和銅　元	9越後国に出羽郡を設置。		

七〇九	二	3陸奥・越後蝦夷と戦うため兵を徴発し、巨勢麻呂を陸奥鎮東将軍に、佐伯石湯を征越後蝦夷将軍に、紀諸人を同副将軍に任じ、節刀を授ける。8征蝦夷将軍佐伯石湯らが京に帰り、慰労される。		10薩摩隼人・郡司以下一八八人入朝。
七一〇	三	1隼人・蝦夷が朝賀に参列し、左・右将軍らの率いる騎兵にしたがって行進する。踏歌節会において、隼人・蝦夷らに授位・賜禄。4陸奥蝦夷に対し、君姓をたまい、戸籍に編入する。		1隼人・蝦夷が朝賀に参列し、左・右将軍らの率いる騎兵にしたがって行進する。踏歌節会において、隼人・蝦夷らに授位・賜禄。日向国が采女を薩摩国が舎人を貢上する。功績のあった日向隼人曾君細麻呂に授位。
七一二	五	9出羽国を設置。10陸奥国最上・置賜郡を出羽国に編入。		
七一三	六	12陸奥国に丹取郡を設置。		4日向国四郡をわけて大隅国を設置。7「討隼賊将軍」ら有功者一二八〇余人に勲位を授ける。
七一四	七	2出羽国に養蚕を行わせる。10尾張など四国の人々二〇〇戸を出羽柵戸として移配する。	4多褹島に印鑑を与える。12太遠建治ら、奄美・信覚・球美等島人五二人を率いて南島から到着。	3豊前国の民二〇〇戸を九州南部に移配。
七一五	霊亀元	1朝賀において、陸奥・出羽の蝦夷と南島の人々が「方物」を進上する。蝦夷と南島の人々に授位。5相摸など六国の富民一〇〇〇戸を陸奥国に移住させる。10陸奥国の香河・閉村の地に郡を設置し、居住する蝦夷を戸籍に編入する。	1朝賀において、陸奥・出羽の蝦夷と南島の人々が「方物」を進上する。蝦夷と南島の人々に授位。	

七一六	二	9陸奥国置賜・最上郡を出羽国に編入し、信濃など四国の人々各一〇〇戸を出羽国に移配する。		5薩摩・大隅隼人の都での滞在期間を六年間とする。
七一七	養老元	2信濃など四国の人々各一〇〇戸を出羽柵戸として移配する。		4大隅・薩摩隼人が来朝し、風俗歌舞を奏上する。授位・賜禄を行う。
七一八	二	5陸奥国石城など五郡と常陸国菊多郡をわけて石城国を、また陸奥国白河など五郡をわけて石背国を設置。8馬一〇〇〇頭を進上した出羽・渡嶋蝦夷に授位・賜禄（『扶桑略記』）。		
七一九	三	7東海・東山・北陸道の人々二〇〇戸を出羽柵に移配する。按察使を設置。		
七二〇	四	1渡嶋津軽津司諸君鞍男ら六人を、靺鞨国に派遣し、風俗を視察させる。9蝦夷が按察使上毛野広人を殺害する。多治比県守を持節征夷将軍に、下毛野石代を同副将軍に、阿倍駿河を持節鎮狄将軍に任じ、節刀を授ける。	11南島人二三二人に授位。	2隼人が大隅国守陽侯史麻呂を殺害する。3大伴旅人を征隼人持節大将軍とする。6征隼人将軍を慰問する。8大伴旅人が入京する。
七二一	五	4征夷将軍・鎮狄将軍らが帰京する。8出羽国を陸奥按察使に管掌させる。10陸奥国柴田郡の二郷をわけて苅田郡を設置する。		7征隼人副将軍笠御室らが帰還する。「斬首獲虜」あわせて一四〇〇余人。12薩摩国は人が稀な所が多いため、併合を行う。

七二二	六	4陸奥蝦夷・大隅薩摩隼人との交戦時の将軍以下に勲位を授ける。閏4陸奥・出羽国の人々を優遇するために、調庸を段階的に停止して新たな税制を施行する。8諸国から一〇〇〇人を選び、柵戸として陸奥鎮所に移住させる。	4大隅・薩摩・多禰・壱岐・対馬では守・介の権任まで大宰府の官人の任用を認める。	4陸奥蝦夷・大隅薩摩隼人との交戦時の将軍以下に勲位を授ける。大隅・薩摩・多禰・壱岐・対馬では守・介の権任まで大宰府の官人の任用を認める。
七二三	七	9功績のあった出羽国の蝦夷を賞して爵を授ける。		4日向・大隅・薩摩の士卒に復三年をたまう。5大隅・薩摩隼人ら六二四人「朝貢」する。風俗歌舞の奏上があり、隼人を饗応する。酋帥三四人に授位・賜禄。6隼人帰郷。
七二四	神亀　元	3海道蝦夷が陸奥大掾佐伯児屋麻呂を殺害する。4海道蝦夷と戦うため、藤原宇合を持節大将軍に、高橋安麻呂を副将軍に任じる。5出羽蝦狄と戦うため、小野牛養を鎮狄将軍に任じる。11征夷持節大使藤原宇合・鎮狄将軍小野牛養が帰京する。この年、大野東人が多賀城を造営する（「多賀城碑」）。		
七二五	二	閏1俘囚計七三七人を伊予国・筑紫・和泉監に移配する。		
七二七	四		11南島人一三二人来朝、授位。	
七二八	五			4諸国の郡司・隼人等に外五位を授けた場合、位禄を現地でたまうことにする。

七二九	天平元			6薩摩隼人ら調物を進上。風俗歌舞を奏上する。隼人に授位・賜禄。7大隅隼人が調物を進上。大隅隼人姶孋郡少領加志君和多利らに授位・賜禄。
七三〇	二	1陸奥国の田夷村に郡家を設置し、居住する蝦夷を同じく百姓となす。		3大宰府が、大隅・薩摩国で百姓の墾田を収公し、班田を行うことを諦める。
七三二	四			5季禄を停止されていた薩摩国司に衣服を与える。
七三三	五	12出羽柵を出羽国秋田村の高清水岡に遷し、同国に雄勝郡を設置する。	6多禰島熊毛郡大領安志託らに多禰後国造姓を、益救郡大領加理伽らに多禰直姓を、能満郡少領粟麻呂らに住んでいる場所に従って直姓をたまう。	
七三五	七			7大隅・薩摩国隼人二九六人が入朝し調物を進上。8大隅・薩摩隼人が方楽を奏上。隼人三八二人に賜爵・賜禄。大宰管内諸国で疫瘡がはやる。この年、「山背国隼人計帳」が作成される（「山背国隼人計帳」）。
七三六	八	4功績のあった陸奥・出羽国の郡司と俘囚に爵を授ける。		この年、薩摩国で賑給が行われる（「薩麻国正税帳」）。

七三七	九	1陸奥国から雄勝村を経て出羽柵へ向かう連絡路を開くため、持節大使藤原麻呂らを派遣する。2藤原麻呂らが多賀柵に到着する。田夷や帰服した狄を海道・山道に派遣し慰喩することで、「夷狄」の動揺を鎮め、また玉造など五柵を官人と騎兵に守らせる。4大野東人の軍が、騎兵・鎮兵・陸奥国兵・帰服狄俘を率いて、陸奥国色麻柵から出羽国大室駅に到着し、出羽守田辺難波の軍と合流する。藤原麻呂が大野東人の報告を受けて、陸奥・出羽連絡路敷設の経過を奏上する。		
七三八	十	閏7帰順した蝦夷に種籾を与えて耕作を行わせ、永く「王民」として「辺軍」に充てる。		
七四〇	十二			9藤原広嗣の乱が起こり隼人二四人を派遣。10板櫃川における戦いで隼人が活躍する。広嗣軍に加わっていた隼人曾乃君多理志佐が降服。
七四一	十三			閏3広嗣の乱で功績のあった曾乃君多理志佐に授位。

七四二	十四		8薩摩・壱岐・対馬・多禰の官人の禄は廃止された大宰府の物から支給されることなどが決まる。	8大宰府の廃止に伴い、大隅・薩摩・壱岐・対馬・多禰の官人の禄は廃止された大宰府の物から支給されることなどが決まる。11大隅国で地震が起こり、使者を派遣する。
七四三	十五			7隼人を饗応する。曾乃君多利志佐らに授位。
七四九	天平勝宝元			8大隅・薩摩国隼人が御調を進上し歌舞を奏上する。曾乃君多利志佐らに授位。
七五三	五	6陸奥国牡鹿郡の丸子牛麻呂・丸子豊嶋らに牡鹿連の姓をたまう。8陸奥国の丸子嶋足に牡鹿連の姓をたまう。		
七五四	六		2大宰府に対し、天平七年に南島に建てさせた牌を修復するよう命じる。11大神多麿を多禰島に配流。	
七五五	七		6大宰府管内諸国、国ごとに兵衛・采女一人ずつを進上する。	5大隅国菱苅村の浮浪九三〇余人の申請により、菱刈郡が設置される。6大宰府管内諸国、国ごとに兵衛・采女一人ずつを進上する。
七五七	天平宝字元	4孝経を奨励しその教えに反する者を陸奥国桃生・出羽国雄勝に移配。7橘奈良麻呂らの謀反に荷担した者を出羽国雄勝村に移配し柵戸とする。		

七五八	二	6帰降夷俘に種籾を与えて耕作を行わせ、「王民」として「辺軍」に充てる。10陸奥国の浮浪人に桃生城の造営を行わせる。浮浪人を柵戸とする。12坂東諸国の騎兵・鎮兵・役夫・夷俘などを動員して、桃生城と雄勝城を造営する。		
七五九	三	7中臣楫取を出羽国の柵戸とする。9出羽国に雄勝・平鹿郡を設置。坂東八国と越前などの国の浮浪人二〇〇〇人を雄勝城の柵戸とする。		
七六〇	四	1雄勝・桃生城造営の功績によって藤原朝猟ら関係者に位を授け、功績のある軍士・蝦夷・俘囚を報告させる。3罪により官奴婢とされた者五一〇人を良民とし、雄勝城の柵戸とする。12僧華達を還俗させて桃生城の柵戸とする。	8大隅・薩摩・壱岐・対馬・多褹の国司に諸国の地子を割いて与える。	8大隅・薩摩・壱岐・対馬・多褹の国司に諸国の地子を割いて与える。
七六一	五			11大隅・薩摩など西海道八国に船・兵士・子弟・水手を検定させ、残った兵士には兵器を作らせる。
七六二	六	12藤原朝猟が多賀城を修造する(「多賀城碑」)。閏12乞索児一〇〇人を陸奥国に移住させる。		
七六三	七	9尋来津関麻呂を出羽国雄勝城の柵戸とする。		1踏歌節会で隼人楽が奏上される。12中臣伊加麻呂を大隅守に左遷する。

七六四	八	9恵美押勝の乱における功績により牡鹿嶋足に牡鹿宿祢の姓をたまう。	8多禰島で飢饉が起こり、賑給する。	1大隅・薩摩隼人が来朝し前公平佐らに授位。12大隅・薩摩国の境で噴火が起こる。
七六五	天平神護元		1佐伯毛人を多禰島守に左遷する。2多禰島で飢饉が起こり、賑恤を行う。	2紀広純を薩摩守に左遷する。
七六六	二	12陸奥国の名取公龍麿に名取朝臣の姓をたまう。		6大風により日向・大隅・薩摩国で桑麻に損害があったため柵戸調庸を免除する。大隅国で地震が収まらないため賑恤を行う。
七六七	神護景雲元	7陸奥国宇多郡の吉弥侯部石麿に上毛野陸奥公の姓をたまう。10陸奥国伊治城の造営が完了したので、関係者に位を授け、功績のある軍毅・軍士・蝦夷・俘囚を報告させる。11出羽国雄勝城周辺の俘囚四〇〇余人が服属を申し出る。陸奥国に栗原郡を設置する。12道嶋嶋足を陸奥国大国造に、道嶋三山を陸奥国国造に任じる。		9隼人司の隼人一一六人に爵一級をたまう。
七六八	二	9陸奥国に駐留している他国の鎮兵二五〇〇人を削減し、当国の兵士四〇〇〇人を増員する。また、陸奥国の調庸は当国に納め、一〇年に一度京進することとする。		

七六九	三	1陸奥蝦夷が朝賀に参列。陸奥蝦夷らを朝堂で饗応、爵・物を与える。3道嶋嶋足の申請により陸奥国諸郡の豪族に氏姓をたまう。4陸奥国行方郡の下毛野公田主らに朝臣姓をたまう。6陸奥国伊治村に浮浪人二五〇〇余人を移配。11陸奥国牡鹿郡の俘囚大伴部押人が俘囚の名を除き調庸民となることを願い出る。		9和気清麻呂を大隅に配流。11大隅・薩摩隼人が俗伎を奏上する。薩摩公鷹白らに授位・賜物。
七七〇	宝亀 元	4陸奥国黒川・賀美等一〇郡の俘囚三九二〇人が、俘囚の名を除き、調庸を納めることを願い出る。		
七七一	二	11陸奥国桃生郡の牡鹿連猪手に道嶋宿祢の姓をたまう。	12日向・大隅・薩摩・壱岐・多禰の博士·医師の年限を八年とする。	3隼人の帯剣を停止。12日向・大隅・薩摩・壱岐・多禰の博士・医師の年限を八年とする。
七七二	三	1陸奥・出羽蝦夷が朝賀に参列。帰郷に際し叙爵・賜物。7陸奥国安積郡の丈部継守らに阿倍安積臣の姓をたまう。		
七七三	四	1陸奥・出羽夷俘が朝賀に参列。帰郷に際し授位・賜禄。		
七七四	五	1出羽蝦夷・俘囚を朝堂で饗応し授位・賜禄。蝦夷・俘囚の入朝を停止。7河内守紀広純に鎮守副将軍を兼ねさせ、鎮守将軍大伴駿河麻呂に「征夷」を命じる。陸奥国の海道蝦夷が桃生城を攻撃する。		

七七五	六			11風雨により日向・薩摩国の桑・麻に被害があったため調庸を免除する。
七七六	七	2陸奥国が山道・海道蝦夷との交戦を申請、出羽国に軍士の派遣を命じる。9陸奥国の俘囚三九五人を大宰府管内諸国に移配。11陸奥国の軍三〇〇〇人を動員し胆沢の蝦夷と戦う。出羽国の俘囚三五八人を大宰府管内および讃岐国に移配、七八人を諸官司と参議以上の賤とする。		2大隅・薩摩隼人が俗伎を奏上する。大住忌寸三行らに授位。
七七七	八	3陸奥の夷俘が相次いで帰降する。4陸奥国が山道・海道蝦夷と戦う。12出羽国の蝦夷が「叛逆」する。		
七七八	九	6蝦夷との戦いで功績のあった陸奥・出羽国司、按察使、俘囚・蝦夷らに位階・勲位を授ける。12唐使入朝の儀式に参列させるため、陸奥・出羽国から蝦夷二〇人を上京させる。		12大穴持神社を官社とする。
七七九	十	4将軍らが騎兵二〇〇人・蝦夷二〇〇人を率いて、入京する唐使を羅城門外で迎える。		

七八〇	十一	2陸奥国の申請により、胆沢の地を制圧するために覚鱉城を造営することとする。蝦夷が長岡に侵入したため、三月中旬に戦うこととする。3陸奥国上治郡大領伊治呰麻呂が、伊治城で按察使紀広純を殺害し、多賀城に放火する。藤原継縄を征東大使に、大伴益立・紀古佐美を副使に任じる。		
七八一	天応　元	8陸奥按察使藤原小黒麻呂ら帰還。		
七八三	延暦　二			1大隅・薩摩隼人ら来朝し、饗応する。
七八五	四	4仮に設置した陸奥国の多賀・階上郡に郡司を置き、正規の郡とする。		12日向国から大隅・薩摩国への浮浪対策を行う（『類聚三代格』）
七八八	七	12征東大将軍紀古佐美に節刀をたまう。		7大隅国噌唹郡で噴火が起こる。
七八九	八	9持節征東大将軍紀古佐美が帰還、節刀を返上。紀古佐美・入間広成らを処分する。		
七九〇	九	5陸奥国遠田郡領の遠田公押人が田夷の姓の改姓を申請、遠田臣の姓をたまう。		
七九一	十	7大伴弟麻呂を征夷大使に、百済王俊哲・多治比浜成・坂上田村麻呂・巨勢野足を征夷副使に任じる。		5豊後・日向・大隅国などで飢饉が起こり、賑給する。

七九二	十一	1斯波村の夷に物を与えたという陸奥国の報告に対して、今後は規定以外の物を与えることを禁じる。7夷の爾散南公阿破蘇が陸奥国から上京することを許す。10陸奥国の俘囚に位を授ける。11陸奥国の夷俘爾散南公阿波蘇・宇漢米公隠賀と俘囚吉弥侯部荒嶋を朝堂院に饗して、爵・位を授ける。出羽国平鹿・最上・置賜三郡の狄の田租を永く免除することにする（『類聚国史』）。		8「隼人之調」の編輸がないよう定められる（『類聚国史』）。
七九三	十二			2大隅国噌唹郡大領曾乃君牛養らが来朝し、授位（『類聚国史』）。
七九四	十三	1征夷大将軍大伴弟麿に節刀をたまう。10征夷将軍大伴弟麿が戦果を報告する（『日本紀略』）。		
七九五	十四	12軍から逃亡した諸国の軍士三四〇人の死罪を許し、陸奥国に移して柵戸とする（『日本紀略』）。		
七九六	十五	11伊勢など六国の婦女各二人を陸奥国に派遣して養蚕を教習させる。坂東六国と出羽・越後国の人々九〇〇〇人を陸奥国の伊治城に移住させる。12陸奥国の吉弥侯部善麻呂らに上毛野陸奥公の姓をたまう。		

七九七	十六	1陸奥国諸郡の豪族に氏姓をたまう。11坂上田村麻呂を征夷大将軍に任じる（『日本紀略』）。		
七九九	十八	3陸奥国柴田郡の大伴部人根らに、大伴柴田臣の姓をたまう。陸奥国の富田郡を色麻郡に、讃馬郡を新田郡に、登米郡を小田郡に併合する。12陸奥国の俘囚吉弥侯部黒田らを土佐国に移住させる。		
八〇〇	十九	5陸奥国で帰降した夷俘の食料が不足しているので佃三〇町を財源にあてる（『類聚国史』）。		12大隅・薩摩国の百姓の墾田を収公し口分田を授ける（『類聚国史』）。
八〇一	二十	2征夷大将軍坂上田村麿に節刀をたまう。9征夷大将軍坂上田村麿らが蝦夷と戦ったことを報告（『日本紀略』）。		6大宰府の隼人貢進を停止する（『類聚国史』）。
八〇二	二十一	1坂上田村麿を派遣して陸奥国胆沢城を造営させる。駿河など一〇国の浮浪人四〇〇〇人を陸奥国胆沢城に移配する。7坂上田村麿が、夷の大墓公阿弖流為と盤具公母礼を従えて入京する。百官が上表して蝦夷平定を祝う（『日本紀略』）。		
八〇三	二十二	4摂津国の俘囚吉弥侯部子成と陸奥国の吉弥侯部押人らに雄谷の姓をたまう（『類聚国史』）。	8長倉王を多褹島に配流。	

八〇四	二十三	1夷の浦田臣史閫儺に位を授ける。蝦夷と戦うために坂東六国と陸奥国の糒・米を陸奥国小田郡中山柵に運ばせる。11秋田城を廃止し郡となす。		3大隅国桑原郡蒲生駅と薩摩国薩摩郡田尻駅の間の薩摩郡櫟野村に駅を新設する。
八〇五	二十四	12藤原緒嗣と菅野真道が天下の徳政を論じ、緒嗣の意見によって軍事と造作を停止する。		1大替隼人による風俗歌舞の奏上を停止する。12隼人司の隼人八〇人のうち四〇人を減ずる。

※本章で検討を行う大化～延暦年間における主な政策を取りあげた。とくに断らない限り、出典は『日本書紀』『続日本紀』『日本後紀』。

註

（1）石母田正「日本古代における国際意識について―古代貴族の場合―」（同『日本古代国家論』第一部、岩波書店、一九七三年、初出は一九六二年）、同「天皇と『諸蕃』―大宝令制定の意義に関連して―」（同上、初出は一九六三年）、同「古代の身分秩序」（同上）。

（2）伊藤循「蝦夷と隼人はどこが違うか」（吉村武彦・吉岡眞之編『争点日本の歴史』三巻、新人物往来社、一九九一年）、同「古代王権と異民族」（『歴史学研究』六六五号、一九九四年）。

（3）中村明蔵「律令国家の夷狄観―蝦夷と隼人の移配政策―」（同『隼人と律令国家』名著出版、一九九三年）。

（4）永山修一「隼人の戦いと国郡制」（同『隼人と古代日本』同成社、二〇〇九年）。

（5）鈴木拓也「律令国家と夷狄」（『岩波講座　日本歴史』五巻、岩波書店、二〇一五年）。

（6）今泉隆雄『古代国家の東北辺境支配』（吉川弘文館、二〇一五年）、熊谷公男編『蝦夷と城柵の時代』（吉川弘文館、二〇一五年）、熊谷公男『古代の蝦夷と城柵』（吉川弘文館、二〇〇四年）、同『蝦夷の地と古代国家』（山川出版社、二〇〇四年）、

鈴木拓也『蝦夷と東北戦争』（吉川弘文館、二〇〇八年）。以後本節では、とくに注記しない限り、これらによりつつ論じる。

(7)「蝦夷」「俘囚」「夷俘」については、「俘囚」が部姓、とくに「吉弥侯部」という姓をもち、地縁的関係（近年では「本来の部族的集団性」と説明されることもある）を失って個別に帰降した者を、「蝦夷」が地名+君（公）姓をもち、現地での地縁的関係を保ったまま服属した者をそれぞれ指し、「夷俘」が、これら身分呼称としての「俘囚」「蝦夷」の双方を包括する帰降した蝦夷の総称であるという理解に従う（古垣玲「蝦夷・俘囚と夷俘」〔『川内古代史論集』四号、一九八八年〕）。

(8) 例えば『続日本紀』天平二年正月辛亥（二十六日）条にみられる「田夷村」の領域は、それまで郡に編成されていなかったが、陸奥国の「部下」とあるため、建郡されていなくとも国に属すとみなされる場合があったことがわかる。

(9) 本章の検討時期にみられる郡に属さない蝦夷村の例として、香河村・閉村（『続日本紀』霊亀元年十月丁丑〈二十九日〉条）、田夷村（前掲註（8））、雄勝村（『同』天平五年十二月己未〈二十六日〉条など）、伊治村（『同』神護景雲三〈七六九〉年六月丁未〈十一日〉条）、遠山村（『同』宝亀五年十月庚午〈四日〉条）、志（斯）波村（『同』宝亀七年五月戊子〈二日〉条など）、巣伏村（『同』延暦八年六月甲戌〈三日〉条）、志理波村（『類聚国史』巻一九三　延暦十四年十一月丙申〈三日〉条）があげられる。

(10) 例えば『続日本紀』宝亀七年五月戊子条には「出羽国志波村賊」とある。ただし、すべての村が常に敵対関係にあったわけではなく、後述する「香河村」の蝦夷のように貢ぎ物を献上するなど、一定の政治的関係を有する場合もあった。

(11) 小林昌二『高志の城柵』（高志書院、二〇〇五年）。

(12)『日本書紀』大化三年是歳条、同四年是歳条。

(13) 鈴木拓也「古代陸奥国の軍制」（同『古代東北の支配構造』吉川弘文館、一九九八年）。

(14)『養老令』職員令大国条。

(15)『日本書紀』斉明天皇四年四月条、同七月甲申（四日）条、同是歳条、同五年三月是月条、同六年三月条、同五月是月条。

(16) 熊谷公男「阿倍比羅夫北征記事に関する基礎的考察」（高橋富雄編『東北古代史の研究』吉川弘文館、一九八六年）。

(17)『延喜式』式部式上夷禄条、同大蔵省式賜蕃客例条。

(18)『続日本紀』養老六年閏四月乙丑（二十五日）条、『類聚三代格』巻一八　貞観十七（八七五）年五月十五日付太政官符。
(19)『類聚国史』巻一九〇　延暦十九年五月戊午（二十一日）条。
(20)『延喜式』大蔵省式賜蕃客例条。
(21)河原梓水「蝦夷・俘囚への叙位―蝦夷爵制の再検討を中心に―」（『日本史研究』五八九号、二〇一一年）。
(22)河原氏は、都で行われた爾散南公阿破蘇・宇漢米公隠賀への蝦夷爵授与（『類聚国史』巻一九〇　延暦十一年十一月甲寅〈三日〉条）を特例としている。しかしそれ以外にも、朝堂で陸奥蝦夷に「蝦夷爵」を与えている例があるため（『続日本紀』神護景雲三年正月丙戌〈十七日〉条）、氏の理解は成り立たないように思える。注目されるのは、①建郡を申請した「香河村」の陸奥蝦夷邑良志別君宇蘇弥奈が第三等の爵をもっていること（『続日本紀』霊亀元年十月丁丑条）、②「陸奥国伊治村」（『続日本紀』神護景雲三年六月丁未条）の出身と考えられ、第二等の爵をもつ伊治公呰麻呂が、外従五位下を授かったのち（『続日本紀』宝亀九年六月庚子〈二十五日〉条）、「上治郡大領」になっていること（『続日本紀』宝亀十一年三月丁亥〈二十二日〉条）である。とくに②は、蝦夷村に「上治郡」が置かれたため、もともと蝦夷爵をもっていた呰麻呂が一般の位階を授かるようになったとみなせる。また河原前掲註（21）論文にあげられている①・②以外の蝦夷爵保持者は、いずれも節会の参加者や諸国に移配された蝦夷であり、彼らも氏姓から判断する限り蝦夷村出身者であった可能性がある。後述するように、蝦夷村が郡に編成される過程で、そこに住む人々は編戸され、「百姓」とされたと考えられる。したがって蝦夷爵とは、編戸されず「百姓」とされていない蝦夷に対して与えられた爵であったと推測される。
(23)前掲註（15）。
(24)『日本文徳天皇実録』嘉祥三（八五〇）年五月丙申（十九日）条。
(25)『続日本紀』和銅二年三月壬戌（六日）条、同八月戊申（二十五日）条、同九月乙丑（十二日）条。
(26)『続日本紀』養老四年九月丁丑（二十八日）条、同九月戊寅（二十九日）条、同五年四月乙酉（九日）条。
(27)『続日本紀』神亀元年三月甲申（二十五日）条、同四月丙申（七日）条、同五月壬午（二十四日）条、同十一月乙酉（二十九日）条、同二年閏正月丁未（二十二日）条。

(28)『続日本紀』宝亀五年七月壬戌（二十五日）条。
(29)熊谷前掲註（16）論文。
(30)熊谷公男「黒川以北十郡の成立」（『東北文化研究所紀要』二一号、一九八九年）。
(31)『日本後紀』延暦二十三年十一月癸巳（二十二日）条、弘仁二年正月丙午（十一日）条。
(32)『続日本紀』天平九年四月戊午（十四日）条など。
(33)笹山晴生「続日本紀と古代の史書」（『新日本古典文学大系　続日本紀』一巻、岩波書店、一九八九年）。
(34)『続日本紀』天平神護二（七六六）年十二月辛亥（三十日）条、神護景雲元年七月丙寅（十九日）条、同三年三月辛巳（十三日）条、同四月甲辰（六日）条、宝亀二年十一月癸巳（十一日）条、同二年七月丙申（十七日）条。
(35)『続日本紀』神護景雲三年十一月己丑（二十五日）条、宝亀元年四月癸巳朔条。
(36)『続日本紀』宝亀十一年三月丁亥条。
(37)『日本後紀』弘仁五年十二月癸卯朔条。
(38)これとは別に、捕虜の一部を都に進上する場合もあった（『日本後紀』弘仁二年十月甲戌〈十三日〉条）。
(39)『類聚国司』巻一九〇　延暦十七年六月己亥（二十一日）条、同十九年三月己亥朔条。
(40)『類聚三代格』巻一七　延暦十七年四月十六日付太政官符、『類聚国史』巻八三　弘仁七年十月辛丑（十日）条。これらの政策は、諸国移配が行われはじめた当初からではなく、八世紀末期～九世紀初頭における三八年戦争によって、大量の蝦夷が全国に移配され、様々な問題が生じたことをきっかけとして、方針が固まっていったと考えられる。
(41)熊谷公男「蝦夷移配政策の変質とその意義」（熊田亮介・八木光則編『九世紀の蝦夷社会』高志書院、二〇〇七年）。
(42)『類聚国史』巻一九〇　延暦十九年五月己未（二十二日）条。
(43)『続日本紀』養老三年七月庚子（十三日）条。
(44)『続日本紀』養老六年閏四月乙丑（二十五日）条。
(45)『日本書紀』斉明天皇五年七月戊寅（三日）条所引「伊吉連博徳書」によれば、蝦夷が「毎㆑歳、入㆓貢本国之朝㆒」とある。

当然、行ったすべての上京朝貢が史料に残っているわけではないが、それでも蝦夷が毎年行っていたようにはみえないので、この原則は実態とはわけて考えるべきであろう。
(46)『続日本紀』宝亀五（七七四）年正月庚申条。
(47)前掲註(45)。
(48)『続日本紀』文武天皇二年五月甲申（二十五日）条、同三年十二月甲申（四日）条。
(49)『日本書紀』天武天皇八年十一月己亥（二十三日）条、同十年八月丙戌（二十日）条、同十二年三月丙午（十九日）条、持統天皇九（六九五）年三月庚午（二十三日）条、『続日本紀』文武天皇二年四月壬寅条。
(50)『日本書紀』天武天皇十年八月丙戌条。
(51)『日本書紀』持統天皇九年三月庚午条。
(52)『日本書紀』天武天皇十年九月庚戌（十四日）条。
(53)『日本書紀』天武天皇六年二月是月条、同十年九月庚戌条、同十一年七月丙辰（二十五日）条、『続日本紀』文武天皇三年七月辛未条、慶雲四年七月辛丑（六日）条、霊亀元年正月戊戌（十五日）条、養老四年十一月丙辰（八日）条、神亀四年十一月乙巳（八日）条。
(54)『続日本紀』文武天皇四年六月庚辰（三日）条。
(55)『続日本紀』大宝二年八月丙申朔条。
(56)『続日本紀』大宝二年八月丙申朔条。
(57)令制多禰島の初見は、『続日本紀』和銅二年六月癸丑（二十九日）条。
(58)『続日本紀』和銅七年四月辛巳（二十五日）条。
(59)『日本書紀』天武天皇六年二月是月条、同十年九月庚戌条、同十一年七月丙辰条、『続日本紀』文武天皇三年七月辛未条。
(60)『続日本紀』霊亀元年正月甲申朔条、同戊戌条。
(61)『続日本紀』神亀四年十一月乙巳条。

(62)『続日本紀』慶雲四年七月辛丑条。
(63)『続日本紀』文武天皇二年五月甲申(二十五日)条、同三年十二月甲申(四日)条。
(64)『続日本紀』大宝二年十月丁酉(三日)条。
(65)『続日本紀』天平神護二年六月丁亥(三日)条。
(66)『続日本紀』和銅七年三月壬寅(十五日)条。詳細については、第二章を参照されたい。
(67)『続日本紀』文武天皇二年四月壬寅条。
(68)なおこれについて、覓国使を二手に分け、刑部真木が九州南部の調査を行ったとする見解もあるが(中村明蔵「南島覓国使と南島人の朝貢をめぐる諸問題―日本律令国家の成立に関連して―」〔同『古代隼人社会の構造と展開』岩田書院、一九九八年〕)、熊谷明希氏が指摘したように、彼らの派遣が決定した時も、帰還した際も、あくまで対象地が「南嶋」とあるため従いがたい(熊谷明希「文武朝における『薩摩隼人』の征討と唱更国の成立」〔『歴史』一二一輯、二〇一三年〕)。
(69)『養老令』職員令大宰府条。
(70)大宰府不丁地区から出土した木簡のなかには、「麑嶋六十四斗」「薩麻頴娃」「桑原郡」「大隅郡」など大隅・薩摩両国の郡名を記したものが含まれている(九州歴史資料館編・刊『大宰府史跡出土木簡概報(二)』一九八五年)。
(71)『続日本紀』和銅三年正月庚辰(二十九日)条など。六国史以外にも、「天平八年度薩麻国正税帳」に記載されている郡司やいわゆる「山背国隼人計帳」の有位者も、律令制的な位階をもっている。
(72)「律書残篇」。詳細については、第三章で論じた。
(73)『続日本紀』文武天皇四年六月庚辰条。
(74)『続日本紀』大宝二年八月丙申朔条、同九月戊寅(十四日)条。
(75)『続日本紀』和銅六年七月丙寅(五日)条。
(76)『続日本紀』養老四年二月壬子(二十九日)条、同三月丙辰(四日)条、同六月戊戌(十七日)条、同七月甲寅(三日)条、同八月壬辰(十二日)条、同五年七月壬子(七日)条、同六年四月丙戌(十六日)条。

(77)『続日本紀』大宝二年八月丙申朔条。
(78) 永山前掲註（4）論文。
(79)『続日本紀』和銅六年四月乙未（三日）条。
(80)『続日本紀』和銅七年三月壬寅条、天平勝宝七歳五月丁丑（十九日）条。詳細については第二章で論じた。
(81)『日本書紀』天武天皇十四年六月甲午（二十日）条。
(82) なお鈴木拓也氏の指摘によれば、禄を支給されたのは、有位者に限定されず、新たに服属した者が対象になる場合があった（「陸奥・出羽の調庸と蝦夷の饗給」〔『古代東北の支配構造』吉川弘文館、一九九八年〕）。東北で禄の財源確保に苦心していた要因の一つとして、こうした大人数の蝦夷に対して禄を与えることがあったのは想像に難くない。逆にいえば、九州南部で東北同様の財源確保の様相がないのは、相対的に、すでに隼人が服属しており、有位者に限定されない禄の支給が、さほど行われなかったことが想定できるのではないだろうか。
(83)『続日本紀』養老五年七月壬子（七日）条。
(84) ただし、『延喜式』隼人司式やいわゆる「山背国隼人計帳」などから知られているように、隼人が畿内・近国に移配されることはあった。しかし、少なくとも史料から判断する限り、蝦夷とは異なり、隼人が全国各地に移配されることはなかった。
(85) 熊谷前掲註（41）論文。
(86)『続日本紀』神亀二年閏正月己丑（四日）条。
(87)『続日本紀』天平十二年九月戊子（四日）条、同戊申（二十四日）条、同十月壬戌（九日）条。
(88)『延喜式』は延喜五（九〇五）年に編纂が開始され、延長五（九二七）年に奏進されたものであるため、同隼人司式に記されている奉仕が、八世紀代にその規定通り行われていたとは断言しがたいが、第六章で述べたように、楯や剣の使用から、元日・即位・蕃客入朝の儀に隼人が奉仕していた可能性はある。
(89) 熊谷公男「蝦夷の誓約」（『奈良古代史論集』一、一九八五年）。
(90) 鈴木前掲註（5）論文。

終章　律令国家の「辺境」支配の成立と展開—隼人支配を中心に—

本書では、大化前代から平安初期までにおける、九州南部およびそこに居住する「隼人」と呼称された人々への政策を検討することで、律令国家の隼人支配を考察してきた。各章の論点は、それぞれの箇所において筆者なりの整理を試みているので、本章ではそれらを踏まえたうえで、時系列をおって律令国家の「辺境」支配が実態としていかに成立し展開していったかを論じ、律令国家が「辺境」とみなした領域に住む人々とどのような関係を結ぼうとしたのか、また「辺境」が国家にとっていかなるものだったのかを考えてみたい。

律令国家が成立する以前、具体的には五世紀後半頃から、九州南部に居住する人々は畿内を中心に存在していた倭王権と従属関係を築いていたと考えられる。九州南部の首長層は、彼らの子弟を倭王権に出仕させることでその関係を強化し、おそらくその見返りとして王権から文化や技術が供与され、自らの権力基盤を固めていったと推測される。一方、出仕した人々は、ある特定の「天皇」「皇子」に直接近侍し、個別人格的な従属関係を結び、隼人独自の奉仕を行った。こうして九州南部に居住する人々は、「人制」と称される初期官人制に組み込まれ、とくに吠声をしていたため「隼人」と呼ばれるようになったと考えられる。ただし注意したいのは、当時の両者の関係がヒトとモノの行き来を媒介としたものであったことである。つまり、のちの律令制下の時代と比べると、はるかにその関係は流動的であり、言い換えれば、倭王権の決定や規制が九州南部に対して必ずしも有効に機能するとは限らなかった。この点は、のちに律令国家が九州南部で律令制的支配を追求しようとした際、激しい抵抗が起こったことからも想定できるであろう。

なおこの段階では、のちに律令国家によって九州南部と同様、「辺境」とみなされる東北や南西諸島の首長層は、九州南部の人々と倭王権の間にみられるものと同質な関係性を構築していたわけではなかった。これは、記・紀に記されている服属譚や奉仕の伝承から推測される。隼人の場合、祖（海幸彦）が「天皇」の祖（山幸彦）の兄であり、海幸彦が山幸彦に服属したために、代々、「天皇」「皇子」に対して奉仕を行っているとある。しかし、蝦夷には、「叛《そむ》」いたり「騒動」を起こしたりしたのに対し、「征討」が行われ服属したという記述があるが、少なくとも隼人のように「天皇」の祖と近親関係にあったことを示す服属譚が存在しない。むしろあるのは、征新羅将軍吉備尾代に率いられたり、「朝貢」を行ったのち「廐坂道」の造作に従事させられたりする伝承である。隼人と比べると、蝦夷の奉仕は客体が異なっており、恒常的に行うものでもない。他方、南島人については、そもそもこうした服属譚や奉仕の伝承が存在しない。つまり、記・紀における三者の服属譚や奉仕の伝承からは、それまでに倭王権との間に結んでいた関係性の質的差異が読み取れるのである。

このように九州南部の首長層は、律令国家が成立する以前から倭王権と従属関係を結んでおり、またその関係性は、東北や南西諸島の首長層がそれぞれ倭王権との間に構築していたものとは異質であったと考えられる。これは、『日本書紀』の斉明朝以前の記事で、列島南北端に対する政策に、統一性がない点からも確認できよう。

ところが、律令国家の形成はこうした関係を大きく変貌させた。律令国家は、七世紀前半に起こった東アジアの動乱のなか、それまでの倭王権段階における畿内を中心とした豪族連合と周辺の豪族集団の間に存在した諸関係を整理し直して、古代中国の国制を導入しながら急速に中央集権国家としての骨格を整えていったことにより成立した。すなわち、可能な限り早急に国家としての枠組み、つまり律令国家の「王民」(「化内民」)を編成する必要性に迫られていた。その一つの施策として、列島南北端に居住する人々を「夷狄」(「化外民」)と位置づけ、外部に位置する存在として差別化し可視化することで、逆にその内部に存在する人々を「王民」として構成しようとしたのである。

かくして律令国家による「辺境」支配は成立したと考えられる。政府は、九州南部に居住する人々、すなわち隼人を「夷狄」とし、大化前代には倭王権とそれぞれ異なる関係性を構築していたはずの蝦夷や南島人と同じ位置づけにした。そして少なくとも天武朝には、「朝貢」し、飛鳥寺の西方で服属儀礼を行うよう彼らに求め、同じように扱った。また、列島南北端領域においても、部分的に行政区画を設定し、現地の有力者を官人として任命したり、使者を派遣したり、仏教を伝えさせたりするなど、同様の政策を行うことで、彼らとの支配関係を強めていったのである。

ただし一方で、隼人がそれ以前に構築していた関係性は、部分的な改変をともないながら継承された。政府は、天武・持統朝を画期として、「天皇」「皇子」に対する個別人格的な従属関係にもとづいた隼人の奉仕を、天皇が御す空間の境目・境界で従事するといった本質を維持させつつも、制度化し、時の天皇に対して、主に儀式や行幸といった場面で、大人数で組織だって行うものへと組み替えた。そしてこの奉仕を成り立たせるために、天武天皇十四年に大隅直氏に忌寸賜姓を行い、畿内・近国に住む隼人を統括させるとともに、持統天皇三年に一七四名にも及ぶ隼人の貢進がなされた。つまり、律令国家の「辺境」支配は、それまで王権が列島南北端の諸集団との間で培ってきた各関係性を均質化し、隼人を彼らと同じ「夷狄」とする一方、改変をともないながら、部分的にそれまでの王権と隼人の関係性を包摂させつつ成立したと考えられる。要するに、相反する二つの特徴、断絶面と連続面があったといえるのである。

ところで蝦夷・隼人・南島人らがなぜ「夷狄」とされたかについては、彼らが畿内とは違う言語を使用し、生活文化も異なっていたのも一因であったと考えられる。しかし、『肥前国風土記』に記されている松浦郡値嘉郷の人々は、容貌が隼人に似て、言語が異なっていたとしても「夷狄」として扱われなかった。つまり、単純に異言語・異文化集団をすべて「夷狄」としたわけではない。そうした違いが背景にありながらも、おそらく畿内周辺の諸地域と比べれば相対的に関係性が稀薄であり、また実際に面的支配をなしえていなかった列島南北端の人々を意図的に「夷狄」として位置づけたと推測される。

以上のように、律令国家の形成にともなって成立した「辺境」支配であったが、しかしながら、かかる支配方式は非常に不安定なものであった。というのも、「辺境」とされた領域は部分的に評が設置されていたとしても面的支配が行われておらず、たとえ「朝貢」や服属儀礼など「異民族」的役割を求めたとしても、「夷狄」とされた人々の判断によってそれが実施されない可能性があるためである。つまり、容易に解消されかねない、きわめて流動的な支配であったといえよう。また、南島を除けば陸続きの地域に「辺境」を設定したため、「化内」と「化外」の地の狭間では矛盾が生じやすく、「王民」を保護する義務を有する律令国家は、この問題にも対処しなければならなかった。こうしたなか、「異民族」的身分からの離脱を防ぎ、「辺境」を安定化させるためには、むしろ彼らを国家の支配下に置き、服属儀礼や奉仕を義務化した方が都合がよいと考えるようになったのではないだろうか。このようにして七世紀最末期頃から「辺境」と設定した領域を国家の枠組みに編成することが強く志向されはじめたと考えられる。

九州南部では、とくに八世紀初頭、この動きが顕著にあらわれた。律令国家は、文武朝にその準備として、大野・基肄・鞠智・三野・稲積城を修繕し、また逐次、軍事的政策の中心となった大宰府に武器を備え、武力行使も辞さない強硬な政策を行った。一方で、政府に従う人々に位を授けるなど懐柔を行ったり、すでに律令制下の暮らしに慣れた周辺諸国の人々を九州南部に移配したりした。これらの政策により、すでに八世紀初頭には、九州南部の大部分で国郡制を施行するとともに、造籍作業に着手し、そこに住む人々を「百姓」とした。また国司・郡司の任命や、采女・舎人の貢進など、律令制度にもとづく支配を開始した。しかし大隅・薩摩両国が成立した直後の段階では、九州南部全域、とくに隼人郡でそうした支配を貫徹できなかった。そして、その後も簡単に実現できたわけではなく、八世紀半ば頃に至っても、まだその途上段階にあったと考えられる。しかし一方で、両国が成立した段階と比べると、天平年間には、人身・土地・建造物等の把握や課役の賦課が行われる範囲が、隼人郡にも広がりつつあった。つまり、律令国家が追求していた理念—首長制的支配を前提にした個別人身支配—は、九州南部でも面的にも質的にも着実に広まっていたのである。

そしてさらに、こうした九州南部における国家支配の広がりを前提として、律令国家は次の二つのことを実施した。一つは、隼人の貢進と「朝貢」の一体化である。和銅三年～養老元年の間に、六年に一度定期的に、長期間の在京をともなう、正月儀礼に参加しないものに変化させた。とくに、六年定期制と在京勤務制については、奉仕形態の再編により、九州南部に居住する隼人を長期間、かつ定期的に都に補充することが求められ、制度化した。隼人の「朝貢」は、その儀礼において来朝し貢ぎ物を差し出すことで、国家に服属する「異民族」としての役割を具現化するだけでなく、九州南部に居住する人々を定期的かつ長期間在京させ、奉仕を行わせるという意義を新たに付与されたのである。

もう一つは、上番システムの構築である。律令国家は隼人が居住する地域で、戸籍・計帳のほか、「隼人計帳」を作り、隼人司で隼人の「名帳」を作成することで、隼人を帳簿上で二重・三重に把握した。そして、九州南部の隼人と呼称された人々のなかから上京する者を選定し、奉仕を行わせるシステマチックな仕組みを整えることで、およそ一世紀もの間おおむね順調に、隼人司への上番者を交替させていた。

このように、律令国家は九州南部で律令制度にもとづく支配を広げ、現地の人々を「百姓」とする一方、積極的に維持・管理することで、九州南部の隼人を隼人司に上番させ、服属儀礼や奉仕を義務化していった。そのため、九州南部に国郡制が施行されたのちも、さらに、九州南部の人々が上番しなくなった九世紀に入ってからも、九州南部の人々は「隼人調布」を貢納し、「野族」視される場合があったのである。

なお、同じく「辺境」とされた東北や南西諸島でも、律令国家はその枠組みに組み込もうとしていた。しかしその過程で、律令国家の隼人と蝦夷・南島人に対する扱いには、それぞれ違いが生じていった。まず、律令国家の理念の追求は、各地域でその浸透度合いに差があった。これはおそらく地理的な条件が大きな要因であり、南北に広がる東北・南西諸島を一斉に取り込むのが不可能であったためと思われる。したがって、その一部を陸奥・出羽国、多禰島として編成したものの、九州南部のようにすべてを支配することは九世紀に入ってもできなかった。

さらに、大化前代の関係性の包摂・再編は、隼人と蝦夷・南島人の扱いに決定的な違いを生じさせた。蝦夷や南島人の場合、隼人のような大化前代以来の奉仕関係を有していなかった。そのため、八世紀初頭には九州南部と同様、部分的に東北・南西諸島を律令国家の支配領域として組み込んだが、そこに住む人々には、隼人のような天皇に対する奉仕を求めなかったのである。

以上のように律令国家の「辺境」支配は、律令国家の形成とともに成立した。そしてこの段階の「辺境」は、律令国家の面的な支配が行われておらず、その意味では実態としても「辺境」だったといえよう。しかしその後律令国家は、そこに居住する人々を国家の枠組みに編成し、いわば国家が運営することで、逆に彼らに対して国家の外部の存在としての役回りを求め、それを規定したのである。すなわち、より擬制的な「辺境」へと展開していったといえよう。こうして、律令国家の「辺境」支配は、ある種、実態と理念が乖離したものになり、そこに住む人々は、日常的には「百姓」と同じ支配を受けながらも、都では「夷狄」として奉仕を行い、観念的に「異民族」というレッテルを貼られ続けたのである。こうしてみると、律令国家が労力・資金・時間をかけて擬制的に作った「辺境」が、この時代において、いかに重要であったかがうかがえるのである。

以上本書では、律令国家の隼人支配を検証することで、その「辺境」支配について考察してきた。しかし、主に七～八世紀を中心に論を展開したため、律令国家成立以前や九世紀以降の九州南部の情勢については検証が不十分である。とくに前者については、文献史料が乏しいため、考古学的な検証も今後は行っていく必要があると認識している。また近年、「夷狄」にかかわる律令の条文解釈について議論が盛んになりつつあるが[1]、本書ではとくに支配の実態を重視したので、基本的には従来の理解を踏襲しており、この点も今後の課題と考えている。加えて、本書は、二〇一四年度に広島大学に提出した学位論文を改稿したものであるため、近年刊行・出版された関連する書籍や論文などの成果を十分に反映させることができなかった[2]。このように課題は山積しているが、ひとまず擱筆したい。

註

（1）例えば、大高広和「大宝律令の制定と『蕃』『夷』」（『史学雑誌』一二二巻一二号、二〇一三年）、間瀬智広「大宝令の『夷狄』規定と『夷人』規定」（『歴史研究』六一・六二号、二〇一六年）など。

（2）例えば、伊藤循『古代天皇制と辺境』（同成社、二〇一五年）、渡邊誠「日本律令国家の儀礼体系の成立と蕃国・夷狄」（『九州史学』一七四号、二〇一六年）など。

初出一覧

序　章「本書の課題と構成」（新稿）
第一章「大化前代の隼人と倭王権」（『日本歴史』八一九号、二〇一六年）
第二章「律令国家成立期における鞠智城―『繕治』と列島南部の関係を中心に―」（熊本県教育委員会編・刊『鞠智城と古代社会』二号、二〇一四年）
第三章「律令国家の九州南部支配」（『九州史学』一六八号、二〇一四年）
第四章「隼人の『朝貢』」（『史学研究』二七六号、二〇一二年）
第五章「隼人の『名帳』」（『日本歴史』八〇二号、二〇一五年）
第六章「畿内における隼人の奉仕」（新稿）
第七章「桓武・平城朝における対隼人政策の諸問題」（『ヒストリア』二五六号、二〇一六年）
第八章「律令国家の『夷狄』支配の特質」（新稿）
終　章「律令国家の「辺境」支配の成立と展開―隼人支配を中心に―」（新稿）

（本書所収に当たっては、各章とも大幅な補訂を行っている。）

あとがき

私が、日本古代史、とくに南九州を研究テーマとして選んだのは、地元が宮崎県西都市であったことにほかならない。この地は、西都原古墳群という日本最大級の古墳群があり、また本書が論じてきた律令国家期には、国府や国分寺が置かれた日向国の中心であった。そのため、小さい頃から古代史は身近な存在であった。幼稚園の頃には古墳がすべり台がわりにし（現在だと問題になると思われるが）、小・中学校の時には遠足といえば嫌でも西都原、また高校時代には国分寺跡の付近を通って、国分尼寺跡の推定地となっている学校に通学する……こうした生活のなかで自然と古代史への興味関心が高まった。そして、西都市立妻南小学校―同妻中学校―宮崎県立妻高等学校と進んだのち入学した広島大学では、卒業論文のテーマとして、古代日向国について研究を進めようとした。そのなかで、隼人にかかわる諸問題とぶつかり関心をもち、現在に至っている。

さて、学部時代には高校の教員を目指し、また広島大学文学部というよりも、どちらかといえば野球部に所属していた私が、まがりなりも研究者の道を歩み、本書の公刊にたどりつけたのは、多くの恩師・先輩・仲間のご指導・励ましがあったためである。

とりわけ、学部三年生の時から七年間にわたり指導教官をつとめてくださり、現在も厳しい叱咤をいただいている広島大学名誉教授の西別府元日先生には感謝してもし尽くせない。西別府先生からは、多くのご助言・ご教示をいただいたが、なかでも印象深いのが、推定古代山陽道トントン古道跡（広島県三原市）の発掘調査や古道の巡検に随行させてもらったことである。巡検時には、まれに道なき道を通り、ゆえにマダニにかまれて死の恐怖を味わうこともあったが、これらの経験を通じて、地域を「歩く」ことの必要性を学んだ。本書で西別府先生から指導していただいたことを十分に発揮できたかどうか甚だ心許ないところではあるが、今後より一層の努力を積み重ねていきたいと思っている。

また、日本史研究室の勝部眞人先生、中山富廣先生、本多博之先生、教育学研究科の下向井龍彦先生にも大変お世話になった。授業や論文審査会、研究会などでご助言をいただく一方、日々の様々な場面で気にかけてくださり、大変感謝している。

さらに、日本史学研究室の先輩や仲間たちにも恵まれた。古代史読書会には、西別府先生のほか、広島大学総合科学部の渡邊誠氏、同文書館の斎藤拓海氏、また松村一良氏や長谷部寿彦氏をはじめとして、錚々たる古代史研究者が揃っており、貴重で厳しいご助言・ご指摘をいただいた。また渡邊氏には、私が博士課程前期一年生の時、三重県志摩市で開催された古代史サマーセミナーを紹介していただいたことで、報告の機会を得た。それから現在に至るまで、古代史サマーセミナーには八年連続「出場」、三度の報告をさせてもらったが（古代史サマーセミナーでも多くの方々にお世話になり、学問的刺激を受けた）、この経験は、研究者の道を進もうと思うようになった大きな転機であり、私にとっては大変ありがたいことであった。

一方、古代史以外を専門とする日本史研究室の先輩・仲間たちにも支えられた。研究室には、大学院に進学してからの五年間、先輩や仲間たちとともに、特別な用がない限り、ほぼ毎日、昼前から夜中まで居座り続け、多忙な時などには数日間連続で「候宿」させてもらっていた。さらに、紙幅の都合で長い間研究室生活をともにした方しかあげられないが、益田市教育委員会の中司健一氏、広島経済大学の平下義記氏、西宮市教育委員会の笠井今日子氏とは、よく「食事会」を開き、ごくまれに研究について議論を行った。またこの会には、後輩たちもこころよく参加してくれた。大学院時代に、こうした楽しい研究生活を送れたことは、これまで拙いながらも研究を続けてこられた一因になっていると思われる。皆さまには大変感謝している。

また、大学院に進んでから現在にいたるまで、広島大学図書館、同文書館、呉工業高等専門学校、福山大学、ノートルダム清心中・高等学校などで、非常勤職員・非常勤講師として受け入れていただいた。文書館での所蔵資料の目録作成作業や各学校における授業は、研究を進めていくうえで、貴重な経験となっている。こちらも、数多くの方々に支えていただき、ここには書き尽くせないが、なかでも、すでに五年以上お世話になり続けている、広島大学文書館館長の小池聖一先生、呉工業高等専門学校の宇根俊範先生に厚く御礼申し上げたい。

本書の公刊にあたっては、東京大学の佐藤信先生にご推挙をたまわった。佐藤先生には、平成二十五年度の鞠智城跡特別研究でお会いして以来、学位論文の審査など、多くの場面でご厚情にあずかった。また本書の出版では、同成社の皆さまにも大変お世話になった。改めて心より感謝申し上げたいと思う。

最後に、私事にわたり恐縮であるが、一人っ子でありながら、私の勝手な人生選択を快く応援してくれている父剛、母委保子に心より感謝の意を表したい。

二〇一七年七月

菊池　達也

律令国家《りつりょうこっか》の隼人《はやと》支配《しはい》

■著者略歴■

菊池達也（きくち　たつや）

1986年　宮崎県に生まれる

2015年　広島大学大学院文学研究科博士課程後期修了
博士（文学）

現　在　広島大学文書館事務補佐員、福山大学非常勤講師、呉工業高等専門学校非常勤講師、ノートルダム清心中・高等学校非常勤講師

主要論文

「隼人の『名帳』」（『日本歴史』802号、2015年)、「桓武・平城朝における対隼人政策の諸問題」（『ヒストリア』256号、2016年)、「大化前代の隼人と倭王権」（『日本歴史』819号、2016年）など

2017年 9月 5日発行

著　者　菊池達也
発行者　山脇由紀子
印　刷　三報社印刷㈱
製　本　協栄製本㈱

発行所　東京都千代田区飯田橋4-4-8
（〒102-0072）東京中央ビル
TEL 03-3239-1467　振替 00140-0-20618
㈱同成社

ISBN978-4-88621-770-7 C3321

同成社古代史選書